Hubert Wetzel

Amerika – Land der unbegrenzten Widersprüche

GOLDMANN

HUBERT WETZEL

AMERIKA
LAND DER UNBEGRENZTEN WIDERSPRÜCHE

Menschen und Mythen, Freiheit und Wahn

GOLDMANN

FSC
www.fsc.org
MIX
Papier | Fördert gute Waldnutzung
FSC® C014496

Penguin Random House Verlagsgruppe FSC® N001967

1. Auflage
Originalausgabe Mai 2024

Redaktion: Eckard Schuster
Umschlag: Uno Werbeagentur, München
Umschlagmotive: God Bless America: Roger May; Waffe: gettyimages / The Image Bank / Peter Dazeley; Denver: gettyimages / The Image Bank / John Coletti; Cowboy: gettyimages / Stone / John P Kelly; Kapitol: Manuel Balce Ceneta
Satz: Uhl + Massopust, Aalen
Druck und Bindung: GGP Media GmbH, Pößneck
Printed in Germany
EB · CF

ISBN 978-3-442-31733-2

www.goldmann-verlag.de

Inhalt

Kapitel 1

What the f**k, America?

Washington, D.C.

Sagen wir es, wie es ist, dann ist es raus: Ich liebe Amerika. Ich weiß, dass sich das auf Deutsch ein bisschen seltsam anhört. Es klingt übertrieben, denn bei uns ist das große Wort »Liebe« normalerweise für andere Dinge reserviert, die man sehr gerne mag. Für die Frau selbstverständlich, den Mann, die Kinder. Die Amerikaner sind in dieser Hinsicht nicht so zurückhaltend, die lieben alles. Jedenfalls sagen sie es bei jeder Gelegenheit. Ich liebe dies, ich liebe das. »I love America« – auf Englisch ist an diesem Satz ganz und gar nichts Ungewöhnliches. Vielleicht hat das auf mich abgefärbt in all den Jahren, die ich in den Vereinigten Staaten verbracht habe.

Und bevor nun jemand protestiert oder mich missversteht: Ich liebe bestimmt nicht jeden Amerikaner, nicht jede amerikanische Regierung und schon gar nicht jeden amerikanischen Präsidenten. Mir ist schon klar, dass es Gründe gibt, Amerika nicht zu lieben, jede Menge sogar. Es gibt Gründe, sich vor Amerika oder, wenn man dort wohnt, in Amerika zu fürchten. Oder an Amerika zu verzweifeln. Wie könnte ich das übersehen? Ich habe vier Jahre Donald Trump in Amerika mitgemacht, eintausendvierhunderteinundsechzig Tage, an denen er als Präsident sein Unwesen getrieben hat. Ich habe jeden einzelnen dieser Tage erlebt und ertragen, an jedem dieser Tage über Trump nachgedacht, über ihn gelesen oder geschrieben. Am Ende dieser Zeit hauste der Präsident wie ein ungebetener Gast in meinem Kopf, er hatte sich dort eingenistet wie ein kleiner, bösartiger, nervender *Homunculus trumpensis* und ging nicht wieder weg.

Es ist deswegen kein Zufall, dass die Überschrift zu diesem Vorwort aus einer höchst anstößigen Wendung besteht, die man unter zivilisierten Menschen in den USA besser nur verwenden sollte, wenn man erstens echtes, tief empfundenes, ungläubiges Entsetzen zum Ausdruck bringen will, aber zweitens bestimmt keine kleinen Kinder anwesend sind, die nachplappern könnten, was sie hören. Mein jüngster Sohn, der in Amerika in die Grundschule gegangen ist, wäre zur Direktorin ins Büro geschickt und gerüffelt worden, hätte er das F-Wort im Unterricht gesagt. Aber wer sich in den vergangenen Jahren mit Amerika beschäftigt hat, dem sind dieses verbotene Wort und dieser Gedanke vermutlich oft durch den Kopf gegangen: F**k – was zum Teufel ist eigentlich los da drüben? Auch darum wird es in diesem Buch gehen, mehr vielleicht, als ich es mir wünschen würde.

Doch es nützt nichts, sich um die Wahrheit zu drücken. Verschiedene Menschen mögen – lieben – verschiedene Länder. Aus verschiedenen Gründen: weil die Bewohner dort nett und interessant sind, weil das Essen gut, die Sprache schön, das Klima bekömmlich, die Landschaft spektakulär, die Kultur faszinierend oder das Leben ganz allgemein an jenem Ort besonders erfreulich ist. Für mich ist dieses Land Amerika – nicht aus allen gerade genannten Gründen, aber aus einigen, vor allem jenen, die mit Menschen zu tun haben. Es gibt ein Lied, das der amerikanische Folksänger Woody Guthrie vor mehr als achtzig Jahren geschrieben hat und das »This Land Is Your Land« heißt. Guthrie neigte nicht zu Heimattümelei. Er hatte eine Gitarre, auf der stand: »This machine kills fascists«. Dieses Gerät tötet Faschisten. Das zeigt, was er über die Zustände in seinem Land dachte. Guthrie war ein kritischer Geist, ein klarsichtiger Sozialist – so verdächtig, dass die allzeit wachen Kommunistenjäger vom FBI hinter ihm her waren. Zugleich steckte in Woody Guthrie immer noch so viel amerikanischer Patriot, dass er für sein Lied über sein Land einen einfachen Refrain dichtete, der so ging: »This land is your land, this land is my land, this land was made for you and me.« Dieses Land gehört dir, dieses Land gehört mir. Dieses Land wurde für dich und mich gemacht. Mich hat das »you« in dieser Zeile immer angesprochen.

Ich habe drei Mal in den Vereinigten Staaten gelebt. Zum ersten Mal in den Achtzigerjahren, ungefähr von August 1987 bis Juli 1988. Ich war damals sechzehn, siebzehn Jahre alt und Austauschschüler an einer Highschool in Aurora, Colorado. Das ist eine Gegend, die so aussieht, wie ein Teenager aus dem Weser-Ems-Land sich Amerika vorstellte, weil er Amerika bis dahin eben vor allem aus der Marlboro-Werbung im Kino kannte: Prärie, Berge, ein endloser Himmel und am Horizont die schimmernde Skyline von Denver. Dazu gigantische Malls mit Läden, von denen man zwischen Oldenburg und Bremen noch nicht einmal gehört hatte. Pizza mit Schinken und Ananas, breite Highways und ein riesiger Schulparkplatz, weil die Elft- und Zwölftklässler schon alle mit dem eigenen Auto angefahren kamen, so wie meine Gastgeschwister. Ich habe mir das alles staunend angeschaut.

Wahrscheinlich war dieses Jahr in Amerika längst nicht immer so großartig, wie ich es in Erinnerung habe. Einer jener autofahrenden Zwölftklässler, den ich flüchtig kannte, hat sich bei einer Party mit einer Pistole in den Kopf geschossen, weil er betrunken und depressiv war und meinte, russisches Roulette mit der Waffe seines Vaters spielen zu müssen – eine nicht ganz untypische amerikanische Jugendgeschichte. Teenager in Amerika zu sein, war schon damals nicht leicht, die Vorstadtidylle von Aurora war zuweilen weniger idyllisch, als sie aussah. Es dauerte dann auch nur noch fünf Jahre, bis die Band Nirvana ihren Highschool-Hit »Smells Like Teen Spirit« hinaus in die Welt knallte. Der Text des Songs hat zwar keine nennenswerte inhaltliche Aussage. Aber das Video – es war die große Zeit von MTV – war praktisch ein Aufruf an Amerikas Schülerinnen und Schüler zur Revolte. Wie auch immer: Ich bin mir ziemlich sicher, dass ich während meines Jahrs als Austauschschüler in Colorado nie echtes Heimweh hatte.

Vor einigen Jahren war ich beruflich noch einmal in Aurora. Ich war früh am Morgen in einem Schneesturm unterwegs zu einem Gesprächstermin. Und plötzlich tauchten aus dem weißen Gestöber Gebäude auf, die mir bekannt vorkamen. Ich fuhr an einem Schwimmbad vorbei, an einem Baseball-Feld und an einem Football-Stadion. An einer Straßenecke stand dann da das Schild, das ich ein Jahr lang jeden Tag gesehen hatte: »Overland High School«. Oh, dachte ich für einen Augenblick, gleich fängt die Schule an. Erste Stunde, American History beim strengen Mister Hanson.

Das zweite Mal war ich Anfang der Nullerjahre in den USA, von 2003 bis 2005. Ich war Korrespondent der *Financial Times Deutschland*, einer Tageszeitung, die es nicht mehr gibt, und wohnte in Washington. Das waren, was Politik angeht, keine einfachen Jahre: George W. Bush war der amerikanische Präsident, er galt in Deutschland als tumber, europafeindlicher und dazu noch schießwütiger Haudrauf – als Cowboy. Die Welt hatte damals noch keine nähere Bekanntschaft mit Donald Trump gemacht.

Ich war gerade erst in Washington angekommen, da marschierten die Amerikaner im März 2003 im Irak ein. Die Bundesregierung war gegen diesen Krieg, was dazu führte, dass der damalige deutsche Botschafter von der Bush-Regierung monatelang geschnitten wurde. Zum großen Fest am Tag der Deutschen Einheit im Garten der Botschafterresidenz, bei dem es zur Freude der Washingtoner Gesellschaft immer reichlich Bier aus Bayern und Bratwürstchen gab, schickte das Weiße Haus nur einen drittrangigen Vertreter. Wenn hingegen damals eines der kleinen baltischen Länder, die die Irak-Invasion unterstützt hatten, seinen Unabhängigkeitstag beging, schaute bei der Party Vizepräsident Dick Cheney, Verteidigungsminister Donald Rumsfeld oder ein anderes Mitglied der berüchtigten Neocon-Fraktion vorbei. Dem deutschen Botschafter trieb diese protokollarische Missachtung bei einem Gespräch einmal buchstäblich die Tränen in die Augen.

Bush und seine Leute hatten Spaß daran, die Deutschen für ihre mangelnde Kriegsbegeisterung zu bestrafen. Das machte die Arbeit als Journalist in der amerikanischen Hauptstadt nicht leichter. Viele Leute in Behörden und Ministerien durften oder wollten nicht mit der deutschen Presse reden. Zuweilen half dieser Status als Ausgestoßener aber auch. Ich hatte zu jener Zeit einen guten Bekannten – eine »Quelle«, wenn man es hochgestochen ausdrücken will –, der in der Geheimdienstabteilung des US-Außenministeriums arbeitete. Mit ihm traf ich mich ab und an in der Cafeteria des State Department, um Tee zu trinken und über die aktuelle Lage zu plaudern. Dieser Diplomat war kein Bush-Freund, er hielt den Präsidenten für einen Wiedergänger des deutschen Kaisers Wilhelm II. – auch er hatte noch keine nähere Bekanntschaft mit Donald Trump gemacht –, und es gefiel ihm sichtlich, an einem dienstlichen Ort mit dem Feind Umgang zu pflegen. Er war ein vornehmer Herr und leidenschaftlicher Segler, Spross einer alten, prominenten Ostküstenfamilie und ein wenig snobistisch. Aber er war auch ein sehr kundiger und amüsanter Gesprächspartner. Ein, zwei Mal hat er mir Dinge verraten, die fast streng geheim waren. Einige Zeit nach meiner Rückkehr nach Deutschland las ich dann eines Morgens in den Meldungen der Nachrichtenagenturen, dass mein Freund verhaftet worden war. Offenbar hatte er sich nicht nur verbotenerweise mit einem deutschen Journalisten getroffen, sondern auch mehrere Jahrzehnte lang für das kommunistische Regime in Kuba spioniert. Und zwar richtig *spioniert* – einschließlich konspirativer Treffen mit Agenten und verschlüsselter Funksprüche. Aber er flog auf und wurde zu lebenslanger Haft verurteilt.

Normalerweise ist Washington nicht so abenteuerlich. Und es ist auch so: Washington liegt zwar in Amerika, aber Washington ist nicht Amerika. Es ist wichtig, das zu wissen und nie zu vergessen. Deswegen noch einmal: Washington ist nicht Amerika. In vielerlei Hinsicht hat Washington (oder New York City, San Francisco oder eine der anderen Küstenstädte, in die europäische Touristen zumeist reisen) mit dem Rest von Amerika sogar dezidiert nichts zu tun. Manche Korrespondenten lernen das schnell, manche lernen es auch nach langer Zeit nicht. Ob man es lernt oder nicht, wirkt sich deutlich auf die Qualität der Berichterstattung aus, die man daheim abliefert. Die Überraschung über Trumps Wahlsieg im November 2016 zum Beispiel wäre in Deutschland womöglich etwas kleiner gewesen, hätten deutsche Journalisten in den Jahren davor etwas mehr Zeit in den sterbenden Industriestädten von Ohio oder Michigan verbracht.

Jedenfalls hat sich während der Zeit, als George W. Bush in Washington regierte, außerhalb der Hauptstadt kaum jemand darum gekümmert, ob der deutsche Bundeskanzler und der amerikanische Präsident nun gerade beste Freunde oder heftig zerstritten waren. Draußen im Land traf man überwiegend Menschen, die sich ehrlich freuten, dass ein ausländischer Reporter sie besuchte, noch dazu einer von der anderen Seite des Atlantiks. Die Leute wussten ein bisschen was über Deutschland, weil sich vielleicht eine ihrer Urgroßmütter einst in Bremen auf einem Auswandererdampfer eingeschifft hatte. Oder weil ein Onkel während des Kalten Kriegs als Soldat in Hessen stationiert gewesen war. Sie kannten Mercedes, BMW und die Autobahnen ohne Tempolimit. Sie fanden es gut – und ein bisschen erstaunlich –, dass sich jemand von so weit weg für ihr Leben interessierte und für ihre Sorgen, die sich um alle möglichen Dinge drehten, aber sicher nicht um das diplomatische Drama zwischen Berlin und Washington.

So war es auch noch, als ich zum dritten Mal in den Vereinigten Staaten gelebt habe, von 2016 bis 2022. Vier von diesen sechs Jahren, in denen ich für die *Süddeutsche Zeitung* aus Washington über Amerika berichtet habe, war Donald Trump der Präsident. Und man übertreibt nicht, wenn man feststellt, dass diese vier Trump-Jahre vier furchtbare Jahre waren – dunkel und unerbittlich wie eine alttestamentarische Plage, die über das Land kommt. Trump ist nicht nur ein skrupelloser Mensch, der alles tut, um Macht und Geld an sich zu raffen. Trump ist auch jemand, der sich am Leid anderer erfreut. Er macht gerne kaputt – Dinge und Menschen. Ich halte das für einen widerwärtigen Charakterzug – und für einen sehr gefährlichen. Denn wenn sich ein New Yorker Immobilienentwickler so benimmt, ist das eine Sache. Wenn hingegen der führende Vertreter des Staates es tut, ist es pures Gift für eine Gesellschaft. »Trump hat immer schon andere Menschen verspottet«, hat Maureen Dowd, die berühmte Kolumnistin der *New York Times* einmal über Trump geschrieben, den sie seit Jahrzehnten kennt. »Aber als er diese Angewohnheit mit sich ins Präsidentenamt gebracht hat, war das, als habe er das Virus der Grausamkeit in die politische Blutbahn injiziert.« Die Folgen für die USA waren katastrophal. Amerika wäre in den vier Jahren, in denen es von Trump regiert wurde, fast zerbrochen. Das ist zwar nicht passiert. Aber es lag nicht daran, dass Donald Trump und seine Gefolgsleute nicht alles versucht hätten, um Amerika zu zerbrechen. Es lag daran, dass am Ende eine Mehrheit der Amerikaner gesehen hat, was der Präsident dem Land antut, und sich an einem Dienstag im November 2022 dagegen gewehrt hat. Und zwar auf jene großartige Art, die der ältesten Demokratie der Neuzeit angemessen ist: friedlich an der Wahlurne.

Doch selbst in den schwärzesten Tagen der Trump-Herrschaft haben meine Familie und ich uns in Amerika immer wohlgefühlt. Natürlich gab es Dinge, die das Leben dort schwierig und kompliziert gemacht haben. Meine Frau hat sechs Jahre lang die bürokratische Schikane hinnehmen müssen, dass die Ehepartnerinnen oder -partner von ausländischen Korrespondenten zwar ein Visum erhalten, aber keine Arbeitserlaubnis. Sie dürfen in den Vereinigten Staaten wohnen, aber kein Geld verdienen. Das war nicht leicht, und ich bin meiner Frau sehr dankbar, dass sie das mitgemacht hat. Trotzdem waren wir in Amerika im besten Sinn des Wortes zuhause, selbst als Trump im Weißen Haus saß. Dabei hat geholfen, dass die eine Hälfte der Amerikaner, zu der praktisch alle unsere Nachbarn und Freunde gehörten, vom Präsidenten genauso entgeistert waren wie wir. In dem hübschen, wohlhabenden, linksliberalen Vorort von Washington, in dem wir gewohnt haben, gab es zwar auch den einen oder anderen Republikaner. Aber es gab keine wüsten Trumpisten, die einem Angst gemacht hätten.

Die andere Hälfte der Amerikaner war von Trump bedauerlicherweise höchst begeistert. Doch auch das ließ sich ertragen. Das wiederum hatte mit einem sehr amerikanischen Paradox zu tun: Trump hat in den USA zwar sehr viel Hass und Aggression an die Oberfläche geholt, er hat die Bürger seines Landes regelrecht aufeinandergehetzt. Journalisten haben ihren Teil davon abbekommen: Der Präsident hat die Leute, deren Beruf im »First Amendment«, dem ersten Zusatzartikel zur amerikanischen Verfassung, ausdrücklich geschützt wird, als »Feinde des Volkes« bezeichnet. Gleichzeitig waren deutsche Bekannte immer erstaunt, wenn ich ihnen erzählt habe, dass ich so gut wie nie einen unfreundlichen Trump-Anhänger getroffen habe. Das mag etwas verkürzt ausgedrückt gewesen sein. Für die Neonazis zum Beispiel, die im August 2017 mit Fackeln durch Charlottesville, Virginia, marschierten und antisemitische Parolen brüllten – und denen Trump später bescheinigte, unter ihnen seien auch »sehr anständige Leute« gewesen –, gilt dieses Urteil natürlich ausdrücklich nicht.

Doch die allermeisten Trump-Wähler, die ich kennengelernt habe, waren keine Fanatiker, Neonazis, Rassisten, religiösen Eiferer oder Demokratieverächter, sondern ganz normale Amerikanerinnen und Amerikaner: Arbeiter, Angestellte,

Feuerwehrleute, Polizisten, Lehrerinnen, Bauarbeiter, Militärveteranen, Handwerker, Pensionäre. Sie hatten politische Ansichten, die ich nicht teilte, die ich für gefährlich, dumm, falsch oder verdreht hielt und die oft nichts mit der Realität zu tun hatten. Sie huldigten einem Mann – oder gaben ihm zumindest bei Wahlen ihre Stimme –, der sich weder um Amerika noch um seine Wähler scherte, noch nicht einmal um seine Familie. Sondern der sich nur für sich und seinen Kontostand interessierte und allen Werten und Idealen Hohn sprach, auf denen die Vereinigten Staaten einst gegründet wurden und die sie groß gemacht haben. Aber nur sehr wenige dieser Leute waren aggressiv oder verbissen. Man konnte fast immer problemlos und höflich mit ihnen reden und ihnen Fragen stellen, auf die man dann auch Antworten bekam. Das war ein großer Unterschied zu den Pegida-Demonstranten, Montagsspaziergängern und AfD-Schreihälsen, von denen meine Kolleginnen und Kollegen in Deutschland Prügel angedroht bekamen. Dass ihre Freundlichkeit die Trump-Anhänger nicht zwangsläufig weniger gefährlich für Amerikas Demokratie machte, konnte man dann am 6. Januar 2021 erleben, als sie in Washington das Kapitol stürmten.

Als ausländischer Korrespondent hatte ich das Privileg – zumindest habe ich es stets so empfunden –, dass es nicht zu meinen Aufgaben gehörte, die Menschen in dem Land, in dem ich Gast war, zu erziehen, sie über Richtiges und Falsches aufzuklären oder ein Urteil über sie zu fällen. Zu Donald Trump musste ich eine Meinung haben, das war mein Job. Diese Meinung hatte ich, und es war immer die denkbar schlechteste, die mir am jeweiligen Tag einfiel. Aber was Trumps Wähler anging, bestand meine Arbeit vor allem darin, sie zu treffen, ihnen zuzuhören und darüber zu schreiben, was sie denken und tun. Ob mir ihr Denken und Tun gefiel oder nicht, konnte ich für mich behalten. Dieser professionelle Abstand gibt einem eine gewisse Freiheit im Umgang mit Menschen. Man ist als Journalist dann wie ein Emissär des Roten Kreuzes, wie ein Neutraler mit weißer Armbinde, der sich zwischen zwei kämpfenden Armeen bewegen kann und nicht als Feind gilt. Deswegen bin ich mit Trump-Anhängern eigentlich meistens gut ausgekommen, zumindest in den ersten Jahren nach 2016. Je länger Trumps Regierungszeit dann dauerte, je erratischer und autokratischer der Präsident sich benahm, desto irrer und paranoider wurden dann aber auch seine Fans. Und desto unergiebiger und unangenehmer wurden die Begegnungen mit Menschen, die Trump immer noch als den Retter Amerikas sahen.

Warum beschreibe ich das alles so ausführlich? Aus zwei Gründen: einerseits, um meine Zuneigung zu Amerika etwas zu erklären. Ich habe gut zehn Jahre meines Lebens in den USA verbracht. Mein ältester Sohn wurde 2004 in Washington geboren, was ihn zu einem amerikanischen Staatsbürger macht. Wenn er in die Vereinigten Staaten reist, zeigt er bei der Grenzkontrolle am Flughafen seinen blauen Pass vor und wird von dem Beamten mit den Worten »Welcome home« begrüßt: Willkommen zuhause. Meine Kinder sind in Bethesda, Maryland, zur Schule gegangen, einer typischen amerikanischen Suburb an der Grenze zur Hauptstadt Washington. Sie haben dort einen prägenden Teil ihrer Kindheit und Jugend verbracht, mit allem, was dazugehört: Halloween, Thanksgiving, Soccer, Baseball, gelbe Schulbusse. Zum Ende hin sprachen sie Englisch miteinander, und sie sprachen es besser als Deutsch. Als wir nach sechs Jahren in Amerika nach Europa zurückgezogen sind, war das für alle ein sehr schwieriger Abschied.

Da ich das Glück hatte, für eine Zeitung zu arbeiten, die Auslandsberichterstattung ernst nimmt und ihre Korrespondenten reisen lässt, was teuer und heutzutage längst keine Selbstverständlichkeit mehr ist, bin ich viel herumgekommen in den Vereinigten Staaten – von Washington State bis Florida, von Montana bis Texas, »from California to the New York island, from the Redwood Forest to the Gulf Stream waters«, wie Woody

Guthrie singt. Ich habe ganz im Süden der USA am Ufer des Rio Grande gestanden und ganz im Norden am Ufer des Yellowstone River. Ich war am Golf von Mexiko, am Atlantischen Ozean und am Pazifik, wobei ich mich in den nicht hineingetraut habe, weil es März und das Wasser so eisig war, dass nur ganz besonders furchtlose und kälteresistente Wesen es darin ausgehalten haben: die Seelöwen und mein jüngster Sohn. Ich war nicht in jedem der fünfzig US-Bundesstaaten, aber dafür in vielen, in die sich kaum je Reisende aus Übersee verlaufen – ganz zu schweigen von meinen freundlichen, linksliberalen Nachbarn aus meinem Washingtoner Vorort, die in den Ferien lieber eine Woche lang nach Amsterdam oder ins Piemont gefahren sind als nach Tennessee oder Alabama. Und immer und überall, an jedem Ort und zu jeder Zeit, war ich willkommen.

Einmal war ich in Harlan County, einem Landkreis im Osten von Kentucky, wo die Berge so steil und die Täler so tief sind, dass die Sonne erst am späten Vormittag hoch genug steht, um Licht und Wärme zu spenden. Am frühen Nachmittag ist sie dann wieder weg, und es wird dunkel. In Harlan County wurde über Generationen hinweg schwarze, fettig glänzende Kohle gefördert, und es gibt dort immer noch einige Gruben. Eine Gruppe von Bergleuten blockierte damals wochenlang einen mit Kohle beladenen Güterzug. Sie zelteten mit ihren Familien auf dem Gleis, auf dem die Waggons standen, um eine pleitegegangene Bergbaufirma, der die Kohle gehörte, dazu zu zwingen, ihnen ihre ausstehenden Löhne zu bezahlen. Die Menschen, die ich dort in der schwülen Hitze eines Südstaatensommers getroffen habe, waren einfach und nicht sehr gebildet. Die Männer hatten Oberarme wie Keulen und Fäuste, so rot und hart wie Backsteine. Man sah ihnen die Last ihres Alltags und der gefährlichen Arbeit unter Tage an. »Damn these hard times, damn the coal mines, damn the good dreams gone cold«, lautet eine Zeile in einem Lied des Country-Sängers Chris Knight, der aus Kentucky stammt. Verflucht seien diese harten Zeiten, verflucht seien die Kohlebergwerke, verflucht seien die schönen Träume, die erkaltet sind. Das beschreibt die Härte des Lebens in Harlan County recht gut.

In manchen Kreisen in Amerika, in denen man sich auf die eigene, angeblich ganz besonders große Toleranz auch ganz besonders viel einbildet, werden Leute wie diese Kohlekumpel abfällig als »Rednecks« oder »Hillbillys« bezeichnet, als Hinterwäldler. Oder auch als »White Trash«, als weißer Müll. Die meisten der Leute, die auf den Gleisen zelteten, waren vermutlich auch Trump-Wähler. Einer hatte auf der Rückbank seines Pick-up-Trucks eine Waffe liegen, eines jener berüchtigten AR-15-Sturmgewehre, von denen später noch die Rede sein wird. Aber diese Frauen und Männer waren warmherzig, offen und voller Vertrauen in Gott und in ihre Nachbarn. Sie kamen sehr gut mit den Mitarbeitern eines neokommunistischen Podcast-Kollektivs aus, das sich Trillbilly Worker's Party nannte und in einem Dorf in der Nähe seine Sendung machte. Die Bergleute glaubten sogar an die Institutionen und den Gerechtigkeitssinn des Staates: Sie protestierten auf dem Bahndamm, aber zugleich verklagten sie die Bergbaufirma, die ihnen Geld schuldete, vor Gericht. Am Ende gewannen sie. Wenn ich also schreibe, dass ich während meiner Zeit in Amerika genügend Gelegenheiten gefunden habe, um das Land und die Menschen zu lieben, dann weiß ich, so glaube ich, wovon ich rede.

Ich kann deswegen auch nicht viel mit dem Antiamerikanismus anfangen, der einem in Deutschland und Europa ständig in verschiedenen Ausformungen und Abstufungen begegnet. Es gibt bestimmt sehr viel zu kritisieren an der amerikanischen Außen- und Innenpolitik der vergangenen Jahrzehnte. Und Menschen, die in Südamerika oder Südostasien leben, mögen aus guten, nachvollziehbaren Gründen ein sehr negatives Bild von der Rolle haben, die die USA in ihrer Region gespielt haben. Als Europäer bin ich mir aber doch ziemlich sicher, dass Amerikas Präsenz auf meinem Heimatkontinent weit mehr Menschenleben gerettet als gekostet hat. Ich wohne jetzt in einem Dorf in der Nähe von Brüssel, in dem die Straßen und Tram-Stationen nach Einwohnern benannt sind, die im Ersten und Zweiten Weltkrieg getötet wurden – von Deutschen. Da, wo meine Wohn- von der Hauptstraße abbiegt, steht ein Schild, das den Weg zu dem Städtchen Malines weist. Auf Flämisch heißt der Ort Mechelen. Von dort aus wurden während des Zweiten Weltkriegs etwa 28 000 belgische Juden nach Auschwitz deportiert, knapp die Hälfte der jüdischen Bevölkerung des Landes. Die meisten kamen nicht zurück.

Man muss nur einen der stillen amerikanischen Soldatenfriedhöfe in Belgien oder Nordfrankreich besuchen, um vor Augen geführt zu bekommen, welchen Preis die Vereinigten Staaten bezahlt haben, um Europa binnen fünfzig Jahren gleich zwei Mal vor meinen Vorfahren zu retten. Da liegen unter einem makellosen Rasen Tausende Jungs aus Kansas, New York, Iowa, Mississippi oder Wyoming, die gestorben sind, weil Menschen wie meine Großväter auf sie geschossen haben. Wenn man in Amerika über Land fährt, sieht man in den Städtchen entlang der Straße sehr oft Denkmäler, die an die Soldaten aus diesem Ort erinnern, die in Europa gefallen sind, in Flandern, in den Argonnen, in der Normandie, in der Eifel – viel zu weit weg von zuhause. Ich war im Herbst 2016 in Johnstown, Pennsylvania, bei einer Wahlkampfrede von Trump. Die Eishockeyhalle, in der er auftrat, diente zugleich als Gedenkstätte für die Kriegstoten aus der Gegend. In einer Vitrine lag dort ein kleiner Brocken Beton von einem Pfeiler jener berühmten Brücke in Remagen, auf der die US-Truppen – unsere Befreier – im März 1945 den Rhein überquert hatten: ein Stückchen deutsch-amerikanisch-europäischer Geschichte, heimgebracht von einem GI und ausgestellt in einem Glaskasten in einer heruntergekommenen Industriestadt in den Appalachen. Ich fand das bewegend, und meiner Meinung nach ist die Erinnerung daran, was Amerika damals für Europa getan hat, ein guter Grund für ein wenig Dankbarkeit.

Mir ist das in Deutschland weitverbreitete Herabschauen auf und das Naserümpfen über Amerika immer eher provinziell vorgekommen als weltläufig. Ich halte beides für Zeichen von intellektueller Trägheit, mangelnder Neugier und fehlendem Wissen, nicht von europäischer Aufgeklärtheit. Zuweilen ist es auch kaum mehr als die Projektion eigener, deutscher Fehler, Unzulänglichkeiten und Ressentiments auf die Amerikaner. Und es ist oft willkürlich und widersprüchlich. Die Deutschen mögen Amerika, wenn es Barack Obama oder Joe Biden zum Präsidenten wählt, weil sie die beiden auch gewählt hätten. Dann gehen die Zustimmungswerte für die USA in den Umfragen in Deutschland in die Höhe. Und die Deutschen verachten Amerika, wenn Donald Trump die Wahl gewinnt, weil sie ihn – vollkommen zu Recht – für eine groteske Figur halten. Aber es ist das gleiche Land, das alle drei gewählt hat, es ist die gleiche Gesellschaft. Zuweilen sind es sogar dieselben Menschen gewesen: Zu den interessantesten politischen Phänomenen der vergangenen Jahre gehören jene Amerikanerinnen und Amerikaner, die bei den Präsidentschaftswahlen 2008 und 2012 für Obama stimmten, dann 2016 für Trump und schließlich 2020 für Biden. Man kann es sich leicht machen und behaupten, dass diese Wähler dumm oder zwischendrin plötzlich für vier Jahre allesamt zu wilden Rassisten geworden sind. Oder man kann sich dort umschauen, wo diese Menschen leben, und versuchen, herauszufinden, ob sich womöglich wirtschaftliche, soziale oder politische Gründe für diese dramatischen Umschwünge finden lassen. Natürlich gibt es Rassisten in den USA. Wo gibt es die nicht? Doch ein Land deshalb nicht lieben zu dürfen, weil einige Politiker und Einwohner unappetitliche Gestalten sind, überzeugt mich nicht. Italien hatte Silvio Berlusconi, Frankreich hat Marine Le Pen. Auch die hatten oder haben viele Wähler. Muss man deswegen aufhören, Italien und Frankreich zu mögen? Gerade als Deutscher sollte man bei diesem Thema vielleicht vorsichtig sein.

Das amerikanische Nachrichtenmagazin *Time* hat einmal eine große Titelgeschichte über Antiamerikanismus in Europa gemacht. Das ist einige Zeit her, wahrscheinlich war es während jener schwierigen Jahre, als George W. Bush der amerikanische Präsident war – der Mann, der damals als Rambo bezeichnet wurde, heute aber als altersmilder Elder Statesman gilt, der Ölbilder malt. Ich kann mich nicht mehr an den gesamten Artikel erinnern, aber noch gut an den prägnanten Schlussabsatz. Die Autoren versuchten darin, ihr Erstaunen darüber in Worte zu fassen, dass die Europäer ausgerechnet ein Land mit so viel Skepsis, Misstrauen und Ablehnung betrachten, das politisch und kulturell weitgehend von Auswanderern aus Europa aufgebaut und geprägt worden war. Das Fazit des Artikels über antiamerikanische Europäer lautete so: »Wer Amerika hasst, hasst in Wahrheit sich selbst.« Das ist zugespitzt, aber ich glaube, es ist nicht völlig falsch.

Andererseits bin ich weder naiv noch blind. Amerika ist ein großartiges Land. Doch es ist zugleich ein Land mit tiefen, zappendusteren Abgründen. Ein Land voller Ungerechtigkeit, Unsicherheit, Armut, Zerfall, Verzweiflung, Erschöpfung, Misstrauen, Hass und Wut. Und voller Gewalt. Es gibt keine westliche Gesellschaft, in der tödliche Gewalt unter den Einwohnern so alltäglich ist und so achselzuckend hingenommen wird wie in der amerikanischen. Das hat historische Wurzeln, liegt aber auch an den Umständen, unter denen viele Amerikaner leben. »I love my country like a little boy«, heißt es in einem Lied der Band Wilco, einer wunderbaren kleinen Liebeserklärung an Amerika. Aber dann geht der Text mit zwei bitteren Adjektiven weiter, die das Objekt dieser Liebe beschreiben: »stupid and cruel«. Ich kann gut verstehen, was damit gemeint ist: Ich liebe mein Land, wie es ein kleiner Junge tut, ohne Zweifel und voller Zutrauen, dass es gut ist und das Richtige tut – auch wenn es manchmal dumm und grausam ist. Ich mache mir also keine Illusionen: Die friedlich zeltenden Bergarbeiter in Harlan

County hatten zwar nichts mit dem brüllenden Mob gemein, der am 6. Januar 2021 durchs Kapitol tobte. Trotzdem ist es gut möglich, dass unter denen, die an jenem Tag Parlamentarier hängen wollten, damit Trump an der Macht bleiben konnte, auch ein paar Kohlekumpel aus Kentucky waren. Vielleicht sogar einige von denen, die auf dem Bahngleis ihr frittiertes Hühnchen mit mir geteilt hatten.

Als Korrespondent in Amerika kommt man mit diesen Abgründen in Berührung, zumindest wenn man ab und an im Land unterwegs ist. Wenn man gelegentlich mit dem Auto fährt, anstatt zu fliegen. Und wenn man dann nicht die Autobahn nimmt, sondern eine Landstraße, die durch Städtchen und Dörfer führt, wo man sieht, wie die Menschen leben – wie protzig reich und satt, aber auch wie verzweifelt arm. Meine Kinder haben während unserer Zeit in Amerika eine Frage gelernt, auf die sie in Deutschland wahrscheinlich nie gekommen wären. Sie lautete: »Wohnt in dem Auto jemand?« Meine Söhne stellten sie, wenn wir auf einem Supermarktparkplatz an einem Fahrzeug vorbeikamen, das bis unters Dach mit Kleidung, Kisten, Decken, Kissen, Papieren und allem möglichen anderen Haushaltskram gefüllt war. Manchmal war in solchen Fällen nur der Besitzer unordentlich. Doch oft genug war dieses Auto tatsächlich eine rollende Wohnung, das Zuhause von Menschen, die sich vielleicht mit einem Mindestlohnjob gerade so durchschlagen konnten, aber nicht genügend Geld für eine Mietwohnung oder ein billiges Motel hatten.

Vor allem aber bekommt man einen Einblick in Amerikas Abgründe, wenn man nicht nur Politiker, Diplomaten und andere Leute trifft, die das Washingtoner Biotop bevölkern, sondern normale, gewöhnliche Menschen. Solche wie die um ihren Lohn betrogenen Bergleute in Harlan County. Oder wie Evan Todd. Das war der Mann, mit dem ich damals bei meinem zweiten Besuch in Aurora einen Termin hatte, als ich im Schneesturm an meiner alten Schule vorbeigefahren bin. Todd war fünfzehn

Jahre alt, als im April 1999 zwei seiner Mitschüler an der Columbine High School, die nur wenige Meilen von der Overland High School entfernt liegt, durch die Gänge und Klassenzimmer zogen und Kinder und Lehrer erschossen. Todd musste damals zusehen, wie mehrere seiner Freunde ermordet wurden. Er selbst wurde durch einen Schuss verletzt. Heute arbeitet er für eine Organisation, die fordert, dass Lehrer im Unterricht Pistolen tragen dürfen.

Ich traf Evan Todd während der Recherche für eine Geschichte über Amerikas Umgang mit Schusswaffen. Genauer: für eine von vielen Geschichten über Waffen in Amerika, die ich geschrieben habe, denn das war ein Thema, dem ich so oft wie kaum einem anderen begegnet bin. Und es war für meine Familie und mich auch kein abstraktes Thema. Wenn es etwas gab, wovor ich in den USA wirklich eine Heidenangst hatte, dann dies: Dass es irgendwann einmal nicht eine unbekannte Schule weit weg ist, in der ein Verrückter mit einem Sturmgewehr um sich feuert, sondern eine der Schulen, auf die meine Kinder gehen. Dass in den ersten aufgeregten, aber eben auch so furchtbar routinierten Eilmeldungen über einen »aktiven Schützen« der Name einer Schule steht, die ich kenne, weil meine Söhne dort jeden Morgen in den erwähnten gelben Schulbussen hingefahren sind. Wood Acres Elementary School. Thomas W. Pyle Middle School. Walt Whitman High School. Das war zum Glück nie der Fall. Aber ich habe in all den Jahren trotzdem so viele Artikel über Massaker in Kirchen und Schulen geschrieben, über das tägliche Töten und Sterben auf den Straßen von Amerikas Städten, über trauernde Eltern und überforderte Polizisten und Ärzte, dass mich die Furcht, es könnte irgendwann auch meiner Familie passieren, nie ganz losgelassen hat. Und dass es mir am Ende reichte.

Diese dunklen Strömungen, die die amerikanische Gesellschaft durchziehen, findet man überall. Donald Trump war – und ist – ein Meister darin, sie anzuzapfen und für seine politischen Ziele zu nutzen. Das hat ihm 2016 einen Wahlsieg eingebracht, und wer weiß, vielleicht bringt es ihm 2024 einen weiteren ein. Er versucht es jedenfalls. Er kandidiert wieder, er hat immer noch enormen Rückhalt in der Republikanischen Partei und in der Bevölkerung, und damit hat er auch eine Chance, wieder zu gewinnen. Man kann darüber streiten, wie hoch diese Chance ist, immerhin hat es 2020 mit seiner Wiederwahl nicht geklappt. Und wer weiß, welche Folgen die verschiedenen juristischen Verfahren, die gegen ihn laufen, für seine Kandidatur haben werden. Aber Trump ist ein guter Wahlkämpfer. Er ist ein erstklassiger Demagoge, ohne moralischen Anker oder Kompass, ohne Anstand, ohne jedwede innere Hemmschwelle, er schreckt buchstäblich vor nichts zurück – nicht einmal vor Gewalt, wie man am 6. Januar 2021 sehen konnte. Und er hat ein gewisses Charisma, das vielleicht bei Akademikern in Brooklyn nicht verfängt, dafür aber bei sehr vielen Menschen auf dem Land und in den Kleinstädten im sogenannten Rust Belt oder im Westen und Süden Amerikas. Es ist vollkommen legitim, zu hoffen, dass Trump bei der Präsidentschaftswahl im November scheitert – als Politiker dann vielleicht endgültig. Aber es wäre fahrlässig, fest damit zu rechnen.

Für das Land ist diese Aussicht überaus unerfreulich. Ich würde keine allzu hohe Summe darauf wetten, dass die Vereinigten Staaten, sollte es dazu kommen, noch einmal vier Jahre Trump im Weißen Haus überstehen. Zumindest nicht als das politische und soziale Gebilde, das sie in ihrem Namen zu sein vorgeben: als *vereinigte* Staaten. Mir persönlich tut das leid, weil mir viel liegt an Amerika und den Amerikanern. Für einen Korrespondenten ist so eine Vielschichtigkeit in einem Land und einer Gesellschaft allerdings sehr interessant. Selbst dann, oder auch gerade dann, wenn aus den Rissen und Klüften, die sich auftun, wenn diese Schichten sich wie tektonische Platten aneinander reiben und ineinander verhaken, zuweilen Zerstörer wie Trump nach oben klettern.

Unser Bild von Amerika und den Amerikanern besteht ja oft aus eher simplen Mythen über bestimmte Orte, aus archetypischen Charakteren, die man sich aus Büchern, Filmen, Liedern, der Zeitung oder auch auf Reisen zusammengesammelt hat. Jeder, der sich auf die eine oder andere Art mit den USA beschäftigt, stellt sich etwas ganz Bestimmtes vor, wenn er das Wort »Cowboy« hört, »Indianer« oder »Sheriff«. Jedem fällt etwas dazu ein, wenn es um Amerika und Waffen geht, Amerika und Drogen, Amerika und Einwanderer, Amerika und Krieg. Wenn über die Vereinigten Staaten geredet wird, ist es bis zum nächsten Klischee meistens nicht sehr weit, sei es ein gutes oder ein schlechtes. Und das ist auch nicht schlimm. Mir ging es nicht anders, als ich damals als Zehntklässler aus einem Dorf in Niedersachsen nach Colorado gekommen bin. Ich kam damals gerade rechtzeitig zum großen Herbst-Rodeo in Denver an und habe mir natürlich gleich ein Paar spitzer Stiefel und einen dieser großen Stetson-Hüte gekauft, wie die berittenen Rinderhirten in der Gegend sie tragen. Jeder schleppt vorgeformte Bilder über die USA mit sich herum, und oft sind die nicht ganz falsch. Aber sie umfassen eben meistens auch längst nicht die volle Wahrheit. Mir ist es in den Jahren als Korrespondent jedenfalls immer wieder passiert, dass ich irgendwo hingefahren bin und eine bestimmte Vorstellung davon hatte, welche Geschichte ich von dort mitbringen und für die Zeitung aufschreiben wollte. Aber nicht selten war es dann so, dass dieser Ort und die Menschen, denen ich dort begegnet bin, anders waren, als ich es gedacht hatte. Anders, als sie der allgemeinen Ansicht – oder dem gemeinhin gültigen Vorurteil – nach hätten sein sollen: besser oder schlimmer, einfacher oder komplizierter, dümmer oder klüger, erfreulicher oder deprimierender, beruhigender oder beängstigender – manchmal auch beides zugleich.

Das Klischee will, dass Amerika das Land der unbegrenzten Möglichkeiten ist. Das mag so sein, warum sonst würden sich jedes Jahr Hunderttausende Menschen, die in ihren Heimatländern nur begrenzte Möglichkeiten haben, auf den Weg in die Vereinigten Staaten machen? Zur Realität gehört aber genauso, dass Amerika das Land der unbegrenzten Überraschungen und der unbegrenzten Widersprüche ist. Und genau die Tatsache, dass nicht alles so ist, wie man es erwartet, hat für mich als Korrespondenten meistens eine gute, oft eine bessere, auf jeden Fall aber eine wahre Geschichte ergeben.

Einige dieser Geschichten erzähle ich in diesem Buch.

Kapitel 2

Cowboys

Nevada

Der amerikanischste aller amerikanischen Mythen ist wahrscheinlich der des Cowboys. Es ist zugleich der amerikanische Mythos, der in Deutschland die tiefsten Wurzeln geschlagen hat. Warum? Ich weiß es nicht. Vielleicht hat das immer noch mit Karl May zu tun. Der Sachse hat es zwar selbst nie nach Amerika geschafft, aber er konnte so anschaulich vom Apachen-Häuptling Winnetou und dessen treuem (Cowboy-)Blutsbruder Old Shatterhand erzählen, dass mehrere Generationen von Deutschen der Meinung waren, dass es so, wie es da in den Büchern stand, im Wilden Westen tatsächlich zuging.

Und da ist ja was Wahres dran. Es gab und gibt in Amerika Menschen, die ihren Lebensunterhalt damit verdienen, sich auf einer Ranch um Rinder zu kümmern. Es sind sogar gar nicht so wenige – zwischen 600 000 und einer Million, je nach Statistik. Die Mehrheit sind Männer, aber es gibt auch viele Frauen unter ihnen. Sie bewegen sich bei ihrer Arbeit oft auf Pferden fort, weil die in dem schwierigen Gelände, in dem die Rinder herumlaufen, gut zurechtkommen, und gelegentlich haben sie ein Gewehr dabei oder einen Revolver umgeschnallt. Diese Menschen sind Cowboys. Karl May musste für seine Romane keine Figuren erfinden, sie existieren in der amerikanischen Realität. Es ist deswegen auch kein Wunder, dass Cowboys – nicht zuletzt in ihrer Hollywood-tauglichen Variante als schießwütige Outlaws – in der amerikanischen Nationalmythologie ebenfalls einen herausragenden Platz einnehmen. Old Shatterhand kennt in Amerika so gut wie niemand, Billy the Kid, Jesse James und John Wayne hingegen jeder und jede. Im Westen der USA, wo die Kinder auf Farmen und Ranches aufwachsen, gibt es viele Highschools, die nicht nur ein Football- und ein Baseball-Team haben, sondern auch eine Rodeo-Mannschaft. Die Jugendlichen lernen dort, mit Pferden, Kühen und Lassos umzugehen. »My heroes have always been cowboys«, heißt es in einem klassischen Countrysong, den Musiker wie Willie Nelson und Waylon Jennings gesungen haben – beide selbst so etwas wie Mythen in ihrem Geschäft. Meine Helden waren schon immer Cowboys. Doch weil das Cowboyleben, von dem Nelson und Jennings in dem Song erzählen, nicht lustig ist, sondern kalt, einsam und traurig, haben sie auch ein zweites, noch bekannteres Lied gesungen – eine Warnung, wenn man so will: »Mamas, don't let your babies grow up to be cowboys«, lautet der Refrain. »Don't let 'em pick guitars and drive them old trucks, make 'em be doctors and lawyers and such.« Mütter, lasst nicht zu, dass eure Kleinen Cowboys werden, wenn sie groß sind. Lasst sie nicht auf Gitarren herumzupfen und alte Pick-up-Trucks fahren. Sorgt dafür, dass sie Ärzte oder Anwälte oder so was werden.

Das ist womöglich ein guter Ratschlag. Als ich einmal versucht habe, in Amerika echte Cowboys zu treffen, hat das jedenfalls nicht geklappt. Sie saßen alle im Gefängnis.

Das lag daran, dass ich nicht irgendwelche Cowboys besuchen wollte, sondern die Bundys: Cliven Bundy, den alten Patriarchen dieser Familie, und seine Söhne Ryan, Ammon, David und Melvin. Die Bundys besitzen in der äußersten Südostecke von Nevada eine Ranch in der Nähe eines Orts namens Bunkerville, etwa 120 Kilometer von Las Vegas entfernt. Wobei man sich unter dem Wort Ranch nichts allzu Stattliches vorstellen sollte. Der Hof der Bundys besteht aus einer Wiese voller verrosteter Landmaschinen, einem engen, heruntergewohnten Holzhaus, ein paar Scheunen und einigen Äckern am Ufer des Virgin River. Dort bauen die Bundys Melonen und Grünfutter an. Vor allem aber halten sie eine Rinderherde, sonst wären sie keine Rancher, sondern Farmer – Bauern, nicht Viehzüchter. Im Frühjahr 2017, als ich auf der Ranch war, besaß Cliven Bundy etwa fünfhundert Tiere aus eigener Zucht, eine Kreuzung aus Hereford-Rindern, die viel gutes Fleisch ansetzen, und Brahman-Kühen, die die Hitze in Nevada vertragen.

Wenn man von Las Vegas die Autobahn I-15 hinaus zur Bundy-Ranch fährt, sieht man sofort, was für eine elendige Plackerei das Halten von Rindern in diesem Teil der Vereinigten Staaten ist. Bunkerville liegt ein gutes Stück westlich des 98. Längengrads. Dieser durchschneidet die USA ungefähr in der Mitte von Norden nach Süden. Er verläuft durch North Dakota und South Dakota, durch Nebraska, Kansas, Oklahoma sowie Texas. Und er markiert die Grenze, von der an sich vor allem im südlichen Teil des Landes das Klima und das Terrain deutlich zu ändern beginnen. Westlich des 98. Längengrads wird der Boden immer karger und trockener, große Teile der Region zwischen den Bundesstaaten Texas und Kalifornien, in der auch Nevada liegt, sind Halbwüste oder Wüste. Fast alles, was dort lebt und wächst, hat einen Panzer oder hornige Schuppen, eine dicke Rinde oder scharfe Stacheln, um sich vor der feindseligen Umgebung zu schützen. Im Frühjahr, wenn ein paar Regenfälle über das Land gegangen sind, blüht die Wüste für einige Tage prachtvoll auf. Dann sind zwischen den Felsen, wo sich das Wasser sammelt, bunte Kissen aus Blumen hingebreitet. Aber den Rest des Jahres über ist es entweder zu heiß oder zu kalt, auf jeden Fall zu trocken und zu staubig. Auch in der Gegend, in der die Bundy-Ranch liegt, gibt es links und rechts der Straßen nicht viel mehr als Sand und Steine. Ein bisschen Grünzeug wächst da – Kreosotbüsche mit kleinen, harten Blättern, Prickly-Pear-Kakteen, wilder Salbei. Und außer einigen flachen Flüssen, die im Sommer zu braunen Rinnsalen und Tümpeln werden, gibt es auch kaum Wasser. Weiter oben im Norden, in den Dakotas oder in Montana, wo das Vieh bis zum Bauch im fetten Präriegras badet, ist es nicht so schwierig, Kühe zu züchten. Aber in Nevada, wo man als Rancher dem Land jeden Halm Gras und jeden Tropfen Wasser abtrotzen muss, ist es echte Knochenarbeit.

Das Land prägt die Menschen. Das ist ein Phänomen, dem ich in Amerika immer wieder begegnet bin. Vielleicht habe ich es mir auch nur eingebildet, aber ich glaube das eigentlich nicht. Draußen in den Präriestaaten, in Kansas oder Colorado, unter dem gewaltigen Himmel, der sich über die endlosen Ebenen wölbt, schienen mir die Leute stets noch ein wenig offener, zugänglicher und freigiebiger mit ihrer Freundschaft zu sein, als die Amerikaner es ohnehin sind. In den Appalachen-Staaten dagegen, in West Virginia oder Kentucky, hatte ich manchmal den Eindruck, als zwängten die dunklen Berge und engen Täler auch das Denken der Menschen dort ein. Und wer einmal die Sonne, das Meer und den milden Wind in Kalifornien erlebt hat, wo die Autobahnen nicht Highways, sondern Freeways heißen, der weiß, warum die Kalifornier sind, wie sie sind.

In Nevada macht das karge Land die Menschen genügsam, widerstandsfähig und zäh. Und es macht sie auf eine besondere Art gelassen und selbstbewusst, die ich sehr beeindruckend fand. Wer hier auf einer Ranch aufwächst, wer hier täglich darum kämpft, dass die Kühe überleben, dass sie nicht verhungern, verdursten, in einen Canyon stürzen oder von einem Rudel Kojoten angefallen werden, wenn sie sich zum Kalben hinlegen, der lernt, allein zurechtzukommen. Der verlässt sich auf sich selbst, vielleicht auf Gott, auf jeden Fall aber auf ein geladenes Gewehr, um mit den Klapperschlangen und wilden Wüstenhunden fertigzuwerden. Ich mag solche Menschen.

Das harte Land und das harte Leben machen Menschen wie die Bundys allerdings auch stur und eigensinnig. Wären sie nicht so, hätten sie längst aufgegeben. Sie hätten ihre Sachen gepackt und wären weggegangen. Rancher in Nevada ringen mit einer gnadenlosen Natur, und ob sie verlieren oder gewinnen, hängt von ihnen selbst, von ihren Fähigkeiten und ihrem Durchhaltewillen ab. Womöglich führt das dazu, dass sie nicht allzu viele menschliche Autoritäten anerkennen, die ihnen sagen können, was sie wie zu tun haben. Das wiederum bringt Leute wie die Bundys manchmal mit dem Gesetz in Konflikt.

Die Bundys sind Mormonen, zutiefst religiöse Menschen, deren Glaube eng mit der Legende vom amerikanischen Pionier verwoben ist, der loszieht ins Ungewisse und sich das Land untertan macht – »with God on our side«, wie Bob Dylan gesungen hat: mit Gott an unserer Seite. Die Familie kam aus Utah nach Nevada und siedelt seit fast 150 Jahren am Virgin River. Cliven Bundy hat mehr als sieben Jahrzehnte unter dem hohen Wüstenhimmel geschuftet und Rinder gezüchtet. Auch seine zwölf Töchter und Söhne – Mormonen haben oft sehr große Familien – sind auf der Ranch geboren worden und aufgewachsen. Die Bundys sind Cowboys – keine Film-Cowboys, keine Rodeo-Cowboys, keine Show- und Kulissen-Cowboys für Touristen aus der Stadt, die ein paar Tage lang eine Ranch besuchen, um auf einer Mähre zu reiten und Bohnen am Lagerfeuer zu essen, sondern echte Cowboys. Die Bundys haben im Sattel gesessen, bevor sie ihre ersten Schritte gemacht haben, und das Laufen haben sie in kleinen Cowboy-Stiefeln gelernt. Für Cliven Bundy sind seine Kühe keine Dekoration, so wie die urigen Longhorn-Rinder, die manche reichen Texaner sich auf ihre Wochenend-Ranch stellen, sondern sie sind sein Lebenswerk und -unterhalt – ein paar Hundert Pfund Fleisch auf vier Beinen, dazu bestimmt, zu Steaks und Hamburgern verarbeitet zu werden. Die Bundys können einem wilden Rind vom Pferd aus im vollen Galopp ein Lasso über den Kopf oder um die Hinterbeine werfen, es einfangen, zu Boden ringen und fesseln. Sie können ein Kalb festhalten und ihm ein glühendes Eisen ins Fell drücken. Sie können vermutlich auch ziemlich gut schießen. Und, um auch das klarzustellen, die Bundy-Frauen können das alles genauso gut wie die Bundy-Männer.

Die Bundy-Ranch ist viel zu klein und arm, um mehrere Familien zu ernähren. Deswegen sind die Kinder von Cliven und seiner Frau Carol nach und nach weggezogen und haben sich mit ihren Familien in anderen Bundesstaaten niedergelassen. Die meisten Söhne halten auch keine Rinder mehr, jedenfalls nicht mehr viele. Aber zweimal im Jahr, im Frühling und im Herbst, kommen alle, die Zeit haben, heim nach Bunkerville und packen mit an. Dann treiben die Bundys, wie alle Rancher, ihre Kühe zusammen, die den Rest des Jahres über weitgehend frei herumlaufen und über Dutzende Quadratkilometer verstreut sind. Sie zählen die Tiere, markieren die neuen Kälber mit dem Brandzeichen der Familie, einem O mit einem spitz daraufgestellten V, und sortieren die Rinder aus, die verkauft und geschlachtet werden sollen. Die Bundy-Ranch sieht dann ein paar Tage lang so aus, wie man sich eine Ranch im Wilden Westen vorstellt: Rinder, Pferde, Staub.

Im Frühjahr 2017 allerdings waren Cliven und seine Söhne in einem Gefängnis der US-Bundesregierung in Nevada eingesperrt und warteten auf ihren Prozess. Aus den Cowboys waren tatsächlich Outlaws geworden.

Dass die Bundys irgendwann hinter Gittern landen würden, war keine Überraschung. Cliven Bundy streitet sich seit Jahrzehnten mit dem Bureau of Land Management (BLM), einer dem Innenministerium unterstellten Behörde, die den Landbesitz der US-Bundesregierung verwaltet, um Gebühren. Diese hätte er eigentlich dafür bezahlen müssen, dass seine Kühe auf öffentlichem Land weiden, das zum Teil unter strengem Naturschutz steht. Viele Rancher im amerikanischen Südwesten nutzen Staatsland, um ihr Vieh satt zu bekommen, weil es in der Region so wenig Wasser und Gras gibt, dass sie für ihre Herden sehr viel größere Flächen brauchen, als sie selbst besitzen. Aber weil Cliven Bundy starrköpfig ist und von der Regierung in Washington nicht viel und vom BLM überhaupt nichts hält, weil dessen Beamte für ihn eine Bande unnützer Besserwisser sind, die ihm nichts zu sagen haben, und weil seine Familie schon zu einer Zeit am Virgin River gesiedelt hat, als die Gegend noch so gefährlich war, dass kein Bürokrat von der Ostküste sich dort hintraute, bezahlte er die Weidegebühren nicht. Das ging viele Jahre so, bis Cliven Bundy der amerikanischen Regierung schließlich nach deren Rechnung und inklusive aller Zinsen, Mahn- und Gerichtskosten mehr als eine Million Dollar schuldete.

Im Frühjahr 2014 führte dieser Streit fast zu einer Schießerei, die jeden Spaghetti-Western in den Schatten gestellt hätte. Um endlich an sein Geld zu kommen, griff das Innenministerium in Washington durch: Berittene Ranger trieben Bundys Kühe zusammen und beschlagnahmten die Herde. Das war keine gute Idee. Das Zusammentreiben von fremder Leute Rindern, für die man nicht bezahlt hat, war nach den alten Gesetzen des amerikanischen Westens eine Straftat. »Cattle rustling« hieß das damals. Und es war auch kein Bagatellvergehen, sondern ein sogenanntes »hanging offence« – ein Verbrechen, das die Todesstrafe nach sich zog. Viehdiebe wurden dort, wo die Bundys leben, früher kurzerhand an einem Baum aufgeknüpft. Es gibt einen Klassiker der amerikanischen Literatur, *The Ox-Bow Incident* von Walter Van Tilburg Clark, in dem beschrieben wird, wie eine Gruppe Cowboys loszieht und einige vermeintliche Rinderdiebe hängt. Das ist heute natürlich nicht mehr so. Aber es ist eben auch nicht allzu lange her.

Aus Sicht von Cliven Bundy waren die Ranger, die im April 2014 seine Kühe in einen Pferch scheuchten, nichts anderes als gemeine Viehdiebe. Der alte Rancher und seine Söhne stellten sich den Regierungsleuten in den Weg, andere Rinderzüchter aus der Gegend kamen ihnen zu Hilfe. Und aus dem ganzen Land reisten rechte, regierungsfeindliche Milizionäre an, um die Familie in ihrem Kampf zu unterstützen. Die Behörden schickten ihrerseits jede Menge schwerbewaffnete Sicherheitskräfte, um die Revolte in den Griff zu bekommen. An einer Autobahnbrücke in der Nähe von Bunkerville kam es schließlich zu der tagelangen Konfrontation, die als »Bundy standoff« bekannt geworden ist. Polizisten zielten auf Cowboys, Cowboys zielten auf Polizisten, beide Seiten brüllten einander Flüche zu. Leute, die damals dabei waren, sagen, es hätte nur jemand für eine Sekunde die Nerven verlieren müssen, dann wäre es zu einem Gemetzel gekommen. Oder zu einem Bürgerkrieg. Am Ende kam die Staatsmacht zu dem Schluss, dass Bundys Rinder dieses Risiko nicht wert seien. Sie gab nach, Cliven Bundy bekam seine Kühe zurück.

Als Bundys Söhne Ammon und Ryan dann allerdings zwei Jahre später im Bundesstaat Oregon das Hauptquartier eines Nationalparks besetzten, angeblich, um einem Rancher dort zu helfen, der wegen Brandstiftung vor Gericht stand, waren die Behörden weniger nachgiebig. Diese Konfrontation endete mit Blutvergießen – vielleicht sollte sie das sogar, vielleicht wollte die Regierung den Bundys und ihren Unterstützern zeigen, wo die Grenze ist. Die Polizei erschoss damals bei einem Festnahmeversuch einen der Besatzer, einen Cowboy aus Arizona namens Robert LaVoy Finicum. Ryan Bundy wurde von einer Polizeikugel an der Schulter getroffen. Ein Prozess gegen die Bundys vor einem lokalen Gericht in Oregon endete im Herbst 2016 zwar mit Freisprüchen. Aber das US-Justizministerium in Washington, das offensichtlich befürchtete, dass da draußen im Westen eine regelrechte Cowboy-Rebellion um sich griff, ließ Cliven und vier seiner Söhne trotzdem verhaften und sperrte sie in Nevada ein, um ihnen dort wegen der Konfrontation in Bunkerville den Prozess zu machen.

So kam es, dass nur Clivens Frau Carol, ihre Tochter Stetsy und deren Familie zuhause waren, als ich im März 2017 auf der Bundy-Ranch vorbeischaute. Die beiden Frauen schafften es nur mit Mühe, den Betrieb über Wasser zu halten, während die Männer der Familie in Haft saßen. Das Gerichtsverfahren hatte damals gerade erst begonnen, und die Frauen der Bundys mussten damit rechnen, dass ihr Vater, ihre Ehemänner und Brüder zu zwanzig oder dreißig Jahren Gefängnis verurteilt würden. Das hätte das Ende der Ranch bedeutet und die Familien der fünf Häftlinge in große Not gebracht. Der Prozess platzte dann einige Monate später wegen eines Verfahrensfehlers, der der Staatsanwaltschaft unterlaufen war. Mittlerweile sind die Bundys alle wieder frei, auch wenn manche Mitglieder der Familie immer mal wieder Probleme mit dem Gesetz haben.

Es gibt in den USA sehr unterschiedliche Meinungen dazu, wer und was die Bundys sind. Viele Menschen – und ganz bestimmt die Regierung in Washington – halten sie für eine Familie von notorischen Gesetzesbrechern und Aufwieglern, für gefährliche, militante, rechte Reaktionäre. Und da ist was dran. Cliven Bundy mag vielleicht nur ein alter, sturer Rancher sein, der seine Kühe frei laufen lassen und einer staatlichen Behörde keine Weidegebühren bezahlen will, weil er sie für überflüssig hält. Seine Söhne Ryan und Ammon sind allerdings von ganz anderem Kaliber, was die Bereitschaft angeht, die Regierung herauszufordern und dabei auch Gewalt anzuwenden.

Vor allem Ammon Bundy, der inzwischen in Idaho lebt, ist seit seinen Zusammenstößen mit der Staatsmacht in Bunkerville und Oregon politisch weiter und weiter nach rechts abgedriftet. Es ist kein Zufall, dass er, sein Vater und seine Brüder im nationalistischen Milizmilieu, das während der Coronapandemie viel Zulauf bekommen hat, verehrt werden. Unter diesen Leuten gelten die Bundys als aufrechte Patrioten, als »echte Amerikaner« – gottesfürchtig, stolz, unbeugsam und bereit, für das, woran sie glauben, zu kämpfen und zu sterben. Ein Milizführer, der 2014 während der Konfrontation mit der Polizei in Bunkerville bei den Bundys war – ein Mann namens Stewart Rhodes, der eine Truppe befehligt hat, die sich »Oath Keepers« nennt –, stand am 6. Januar 2021 in Washington vor dem Kapitol, während seine Leute das Parlamentsgebäude stürmten, um den abgewählten Präsidenten Donald Trump an der Macht zu halten. Um Rhodes, mit dem ich in Montana einmal einen Nachmittag lang wandern gegangen bin und der inzwischen wegen staatsfeindlicher Umtriebe vor Gericht gestellt und verurteilt worden ist, wird es in einem anderen Kapitel noch einmal im Detail gehen.

Doch egal was man von der Familie Bundy oder einzelnen Mitgliedern hält – eine Sache habe ich bei dem Besuch auf der Ranch in Nevada gelernt: Wenn man den Mythos Cowboy mit Leben erfüllen will, wenn man ihm ein Gesicht und einen Namen geben möchte, dann kommt Cliven Bundy der Wahrheit vermutlich sehr viel näher als Old Shatterhand. Ohne Männer wie Cliven Bundy gäbe es das heutige Amerika nicht. Man kann das bedauern, denn die Eroberung des amerikanischen Westens war ja keine friedliche Angelegenheit, bei der freundliche Burschen wie die *Bonanza*-Brüder Hoss und Little Joe Kühe in ein leeres Land trieben, das nur auf die Besiedlung durch weiße Rancher wartete. Im Gegenteil: Die Ausdehnung der Vereinigten Staaten nach Westen war ein bluttriefender Landraub. Ein anderer amerikanischer Literaturklassiker, *Blood Meridian* von dem großen Erzähler Cormac McCarthy, beschreibt, wie erbarmungslos die Weißen damals unter den amerikanischen Ureinwohnern gewütet haben, nicht nur auf der Prärie im Norden, wo die bekannten Massaker wie das am Wounded Knee Creek stattfanden, sondern auch im Südwesten. Es heißt schon etwas, dass dieses Buch nie verfilmt wurde – es enthält einfach zu viel Mord und Totschlag. Wenn man an die Urvölker denkt, die vor eineinhalb Jahrhunderten in Nevada, Texas, New Mexico oder Arizona von europäischen Siedlern wie den Bundys aus ihren alten Jagd- und Wohngebieten verdrängt und in Reservate gesperrt wurden – so wie die Mescalero-Apachen, der Stamm, dem Karl May zufolge Winnetou angehört –, dann fällt es schwer, allzu viel Sympathie für einige renitente Rancher und Cowboys zu empfinden, die sich wegen ein paar Dollar Weidegebühr von der US-Regierung ungerecht behandelt fühlen.

Dennoch ist es eine historische Tatsache, dass Familien wie die Bundys Amerika einst geformt haben. Sie sind in schwankenden Planwagen, vor die Ochsen gespannt waren, nach Westen gefahren. Sie haben sich über die Prärie gekämpft, durch ein Meer von Gras, das so hoch war, dass manchmal Kinder, die vom Karren fielen, darin verschwanden und nie wieder gefunden wurden. Sie haben schäumende Flüsse und verschneite Bergketten überquert, sie sind durch Regen-, Sand-, Staub-, Eis-, Blitz- und Hagelstürme gezogen, durch flimmernde Wüsten und gespenstische, ausgedörrte Badlands, in denen sich tagsüber nichts Lebendiges blicken lässt und durch die nur das Echo der eigenen Schritte hallt. Und dann haben sie sich in der feindseligen Wildnis festgekrallt, wo es einen Flecken brauchbare Erde und etwas Wasser gab. Sie haben ihr Stückchen Land, ihre Familien und ihre Tiere verteidigt, ohne dass jemand von der Regierung in Washington ihnen dabei geholfen oder gar mit einer Gebührenordnung vor der Nase herumgewedelt hätte. Das schafft man nur mit sehr viel Härte und Entschlossenheit. Alle anderen Siedler, die weicher und nachgiebiger waren, sind entweder gestorben oder weitergezogen, nach Kalifornien zum Beispiel, in das gesegnete Land im Westen, wo der Boden weicher und fruchtbarer, das Klima freundlicher und das Leben leichter ist.

In der Geschichte der Bundys steckt daher auch eine gewisse Tragik. Zumindest ist mir das so vorgekommen. Ein Mann wie Cliven Bundy gilt heute als politischer Extremist, wenn nicht gar als eine Art einheimischer Terrorist. So hat ein demokratischer Senator aus Nevada die Bundy-Familie und ihre Unterstützer einmal genannt: »domestic terrorists«. Aber es ist gerade zwei, drei Generationen her, da wurde jemand wie Cliven Bundy als amerikanische Ikone bewundert, als mythische Figur, als einer jener legendären, wagemutigen Pioniere, die Amerika mit ihren eigenen starken, rauen Händen aufgebaut haben. Eine andere Chiffre für diese Ikone ist: Cowboy. Wahrscheinlich liegt die

Wahrheit irgendwo in der Mitte. Cliven Bundy ist keine Ikone, aber er ist bestimmt auch kein Terrorist. Er hat etwas Ungezähmtes an sich – Eigenschaften, die früher, in einer anderen, archaischen Umgebung wichtig waren, die aber heute, da alles domestiziert ist, keine Rolle mehr spielen, sondern eher hinderlich sind. Am ehesten ist Cliven Bundy ein Relikt. Ein Überbleibsel aus einer wilden Zeit in Amerika, als Sturheit, Mut und eine gewisse Fertigkeit im Umgang mit Pferden, Rindern und Schusswaffen überlebensnotwendig waren. Aus der Zeit der Cowboys, wenn man es so sagen will.

Ich habe, als ich in Bunkerville war, mit Freunden der Bundys gesprochen, von denen viele ebenfalls aus alteingesessenen Rancher-Familien stammen, die seit mehreren Generationen in Nevada siedelten. Sie hatten viel Verständnis für die Bundys, auch wenn sie deren Methoden nicht guthießen. »Der ganze Ärger nur wegen ein paar verdammten Kühen«, hat einer dieser Männer damals gesagt, und es war klar, dass aus seiner Sicht nicht nur Cliven Bundy, sondern ebenso die amerikanische Regierung den Ärger verursacht hatte. Und ich konnte diese Sicht verstehen. Auch diese Leute, von denen die meisten längst nur noch aus Nostalgie einige Kühe hielten, weil sie etwas Land geerbt hatten und weil man das als respektabler Mensch in diesem Teil Amerikas so macht, fühlten sich von den Verwaltungsbeamten in Washington gegängelt. Sie mochten es nicht, wenn Schreibtischmenschen vom BLM, die in einer Stadt an der Ostküste aufgewachsen und aufs College gegangen sind, für die Rancher im Westen immer neue Umweltvorschriften erließen und immer größere Flächen staatlichen Lands für die Viehzucht sperrten und zu Naturschutzgebieten erklärten. Viele Amerikaner, die gerne in dieser wilden, faszinierenden Landschaft wandern gehen, um sich von ihren Jobs in klimatisierten Büros zu erholen, gewinnen dadurch etwas, das ist unbestritten. Aber andere, die auf und von diesem Land leben, verlieren etwas. Und sie können wenig dagegen tun.

Auf dem Rückweg von der Bundy-Ranch zu meinem Hotel in Las Vegas bin ich damals noch einige Stunden durch die Wüste gefahren. Und plötzlich standen da im goldenen Licht der Nachmittagssonne ein paar Rinder auf der Sandstraße. Sie waren braun, mager und struppig, kamen zwischen den Kreosotbüschen herausgetrottet und sahen mich misstrauisch an. Dann sind sie auf der anderen Seite der Straße wieder im Busch verschwunden. Auf den Flanken hatten sie ein Brandzeichen: ein O mit einem spitz daraufgestellten V. Es waren Bundy-Kühe. Für einen Moment war es, als sei ich in den alten Wilden Westen zurückversetzt worden – Sand, Felsen, staubiges Licht und frei herumwandernde Rinder, die kein Stacheldrahtzaun von der Straße fernhält. Einen Augenblick später wurde ich in meinem kleinen japanischen Mietauto von einem doppelt so hohen und breiten Pick-up-Truck überholt, der zwei Allrad-Buggys mit dicken Stollenreifen auf der Ladefläche hatte. In dem Auto saßen zwei reiche Städter aus Las Vegas, die aufs Land rausgefahren waren, um zum Spaß ein bisschen durch die Wüste zu brettern. Cliven Bundy hingegen, der sich siebzig Jahre lang geplagt hat, um in dieser Wüste genug Wasser und Futter für seine paar Rinder zu finden, saß währenddessen mit seinen Söhnen in einem Hochsicherheitsgefängnis der amerikanischen Bundesregierung, und seine Frau wusste nicht, wie sie den Dünger für die Melonen bezahlen sollte.

Ich bin mir nicht sicher, ob das fair ist. Aber ich bin mir sehr sicher, was es bedeutet: Egal, wie viele Rinderhirten und Rinderhirtinnen es nach der Zählung des Landwirtschaftsministeriums in den Vereinigten Staaten auch geben mag – die Zeit der Cowboys ist vorbei.

Kapitel 3

Indianer

South Dakota

Indianer – ja, ein umstrittenes Wort. Als ich in Washington gelebt habe, kamen dort immer wieder die medialen Ausläufer einer Debatte an, die in Deutschland über die Frage geführt wurde, ob man »Indianer« überhaupt sagen darf. Oder »Häuptling«. Die Erbitterung, mit der dabei zwischen Befürwortern und Gegnern hin und her argumentiert wurde, hat mich stets verwundert. Schließlich gibt es in Deutschland keine Bevölkerungsgruppe, die man mit diesem Wort benennen oder gar beleidigen könnte. Vielleicht ist diese deutsche Empfindlichkeit auch noch eine Folge von Karl May und seinen Geschichten über Winnetou, der als Apache nicht nur ein Indianer ist, sondern zudem zum kulturellen Erbe Deutschlands gehört. Das mag erklären, warum manche Deutsche unbedingt darüber mitbestimmen wollen, welche Begriffe zur Beschreibung von Menschen erlaubt oder verboten sind, die mehrere tausend Kilometer weit weg leben.

Ich orientiere mich in dieser Frage lieber an einem beeindruckenden Gebäude aus hellgelbem Stein, das in Washington an der National Mall steht. So heißt der parkähnliche Grünstreifen in der Mitte der amerikanischen Hauptstadt, der von öffentlichen Museen sowie Gedenkstätten für Amerikas Kriege und Amerikas Präsidenten gesäumt ist. In diesem Gebäude aus gelbem Stein befindet sich seit 2004 das offizielle staatliche Museum der USA für die Geschichte der Ureinwohner des nordamerikanischen Kontinents, das in Zusammenarbeit mit allen indigenen Stämmen und Nationen, die heute noch existieren, gebaut und kuratiert wurde. Es trägt den Namen »National Museum of the American Indian«, übersetzt: Nationales Museum des amerikanischen Indianers.

Auf der Internetseite dieses Museums gibt es eine Frage-und-Antwort-Rubrik. Darin geht es gleich im ersten Punkt um die Wortwahl, die angemessen ist, wenn man über die Menschen spricht, deren reiche Kultur in dem Gebäude ausgebreitet wird. »Wie lautet die korrekte Terminologie: amerikanischer Indianer, Indianer, indigener Amerikaner, Indigener oder Ureinwohner?«, steht da als Frage. Die Antwort ist: »Alle diese Begriffe sind zulässig.« Ich zitiere das hier auch im englischen Original – Stand Frühjahr 2024 –, damit niemand denkt, ich schummle mir bei der Übersetzung etwas zurecht. Frage: »What is the correct terminology: American Indian, Indian, Native American, Indigenous, or Native?« Antwort: »All of these terms are acceptable.« Die Autoren weisen dann im nächsten Satz noch darauf hin, dass die Menschen, von denen hier die Rede ist, es in der Regel bevorzugen, als Angehörige ihres jeweiligen Volks oder Stammes bezeichnet zu werden. Aber offenkundig haben sie mit der Bezeichnung »Indianer« kein großes Problem. Was mich angeht, ist der Streit über den Gebrauch des Worts damit eigentlich entschieden.

Das Indianer-Museum in Washington lässt allerdings auch keinen Zweifel daran, was es für unzulässig und inakzeptabel hält. Dazu gehört zum Beispiel das Verkleiden als Indianer. Sich an Halloween – oder in Deutschland an Fasching – drei Farbstreifen auf die Backen zu malen und johlend herumzuhüpfen, ist nach Ansicht der Menschen, die damit angeblich nachgeahmt werden sollen, respektlos. Und wenn sie das so empfinden, sehe ich keinen Grund, anderer Meinung zu sein. Zu den nicht hinnehmbaren Dingen gehören nach Angaben des Museums zudem die mehr oder weniger offen indianerfeindlichen Namen, die viele amerikanische Sportmannschaften immer noch tragen. Das Football-Team von Washington hat vor einigen Jahren zwar nach einem elend langen Gezerre den wirklich unsäglichen Namen »Redskins« aufgegeben. Rothäute – das war dann wohl doch etwas zu rassistisch. Ähnliches geschah in Cleveland, wo die örtliche Baseball-Mannschaft sich von »Indians« in »Guardians« umbenannte und ihr altes Logo abschaffte, die grinsende, knallrote Karikatur eines Indianerkopfs. Aber die USA sind trotzdem noch voller Schul-, Universitäts- und Profimannschaften, die »Chiefs« heißen, »Braves« oder »Warriors« – Häuptlinge, Kämpfer, Krieger.

Ich halte mich, wenn es um amerikanische Indianer geht, zudem an einen sehr beeindruckenden Mann namens Remi Bald Eagle. Ich habe ihn in der Cheyenne River Indian Reservation kennengelernt, einem Indianerreservat in South Dakota. Bald Eagle wurde dort geboren und ist in dem Reservat aufgewachsen. Er stammt aus einer berühmten Familie von Kriegern und Soldaten. Einige seine Vorfahren – White Bull, White Feather und der zur Legende gewordene Sitting Bull – haben 1876 am Little Bighorn River in Montana gegen die Soldaten des 7. US-Kavallerieregiments unter George Armstrong Custer gekämpft. Der Vater von Bald Eagle war ein hochdekorierter Held des Zweiten Weltkriegs, Veteran der Schlachten in der Normandie und in Italien. Als junger Mann ist Remi Bald Eagle, der seinen Vornamen einer belgischen Mutter verdankt, selbst zur Armee gegangen. Er wurde Feldwebel in einer Pioniereinheit und war in Afghanistan und im Irak im Einsatz. »Ich wollte immer ein Krieger sein«, hat Remi Bald Eagle gesagt, als ich ihn im Frühsommer 2020 traf. Seine Zeit als Krieger – zumindest seine Zeit als Uniformträger – hatte er damals allerdings schon hinter sich. Remi Bald Eagle war wieder Zivilist, 45 Jahre alt und lebte mit seiner Frau, die den schönen Namen Alaina Beautiful Bald Eagle trägt, und der gemeinsamen Tochter Hope in Eagle Butte, der

Hauptstadt des Cheyenne-River-Reservats. Dort arbeitete er in der Verwaltung und war für die Zusammenarbeit mit der amerikanischen Bundesregierung in Washington zuständig.

Remi Bald Eagle, so hat er es mir damals erklärt, gehört zum Volk der Lakota-Sioux und zum Stamm der Mnicoujou. Und gleich in unserem ersten Gespräch wurde auch offensichtlich, dass er das altmodische, vermeintlich abwertende Wort »Indian« gegenüber dem als progressiv und respektvoll geltenden Begriff »Native American« bevorzugte. Jedenfalls sprach er von sich, seinen Verwandten und seinem Stamm sehr selbstverständlich als Indianern. Das hatte nichts damit zu tun, dass dieses Wort sich weniger gestelzt anhört. Zu meiner Überraschung störte Bald Eagle sich gar nicht in erster Linie an dem stets etwas sperrig und anthropologisch klingenden Adjektiv »native«, also indigen, sondern vor allem an dem Nomen »American«, Amerikaner. Und das wiederum fand ich bemerkenswert: Ein Mann, der amerikanischer Staatsbürger war, der als Unteroffizier in der United States Army gedient, der einen Eid auf die Verfassung der Vereinigten Staaten von Amerika geschworen und für diese Vereinigten Staaten gekämpft – und vermutlich auch getötet – hatte, tat sich schwer damit, sich selbst als Amerikaner zu bezeichnen.

Nach ein paar Tagen in Eagle Butte verstand ich die Sicht von Remi Bald Eagle besser. Für ihn waren die Menschen, die im Reservat wohnten, die zu seinem Stamm gehörten, keine Amerikaner – weder indigene noch zugewanderte noch sonst irgendwelche. Sondern sie waren Sioux, Angehörige jenes Volkes, das schon lange vor der Ankunft der Weißen auf der Prärie gelebt hatte. Die Amerikaner – das waren in den Augen von Bald Eagle jene bleichen Invasoren, die einst aus allen möglichen Winkeln der Erde ins Land der Sioux gekommen waren und die dort lebende Bevölkerung ausgeplündert und drangsaliert hatten. Die Amerikaner – das waren die Männer, die mit Custer geritten waren, den die Indianer »Long Hair« oder »Yellow Hair« nannten, weil seine Haare so lang und gelb waren wie das Präriegras, nachdem der erste Frost darüber hinweggegangen ist. Die Amerikaner – das waren die Weißen, die die Lakota-Sioux wegen ihrer unersättlichen Gier nach Gold aus deren angestammten Jagd- und Siedlungsgebieten in den Black Hills von South Dakota vertrieben und in Reservate wie das am Cheyenne River gesperrt hatten. Die Amerikaner – das waren jene Fremden, die die Indianer betrogen, die ihre Lebensgrundlage – die Büffelherden – vernichtet und ihre Alten, Frauen und Kinder massakriert hatten. So wie am Wounded Knee Creek, an dessen Ufern an einem geheimen Ort das Herz und die Gebeine des großen Sioux-Kriegers Crazy Horse begraben liegen und wo das 7. US-Kavallerieregiment im bitterkalten Winter 1890 blutige Rache nahm an den Sioux für die Niederlage am Little Bighorn und den Tod von Long Hair Custer.

Man könnte es auch so sagen: Für Remi Bald Eagle waren die Amerikaner Leute wie die Bundys. Farmer und Rinderzüchter – Cowboys –, die so taten, als sei das Land leer, in dem sie sich niederließen, nur weil die Menschen, die dort lebten, eine andere Hautfarbe, eine andere Sprache, andere Götter und andere Bräuche hatten. Diese Leute hatten vor eineinhalb Jahrhunderten beschlossen, dass es ihr gottgegebenes Recht, wenn nicht gar ihre Pflicht als wahre Christenmenschen sei, Amerikas Westen zu besiedeln, ohne Rücksicht auf die, die dort schon seit Jahrtausenden wohnten. Ich habe Bob Dylans Lied »With God on Our Side«, das eher eine kleine Geschichtsvorlesung ist, bereits in dem Kapitel über die Bundys zitiert, weil der feste Glaube daran, Gott neben sich zu haben und Gottes Willen zu erfüllen, ein wichtiger Antrieb für diese Siedlerfamilien war. Sie zweifelten auch dann nicht an dieser Vorstellung, als offensichtlich wurde, dass die US-Armee oft mit brutalsten Mitteln dabei helfen musste, aus der angeblich so gottgefälligen Vision Wirklichkeit werden zu lassen. Das amerikanische Militär tut bis heute so, als seien die vielen Massaker an wehrlosen Indianern auf der

Prärie in Wahrheit ruhmreiche Schlachten gewesen. Die Metzelei am Wounded Knee zum Beispiel, bei der mehrere hundert Alte, Frauen und Kinder getötet wurden, wird auf einer Schautafel im Heeresmuseum bei Washington immer noch als »engagement« bezeichnet, als vermeintlich ehrenhaftes militärisches Gefecht.

Dylan, ein Kenner und zuweilen sarkastischer Kommentator der finsteren Seiten der amerikanischen Historie, hat in seinem Lied hingegen beschrieben, wie es in Wahrheit gewesen ist. Das sei an dieser Stelle nachgereicht: »The cavalries charged, the Indians fell«, singt er. »The cavalries charged, the Indians died. Oh, the country was young, with God on its side.« Die Kavallerie griff an, die Indianer fielen. Die Kavallerie griff an, die Indianer starben. Oh, das Land war jung damals und hatte Gott an seiner Seite.

Es gibt in der amerikanischen Armee bis heute Truppenteile, die sich als Kavallerie bezeichnen, auch wenn sie ihre Pferde längst gegen Panzer, Jeeps und Helikopter getauscht haben. Es gibt auch das berüchtigte 7. US-Kavallerieregiment noch. Es ist in Texas stationiert und wird bei Einsätzen als Aufklärungstruppe verwendet, die vor den Panzer- und Infanterieverbänden marschiert. Bald Eagle hat mir erzählt, dass er früher stets nur Wut und Verachtung empfunden hat, wenn er in Afghanistan oder im Irak den Angehörigen solcher Kavallerieeinheiten über den Weg gelaufen ist – immerhin seine Landsleute und Armeekameraden –, die zur Ausgehuniform bis heute Reitstiefel, Sporen und Schlapphüte mit gekreuzten Säbeln und goldenen Tressen tragen und die keinerlei Scham für die feigen Bluttaten empfinden, die ihre Vorgänger verübt haben.

Die große Mehrheit der weißen Amerikaner hält das alles vermutlich für alten, verstaubten Kram, lange her, vielleicht bedauerlich, aber ohne Bedeutung für heute – Mythologie. Remi Bald Eagle hat eine andere Sichtweise. Sein Bild von der Geschichte des amerikanischen Westens, in dem er sozusagen das ikonografische Gegenstück zum Cowboy darstellt, ist nicht linear, sondern sehr komprimiert: Die Vergangenheit der Indianer ist die Gegenwart der Indianer oder bestimmt diese zumindest in allen Facetten, auch wenn zwischen dem Damals und dem Heute viele Generationen liegen. Bald Eagle hat diese Vergangenheit sogar mit sich um die halbe Welt getragen. Er sei einmal, so hat er mir erzählt, in Afghanistan mit seiner Einheit in ein Dorf gekommen. »Ich habe mich damals gefragt, was machst du hier eigentlich?«, sagte Bald Eagle. »Alles war genau wie bei uns zuhause.« Die Afghanen in dem Dorf seien so gewesen wie die Indianer vor 150 Jahren, als die weißen Büffeljäger, Händler, Farmer und Rancher in ihr Land kamen, begleitet von den Soldaten. Mit dem Unterschied, dass in Afghanistan er, der Indianer, zu den Eindringlingen gehörte, die die alte Welt zerstörten. Er war ein bewaffneter Fremder, der den Menschen in dem Dorf notfalls mit Gewalt den Willen der Regierung der Vereinigten Staaten aufzwingen sollte – nicht viel anders als einst die Männer des 7. Kavallerieregiments.

Der Juni 2020, in dem ich das Cheyenne-River-Reservat besuchte, war auch so ein Moment, in dem die Vergangenheit und die Gegenwart für die Sioux eins wurden und sich zu einer existenziellen Bedrohung zusammenballten: Die Covid-19-Pandemie wütete damals heftig in den USA, und das Reservat, in dem es nur ein kleines Krankenhaus mit drei, vier Intensivbetten gab, war in keiner Hinsicht auf eine größere Anzahl schwerer Infektionen eingestellt. Für die weißen Amerikaner war der geschichtliche Referenzpunkt während der Pandemie stets die Spanische Grippe von 1918/19 – ein weit zurückliegendes Ereignis, über das man höchstens vielleicht mal eine Dokumentation im History Channel geschaut hatte. Eine ferne Katastrophe, die zwar viele Menschen getötet, die im kollektiven Gedächtnis der Nation aber nur sehr dünne Spuren hinterlassen hat. Für die Indianer im Cheyenne-River-Reservat war die Pandemie dagegen die Wiederholung eines Traumas, das sie und andere Indianervölker im Lauf der Jahrhunderte wieder und wieder hatten erleiden müssen. Zigtausende Ureinwohner, ganze Stämme, sind seit der Ankunft der Weißen in Amerika an Krankheiten gestorben, die die Einwanderer eingeschleppt hatten – an Pocken, Keuchhusten, Grippe, Tuberkulose, Masern. Und auch die Covid-19-Pandemie traf die amerikanischen Indianer wieder besonders hart, vor allem das Volk der Navajo, dem Bald Eagles Frau Alaina angehört. Die Todesrate in der Navajo Nation, dem großen Navajo-Reservat im Südwesten der Vereinigten Staaten, war doppelt so hoch wie in New York City. Aber dafür interessierten sich die Medien nicht, sie filmten lieber die Kühllaster mit den Toten in Manhattan.

Die Sioux im Cheyenne-River-Reservat taten deswegen damals etwas, was sie noch vor zwei oder drei Generationen vermutlich mit ihrem Leben bezahlt hätten: Sie versperrten den Weißen den Weg, in der Hoffnung, so auch das Virus aussperren zu können. An den Zugangsstraßen zu ihrem Gebiet errichteten die Indianer Kontrollposten, an denen sie Wache hielten. Sie stellten orangefarbene Plastikkegel auf den Asphalt und Metallcontainer an den Straßenrand, über denen sie die Flagge des Reservats hissten – nicht das amerikanische Sternenbanner. Sie stoppen alle Fahrzeuge und ließen nur die passieren, deren Fahrer eine Erlaubnis der Stammesverwaltung dafür vorweisen konnten, sich im Reservat aufzuhalten. Um diese zu bekommen, war ein überzeugender Grund notwendig, man musste einen Antrag stellen und diesen genehmigt bekommen. Wer diese Erlaubnis nicht hatte, musste umdrehen und um das Reservat herumfahren. Es gelang den Indianern durch ihre Zugangskontrollen zwar nicht, das Virus vollkommen aus ihrem Gebiet fernzuhalten. Es gab im Lauf der Monate trotzdem Infektionen und Todesfälle. Aber die Sioux schafften es zumindest, die Pandemie so lange halbwegs abzuwehren, bis der rettende Impfstoff entwickelt und geliefert worden war. Das war der Grund, warum aus der Bedrohung durch das Virus damals für die Sioux kein Desaster wurde.

Ich habe an diesen Straßensperren im Cheyenne-River-Reservat gesehen, wie wütend es Weiße machte, von einem Indianer gesagt zu bekommen, auf welchen Straßen sie in Amerika fahren dürfen und auf welchen nicht. Nicht alle, aber viele Fahrer saßen mit zusammengebissenen Zähnen hinter dem Lenkrad, wenn sie ihre Genehmigungsschreiben vorzeigten. Manche Fahrer, die abgewiesen wurden, brüllten den Indianern an den Straßensperren Flüche zu, während sie wendeten. Die republikanische Regierung des Bundesstaats South Dakota drohte damit, die Kontrollposten von der Polizei räumen zu lassen. Das hätte, so sagte Bald Eagle damals, zu Blutvergießen geführt. Die Sioux waren bereit, für die Sicherheit ihres Volkes zu kämpfen. Es kam dann zum Glück nicht so weit, denn die bundesstaatlichen Behörden haben in dem Reservat nichts zu sagen. Dort ist die Washingtoner Bundesregierung zuständig, und die hat sich um die Straßensperren in der Provinz nicht besonders gekümmert. Nach einigen Monaten, als die Pandemie auslief, bauten die Sioux die Plastikkegel und Container wieder ab.

Für die Indianer war das ein bemerkenswerter Erfolg. Es war zwar nicht das erste Mal seit der berühmten Schlacht am Little Bighorn, dass die Sioux sich offen gegen die Weißen gestellt hatten. Gerade dieses Volk, das als eines der letzten von den Amerikanern unterworfen wurde, hat in den vergangenen Jahrzehnten immer wieder rebelliert. Aber es war das erste Mal seit Langem, dass die Sioux sich nicht nur gewehrt, sondern auch behauptet hatten. Der Aufstand der Sioux in South Dakota passte zu diesem revolutionären, von Wut und Tränengas getränkten Sommer 2020, in dem auch die Schwarzen überall in den USA auf die Straße gingen, unter dem Kampfruf »Black Lives Matter« gegen Diskriminierung und Polizeibrutalität protestierten und die Statuen von Südstaaten-Generälen stürzten. Vor dem Weißen Haus in Washington wurde damals fast auch das Reiterstandbild von Präsident Andrew Jackson vom Sockel gerissen, einem üblen Nationalisten und Indianermörder, dessen Portrait Donald Trump sich an einem seiner ersten Amtstage an eine Wand im Oval Office hatte hängen lassen. Remi Bald Eagle war in jenem Sommer einer der wichtigsten Organisatoren des Widerstands seines Stammes. »Ich weiß seitdem, dass ich kein Soldat sein muss, um ein Krieger zu sein«, hat er mir erzählt.

Ich kann nicht mit Sicherheit sagen, ob Remi Bald Eagle und seine Ansichten über Amerikaner und Indianer in jeder Hinsicht repräsentativ sind. Es gibt vermutlich auch Ureinwohner in den USA, die es bevorzugen, als »Natives« bezeichnet zu werden, weil sie den Begriff »Indian« als abwertend empfinden. Es gibt zudem bestimmt Menschen in Amerika, die indianischer Abstammung sind und sich zugleich ohne jeden Zweifel als Amerikaner sehen. Ein Beispiel sind die Navajo-Veteranen, die während des Zweiten Weltkriegs im Pazifik als Funker in der US-Armee gedient haben. Sie unterhielten sich in der Sprache ihres Volkes, die so schwierig und kompliziert ist, dass ein Außenseiter sie praktisch nicht lernen kann und die feindlichen japanischen Truppen die Funksprüche daher weder verstehen noch entschlüsseln konnten. Es sind nicht mehr viele dieser Soldaten am Leben, aber manchmal konnte man einen am Weltkriegsdenkmal in Washington sehen – einen alten Mann im Rollstuhl, der seine Uniformjacke, auf deren Ärmel die Flagge mit den Sternen und den Streifen genäht war, immer noch mit großem Stolz trug. Am Ende ist es wohl eine Frage der persönlichen Präferenz, welche Begriffe eine Nachfahrin oder ein Nachfahre der Ureinwohner Amerikas bevorzugt. Den Ratschlag des Indianer-Museums in Washington, sofern es möglich ist, den Namen des Volkes oder des Stammes zu verwenden, dem eine bestimmte Person angehört, halte ich daher für recht sinnvoll. Ich erzähle hier von Remi Bald Eagle, dem Lakota-Sioux vom Stamm der Mnicoujou, vor allem deswegen, weil er ein Beispiel dafür ist, dass die Dinge zuweilen etwas komplizierter sind, als sie von Deutschland aus gesehen den Anschein haben mögen.

Cliven Bundy und Remi Bald Eagle sind, wenn man so will, zwei Antipoden der amerikanischen Nationalmythologie. Cowboy und Indianer. Sie stehen auf verschiedenen Seiten der Geschichte des Landes: Eroberer und Eroberter, Angreifer und Angegriffener. Auch darüber, wer der Sieger und wer der Besiegte ist, kann man wohl allenfalls im Einzelfall streiten. Remi Bald Eagle schien mir kein Mann zu sein, der vorhat, das Kämpfen einzustellen und aufzugeben. Doch dass die Weißen die Indianer auf dem nordamerikanischen Kontinent physisch und kulturell fast vollständig vernichtet haben, kann man wohl nicht leugnen. Das ist keine Frage der persönlichen Meinung, sondern ein geschichtliches Faktum. Daran ändert sich auch dadurch nichts, dass die Sioux des Cheyenne-River-Reservats einige Monate lang ein paar Auto- und Motorradfahrer daran hindern konnten, das SARS-CoV-2-Virus bei ihnen zu verbreiten. Das Reservat bleibt trotzdem arm, die Menschen dort verfallen trotzdem zu oft Drogen und Alkohol. Sie leiden unter schlechter Bildung, billigem Essen, das sie krank macht, hoher Arbeitslosigkeit, Gewalt und Diskriminierung. Zur Armee zu gehen wie Remi Bald Eagle – zur Armee der amerikanischen Landräuber und Besatzer – ist oft die einzige Möglichkeit für junge Frauen und Männer, um alldem zu entkommen.

Die Sioux waren einmal frei. Sie waren die Herrscher über den nördlichen Teil der amerikanischen Prärie. Man darf sich diese Herrschaft wahrscheinlich nicht allzu romantisch ausmalen. Die Sioux lebten zwar, wie es stets bewundernd und vielleicht etwas blauäugig heißt, »im Einklang mit der Natur«. Aber sie waren auch harte Kämpfer, die durchaus mit großer Gewalt auf andere Indianervölker, auf weiße Farmer und Rancher und auf deren Frauen und Kinder losgingen. Heute allerdings werden die Sioux von Beamten im fernen Washington verwaltet, die für das Bureau of Indian Affairs arbeiten, eine Abteilung des Innenministeriums. Die Indianer leben von dem, was die US-Regierung ihnen gibt. In der Geschichte, die ich damals in der *Süddeut-*

schen Zeitung über den Besuch im Cheyenne-River-Reservat geschrieben habe, standen diese Sätze: »Die Sioux waren ein Volk von Jägern und Kriegern. Die Weißen haben sie zu Almosenempfängern gemacht.« Ich habe diese Sätze in der englischen Übersetzung des Texts, die ich Remi Bald Eagle nach dem Erscheinen geschickt habe, weggelassen. Es ist die Wahrheit. Aber ich wollte mich für sein Vertrauen und seine Gastfreundschaft nicht dadurch bedanken, dass ich ihm diese tragische Realität noch einmal schriftlich vorhielt. Er kennt sie.

Außerdem hatte ich ja gerade erlebt, dass es Indianer gibt, die dieses Schicksal nicht mehr hinzunehmen bereit sind. Wenn man mit einem einzelnen Wort die Stimmung beschreiben will, die unter den jungen Sioux geherrscht hat, die monatelang rund um die Uhr an den Kontrollpunkten gestanden und Papiere überprüft haben, um ihr Volk vor einem tödlichen Virus zu schützen, dann passt dieses am besten: Stolz. Sie waren stolz darauf, selbst für sich, ihre Freunde und Familien sorgen zu können, anstatt sich auf die Regierung zu verlassen, die sich um sie ohnehin nicht kümmerte. Das wiederum war ein Gefühl, das ich auch in vielen Gesprächen gespürt hatte, die ich in Nevada mit den Angehörigen und Freunden der Bundy-Familie geführt habe. Auch sie waren – in gewisser Hinsicht bestimmt zu Recht – stolz darauf, was ihre Vorfahren und sie dort in der Wüste aus dem heißen, trockenen Nichts geschaffen hatten, ohne dass ihnen jemand von der Regierung dabei geholfen hätte. Vielleicht schließt sich in dieser Hinsicht eine Art historisch-kultureller Kreis, der Cowboys und Indianer doch miteinander verbindet, obwohl zwischen ihnen eine so tiefe Kluft liegt: Beide Archetypen haben Amerika geprägt, bevor es Bürokraten gab, die sich von einer weit entfernten Hauptstadt aus um das raue Territorium jenseits der »frontier«, der Grenze zwischen Zivilisation und Wildnis, gekümmert haben. Zum Mythos vom Wilden Westen, der sich in den USA bis heute nicht ganz abgeschliffen hat, gehören beide – Cowboys und Indianer.

Und es gibt noch etwas, das Cliven Bundy und Remi Bald Eagle verbindet: die Liebe zum Land. Die Landschaften, in denen sie zuhause sind, strahlen eine überwältigende, betörende, fast schon spirituelle Schönheit aus, die jeden Besucher packt, die einen tief berührt und nie wieder ganz loslässt. Die Prärie in South Dakota ist grüner als die Wüste in Nevada. Das Süßgras, über das einst die Bisons in Herden gezogen sind, die Zehntausende Tiere zählten, wächst dort dicht und hoch. Die Sioux flechten die langen Halme zu Zöpfen, die wunderbar riechen. In den Zimmern meiner Söhne liegen zwei dieser Graszöpfe, die mit uns von Washington nach Belgien umgezogen sind. Sie sind inzwischen vertrocknet und braun, sie lösen sich langsam auf, aber sie duften immer noch herrlich. Nach »Gewürzen und ein bisschen Lakritze«, wie mein jüngster Sohn sagt.

Trotzdem ist das Land der Sioux kaum weniger rau als das der Bundys. Im Sommer lastet die Hitze auf den Ebenen, es gibt Tornados und Präriebrände, Gewitterstürme waschen tiefe Rinnen ins Gelände, in denen Kühe, Kälber oder auch kleine Kinder verschwinden können. Im Winter rasen Blizzards über das flache Land und begraben alles unter Schnee und Eis. In Nevada kann eine Rinderherde binnen zwei, drei Tagen verdursten. In South Dakota kann sie in einer einzigen Nacht erfrieren. Der Country-Sänger James McMurtry, dessen Großvater Rancher in Texas war, hat ein Lied mit dem Titel »South Dakota« geschrieben. Er erzählt darin von einem solchen Schneesturm, einem frühen im Herbst, der alle Kühe erwischt, weil sie noch kein Winterfell haben. Sie liegen dann auf den Weiden, »stiff as boards«, steifgefroren wie Bretter. Ein Rancher, dem so etwas passiert, kann nicht viel machen. »You take a sharp knife in your hand, skin 'em out while you still can, and curse the Lord«, singt McMurtry. Du nimmst ein scharfes Messer in die Hand, ziehst ihnen das Fell ab, solange es noch geht, und verfluchst Gott.

Und immer streicht der Wind über die Prärie, er wiegt das Gras und schiebt Wellen vor sich her, sodass die Ebene aussieht wie ein hellgrüner Ozean. Weiße Siedler sind früher dem Irrsinn verfallen wegen dieses ewigen Windes, der manchmal leise rauscht, manchmal laut heult. Südlich des Cheyenne-River-Reservats liegen die *Badlands* von South Dakota, eine Urlandschaft aus bizarr geformten, von Wind und Regen glattgeschmirgelten Steinformationen. Man kann den Namen wörtlich nehmen: »bad land« – schlechtes Land. Felsen, Sand, ein paar faserige Pflanzen, das ist alles, was es dort gibt. Es ist heiliges Land für die Sioux, aber keine lebensfreundliche Umgebung.

In diesem Land zu überleben, ist genauso ein Kampf wie in der Wüste von Nevada. Und man hält diesen Kampf nur durch, man will ihn nur durchhalten, wenn man eine starke innere Verbindung zu dem Land und dessen Geschichte hat. Cliven Bundy hat sie, er klammert sich an seine paar Hektar am Virgin River, egal, wie hoch der Preis ist, den er und seine Familie dafür bezahlen müssen. Remi Bald Eagle hat diese Verbindung zum Land ebenfalls. Er hätte nach seiner Armeezeit auch an jeden anderen Ort in den USA ziehen können. Veteranen wie er, die eine technische Ausbildung und Führungserfahrung im Krieg haben, sind begehrte Mitarbeiter. Niemand hat Bald Eagle gezwungen, in das Reservat zurückzukehren, in dem er als Junge zuschauen musste, wie rassistische weiße Polizisten Indianer verprügelten, und dort für die Verwaltung zu arbeiten, ein Job, bei dem er täglich mit ignoranten, feindseligen oder – vielleicht noch schlimmer – wohlmeinenden weißen Regierungsleuten zu tun hat. South Dakota ist eine Hochburg rechter Republikaner, es ist nicht unbedingt ein Ort, an dem ein Sioux und eine Navajo sich niederlassen, um eine Familie zu gründen. Aber Bald Eagle liebt das Land zutiefst. Es ist der Boden, in dem sein Stamm und er wurzeln. Seine Tochter Hope wurde dort geboren, und er hat ihr beigebracht, mit Pfeil und Bogen zu jagen wie ihre Vorfahren. »Unsere Geschichte bestimmt alles«, hat Bald Eagle mir gesagt. Wie könnte ein Mensch, der so denkt und fühlt, das Land aufgeben und verlassen, für das seine Vorfahren geblutet haben und gestorben sind?

Ja – wie? Wenn überhaupt, dann wohl nur aus einem Grund: der Liebe zu einer Frau, die stärker ist als die Liebe zu einem Stück Prärie. Als ich dieses Kapitel schrieb, habe ich im Internet nachgeschaut, was Remi Bald Eagle heute macht. Und ich war überrascht, als ich auf seinem LinkedIn-Profil sah, dass er Anfang 2023 tatsächlich aus dem Cheyenne-River-Reservat weggezogen ist. Statt in Eagle Butte lebt er jetzt in einer kleinen Stadt in New Mexico, wo er als Manager der Fahrzeugflotte für das örtliche Police Department arbeitet – ein typischer Job für einen ehemaligen Pionier-Unteroffizier. Die Stadt liegt an der nordöstlichen Ecke der Navajo Nation, jenes Reservats, das sich im Südwesten der USA über mehrere Bundesstaaten erstreckt, das so furchtbar unter der Covid-19-Pandemie gelitten hat und das die Heimat von Bald Eagles Frau Alaina ist. Sie konnte mit der Kälte und dem Rassismus in South Dakota schon damals wenig anfangen, als ich sie und ihren Mann getroffen habe. Sie wollte zurück in den Süden, wo die Luft am Mittag brennt und die Sonne die Felsen am Abend rot leuchten lässt.

So wie es aussieht, hat Alaina Beautiful Bald Eagle ihren Sioux-Krieger, der kein Soldat mehr sein wollte, der aber trotzdem für sein Volk gekämpft hat, zu einem Umzug überredet. Ich hoffe, sie sind sehr glücklich.

Kapitel 4

Sheriffs

Colorado, Arizona

Cowboys, Indianer – wer fehlt? Natürlich: der Sheriff. Irgendjemand muss ja für Recht und Ordnung sorgen im Wilden Westen. Manchmal sind dazu kalter Stahl und Kugeln aus Blei nötig, das weiß man, seit Wyatt Earp und Doc Holliday im Jahr 1881 am O.K. Corral in Tombstone, Arizona, die Cochise County Cowboys zusammengeschossen haben, eine Gruppe von Outlaws und Viehdieben – das bekannteste, legendärste Feuergefecht zwischen Ordnungshütern und Kriminellen in der amerikanischen Geschichte. Earp und Holliday waren an jenem Tag zwar streng genommen Deputy Marshals, also örtliche Hilfspolizisten, und es war bei ihnen ohnehin nie ganz klar, wie weit es mit ihrer Gesetzestreue eigentlich her war. Aber das ist in diesem Zusammenhang nicht wirklich entscheidend. Wichtig ist: Wyatt Earp und Doc Holliday trugen an jenem Tag die berühmten Blechsterne am Hemd. Sie hatten recht, denn sie waren das Recht.

Sheriffs gibt es in Amerika immer noch. Sie sind Teil jenes großen, zuweilen ziemlich verwirrenden Sammelsuriums an Sicherheitskräften in den USA, wo nicht nur die Washingtoner Bundesregierung, die fünfzig Bundesstaaten sowie zigtausend Städte und Gemeinden eigene, zuweilen auch mehrere Polizeieinheiten beschäftigen, sondern manchmal auch einzelne Universitäten, Krankenhäuser oder gar Zoos. So gut wie alle diese

Polizisten sind uniformiert, bewaffnet und haben Blaulicht auf den Dächern ihrer Streifenwagen. Wenn sie zusammen zu einem Einsatz ausrücken, kann das ziemlich unübersichtlich werden. Ich war zum Beispiel im Sommer 2005 in New Orleans, nachdem der Hurrikan *Katrina* die Stadt verwüstet hatte. Weil die lokale Polizei die Bewohner nach der Katastrophe weitgehend sich selbst überlassen hatte, wurden in den Tagen nach dem Sturm Tausende Beamte aus dem ganzen Land in die Stadt geschickt, um halbwegs für Sicherheit zu sorgen. Außerdem wurden Nationalgardisten und reguläre Soldaten nach New Orleans verlegt. Da fuhren dann in einer Straße Wildhüter aus Texas Patrouille, in einer anderen Straße waren es harte Cops aus New York City, in wieder einer anderen Angehörige der 82. Luftlandedivision in Tarnanzügen. Es waren auch noch einige Beamte des New Orleans Police Department unterwegs. Manche saßen in neuen Cadillac-Geländewagen, die sie bei Autohändlern requiriert hatten, und man darf bezweifeln, dass sie die Fahrzeuge später wieder zurückgegeben haben. Alle diese Polizisten und Soldaten schauten ständig misstrauisch um sich, als ob auf jedem Balkon in der überfluteten Stadt ein Heckenschütze lauern könnte. Das war natürlich Blödsinn. Aber man argumentiert lieber nicht mit nervösen Menschen, die Waffen haben. Am besten kam man damals durch die Stadt, wenn man alle höflich grüßte: Überlebende, Plünderer, Uniformierte, auch wenn die im Zweifelsfall nur Förster waren.

Ein Sheriff ist in aller Regel der ranghöchste Vertreter des Gesetzes in einem County, also in einem Landkreis. Er leitet ein Sheriff's Department, das je nach Größe und Einwohnerzahl dieses Landkreises aus einer Handvoll oder auch aus Hunderten Polizisten bestehen kann, sogenannten Sheriff's Deputies oder Deputy Sheriffs. Zugleich ist der Sheriff, den immer noch ein Hauch Wilder Westen umweht, ein fester Bestandteil der populärkulturellen Ikonographie Amerikas. Was ist Clint Eastwood als »Dirty Harry« anderes als ein ins moderne Amerika verpflanzter Sheriff, der mit den modernen Cochise County Cowboys abrechnet? Eine der erfolgreichsten amerikanischen Fernsehsendungen der jüngeren Zeit war die Serie *Longmire*. Darin geht es um einen Sheriff gleichen Namens, einen rauen, aber ehrlichen Burschen, der in Wyoming allein in einer Blockhütte lebt – nur ein Pferd leistet ihm Gesellschaft –, Dosenbier trinkt, einen Ford Bronco fährt und es mit allerlei zwielichtigen Gestalten zu tun hat. Die hohen Einschaltquoten zeigten, dass es offenbar bei den Zuschauern in Amerika eine Sehnsucht nach diesem Typus des einsamen Gesetzeshüters gibt, der Gerechtigkeit zuweilen nach seinen eigenen Maßstäben austeilt.

Und es gibt noch eine Besonderheit, die einen Sheriff ausmacht: Im Gegensatz zu den Chefs von städtischen oder anderen Police Departments – »Chiefs« genannt –, die reguläre Angestellte im öffentlichen Dienst sind, die normalerweise über eine polizeiliche Ausbildung verfügen, die ein fachliches Bewerbungsverfahren durchlaufen haben und im Zweifelsfall bei Misserfolgen vom Stadtrat von einem auf den anderen Tag entlassen werden können, werden Sheriffs von den Einwohnern in ihrem County für eine bestimmte Amtszeit gewählt. Ein County kann von den Kandidaten, die für den Posten des Sheriffs antreten, bestimmte Eignungsvoraussetzungen verlangen, und große Landkreise tun das normalerweise auch. Aber es ist nicht zwingend vorgeschrieben.

Sein historisch bedingter Status und die Tatsache, dass er gewählt ist, geben einem Sheriff sehr viel Macht. Das gilt ganz besonders für Sheriffs in spärlich besiedelten, ländlichen Countys, in denen das Bewerberfeld eher dünn ist und sich irgendein (hoffentlich) integrer Mensch dazu entscheidet, den Job zu übernehmen, nicht unbedingt ein professioneller Polizist. Der Sheriff repräsentiert nicht nur das Gesetz und wacht darüber, dass es eingehalten wird. Ein Sheriff *ist* das Gesetz – »the law«, wie die Amerikaner sagen. Zugleich ist er allerdings ein Politiker, der ein Wahlamt innehat. Bevor ein Sheriff sich an seinen Schreibtisch setzen kann, muss er zumeist zwei Wahlen gewinnen, so wie auch jeder Kongressabgeordnete oder Präsident: eine parteiinterne Vorwahl, durch die er zum Kandidaten einer der großen Parteien für den betreffenden Posten wird, und danach die Hauptwahl gegen den Kandidaten der anderen Partei. Um diese Wahlen erfolgreich zu überstehen, muss ein Sheriff Wahlkampf machen. Er muss Plakate aufstellen, Bürgerinnen und Bürger treffen, Spenden sammeln, politische Verbindungen knüpfen. Vor allem aber muss er seinen Wählern Versprechen machen. Wenn er die Wahl gewonnen hat, ist ein Sheriff mit einem direkten, persönlichen Mandat von den Menschen in seinem Amtsbereich ausgestattet. Aber er hat auch ein Programm, Ansichten und Loyalitäten, die zumindest in einem gewissen Maße parteipolitisch eingefärbt sind. Und manchmal kollidiert das im Alltag mit dem Auftrag, juristisch neutral und politisch unparteiisch die geltenden Gesetze anzuwenden.

Steve Reams sieht aus, wie man sich einen Sheriff im amerikanischen Westen vorstellt. Er ist groß und breit, bei der Arbeit hat er einen Patronengürtel mit einem schweren Revolver um die Hüfte geschnallt, er trägt Cowboy-Stiefel, einen Cowboy-Hut, und an sein Hemd ist ein Stern aus glänzendem Messing geheftet. Reams ist der Sheriff von Weld County, einem Landkreis im Norden von Colorado, ungefähr dort, wo die flache Prärie auf die ersten Ausläufer der Rocky Mountains trifft. Es gibt viele Rancher und Farmer in Weld County, wobei auf den Farmen nicht nur Mais und andere Futterpflanzen angebaut werden, sondern auch Cannabis. Die Herstellung, der Verkauf und der Konsum von Marihuana sind in Colorado legal. Wenn man dort unterwegs ist, riecht die Luft, die durchs Autofenster weht, deswegen nicht nur gemütlich nach Kuhmist, sondern auch gelegentlich nach Weed. Ich habe Sheriff Reams im Herbst 2019 in seinem Büro in Greeley besucht, der Kreisstadt von Weld County. Wir haben uns ein bisschen unterhalten, und im Lauf des Gesprächs sagte Reams dann diesen Satz, der für einen Sheriff nicht unbedingt typisch ist: »Ich gehe lieber in mein eigenes Gefängnis, als dieses Gesetz anzuwenden.«

Zu seinem Gefängnis hätte Reams es nicht weit gehabt, das Weld County Jail liegt gleich neben dem Weld County Sheriff's Office. Und mit »diesem Gesetz« meinte Reams ein »Red Flag Law«, das ein paar Wochen später in Colorado in Kraft treten sollte. So werden Gesetze genannt, die es in etlichen amerikanischen Bundesstaaten gibt und durch die die Schusswaffengewalt, die mittlerweile Züge einer Epidemie trägt, zumindest etwas eingedämmt werden soll. Die Red Flag Laws erlauben es der Polizei, einer Person vorsorglich deren Pistolen und Gewehre wegzunehmen, sofern ein Richter feststellt, dass der betreffende Mensch eine Gefahr für sich oder andere ist. Einen Antrag auf diese Art der präventiven Konfiszierung können zumeist Polizeibehörden oder Angehörige stellen. Wenn also zum Beispiel Freunde oder Familienmitglieder mitbekommen, dass ein Kriegsveteran depressiv ist und darüber redet, sich umbringen zu wollen, oder wenn ein verlassener, als gewaltbereit bekannter Ehemann laut in der Kneipe damit droht, seine Exfrau zu erschießen, dann kann das örtliche Gericht einen Beschluss erlassen, aufgrund dessen die Waffen dieser Personen eingesammelt werden können – ohne dass dieser Veteran oder dieser Exmann sich vorher vor Gericht dagegen wehren kann. Die Möglichkeit, Einspruch einzulegen, sehen Red-Flag-Gesetze zumeist erst nach der Beschlagnahme der Waffen vor. Dadurch soll sichergestellt werden, dass das Verfahren in dringenden Fällen nicht zu lange dauert und mögliche Gewalttäter nicht gewarnt werden.

Das ist zumindest die Theorie. In der Praxis durchsetzen – sprich: hinfahren, an die Tür klopfen, die Wohnung durchsuchen und die Schusswaffen finden, einpacken und mitnehmen – muss so eine Red-Flag-Verfügung dann der Sheriff mit seinen Leuten. Tut er das nicht, macht er sich der Missachtung des Gerichts schuldig, was wiederum eine Geld- oder gar Haftstrafe nach sich ziehen kann.

Sheriff Reams hätte das hingenommen, jedenfalls hat er mir das so gesagt. Er war fest davon überzeugt, dass das Red-Flag-Gesetz von Colorado, das vollkommen regulär vom gewählten Parlament des Bundesstaates beschlossen und vom ebenfalls gewählten Gouverneur unterschrieben worden war, gegen die Verfassung der Vereinigten Staaten verstieß. Aus seiner Sicht verletzte das Gesetz nicht nur das im zweiten Zusatzartikel zur US-Verfassung festgeschriebene Recht jedes Amerikaners, eine Schusswaffe zu besitzen und zu tragen, sondern auch den im vierten Zusatzartikel verbrieften Schutz vor willkürlichen staatlichen Durchsuchungen und Konfiszierungen. Einem Menschen dessen rechtmäßig erworbenes Eigentum abzunehmen, ohne dass diese Person die Gelegenheit bekommen hat, sich vorher vor einem Richter zu äußern, hielt Reams für verfassungswidrig.

Nun gibt es beim Militär für einen Soldaten die Möglichkeit – sogar die Pflicht –, einen Befehl zu verweigern, der rechtswidrig ist. Dadurch sollen Kriegsverbrechen verhindert werden. Doch es ist offensichtlich ein Problem, wenn ein Sheriff beschließt, ein von den demokratisch gewählten Institutionen in seinem Bundesstaat erlassenes Gesetz zu ignorieren, weil er es nicht mag – und zwar aus politischen, nicht aus juristischen Gründen. Es lag ja kein Urteil des Obersten Gerichtshofs von Colorado oder der Vereinigten Staaten vor, in dem Zweifel an dem Red-Flag-Gesetz geäußert wurden. Stattdessen hat Sheriff Reams seine persönliche Interpretation der beiden Zusatzartikel der US-Verfassung hergenommen und auf dieser Grundlage entschieden, dass das Gesetz angeblich Dinge von ihm verlange, die er nicht tun dürfe, weil das Second Amendment und das Fourth Amendment sie verbieten. Daraus zog er für sich den Schluss, im Ernstfall lieber in sein eigenes Gefängnis gesperrt zu werden, als einem Bewohner seines County die Waffen abzunehmen.

Diese Interpretation der Rechtslage wiederum basierte in erster Linie auf politischen Präferenzen. Steve Reams ist Republikaner. Er mag Donald Trump. In seinem Büro lag in einem Regalfach eine dieser stets etwas lächerlich wirkenden roten Kappen, die Trump und seine Anhänger so gerne tragen und auf denen »Make America Great Again« steht. Das war kein unschuldiges Souvenir von einem Besuch im Weißen Haus in Washington, sondern eine politische Aussage. Und in den politischen Kreisen, denen sich Sheriff Reams zugehörig fühlt, gilt das Recht auf freien Waffenbesitz als heilig, als konstitutives Element der amerikanischen Republik, als Garantie für die persönliche Freiheit und als einzige Möglichkeit, sich im Notfall gegen eine tyrannische, übergriffige Regierung zu wehren. Red-Flag-Gesetze – oder auch alle anderen staatlichen Regeln, die den Kauf und Besitz von Pistolen, Gewehren und Munition einschränken – werden in diesem politischen Lager als direkter Angriff auf das Second Amendment und das gottgegebene Recht, Waffen zu tragen, gesehen. Er habe, so erklärte es Reams mir damals, einen Eid geschworen, die Verfassung der Vereinigten Staaten zu schützen. Den könne er nicht einfach brechen, weil das Parlament von Colorado ein Gesetz beschlossen habe.

Im anderen politischen Lager, bei den Demokraten, herrschte dagegen eine ganz andere Sichtweise vor. Neben Weld County liegt Boulder County, und in diesem Landkreis war im Herbst 2019 ein Mann namens Joe Pelle der gewählte Sheriff, ein guter Freund von Reams, ein geschätzter Kollege – aber eben ein Demokrat. Pelle war ein vehementer Befürworter des Red-Flag-Gesetzes. Einige Monate zuvor hatte es in der Gegend eine Schießerei gegeben, bei der ein polizeibekannter Krimineller einen Sheriff's Deputy getötet hatte. Das wäre vielleicht nicht geschehen, so erzählte es Pelle damals, hätte die Polizei die Schusswaffen dieses Täters früher konfiszieren können.

Sheriff Pelle hat bei seinem Amtsantritt den gleichen Eid geschworen wie Sheriff Reams. Auch er hat gelobt, die Bürger und die Verfassung der Vereinigten Staaten gegen alle inneren und äußeren Feinde zu verteidigen. Doch sein politisches Weltbild führte dazu, dass er andere Konsequenzen zog, weil er die Bedrohung anders definierte. Er sei für den Schutz von Leib und Leben der Menschen in seinem County und der Mitarbeiter in seinem Department verantwortlich, hat Pelle mir gesagt. »Und gefährliche Leute sollten keine Waffen besitzen.« Pelle war nicht der Meinung, dass das Red-Flag-Gesetz gegen die amerikanische Verfassung verstößt. Er war auch nicht der Ansicht, dass das Second Amendment ein absolutes Recht auf Waffenbesitz festschreibt, das nicht durch separate Gesetze zur Waffenkontrolle eingeschränkt werden darf. Nach Ansicht von Sheriff Pelle hatten gewählte Volksvertreter selbstverständlich die Möglichkeit, in Vertretung ihrer Mitbürger und zum Schutz von deren Gesundheit per Gesetz festzulegen, wer wann und wo und mit welchen Waffenarten durch die Gegend laufen darf. Er werde das Red-Flag-Gesetz, das in Colorado am 1. Januar 2020 in Kraft treten sollte, durchsetzen, sagte Pelle.

Reams und Pelle, zwei Sheriffs in zwei benachbarten Countys, standen damit auf verschiedenen Seiten der amerikanischen Waffendebatte. Und die Linie, die sie trennte, war allenfalls vordergründig eine juristische, also eine Frage der unterschiedlichen Auslegung von Gesetzestexten. In Wahrheit gehörten Reams und Pelle schlicht zwei sehr unterschiedlichen politischen Welten an. Von ihren politischen Ansichten hing ab, ob ein bestimmtes Gesetz in ihrem jeweiligen Zuständigkeitsbereich Anwendung finden würde oder nicht. Mit den rechtsstaatlichen Grundsätzen, dass Justitia blind zu sein hat, dass vor dem Gesetz alle Menschen gleich sein müssen, dass die Hüter der Gesetze sich bei ihrer Arbeit nicht von persönlichen, schon gar nicht von parteipolitischen Überzeugungen leiten lassen dürfen, lässt sich das nur schwer in Einklang bringen.

Doch Reams ist längst kein Einzelfall. Es gibt eine nicht unerhebliche Anzahl von Sheriffs in den Vereinigten Staaten, die sich »Constitutional Sheriffs« nennen, was man grob mit dem gut klingenden, etwas irreführenden, aber genau zu diesem Zweck erfundenen Begriff »verfassungstreue Sheriffs« übersetzen könnte.

Dahinter verbirgt sich die – rechtlich ziemlich fragwürdige, politisch jedoch sehr wirkmächtige – Theorie, dass ein gewählter Sheriff in seinem Amtsbereich die höchste Autorität ist und gleich nach Gott und noch vor dem Präsidenten der Vereinigten Staaten kommt. Und dass er wegen dieser besonderen Stellung nur der amerikanischen Verfassung oder jener seines Bundesstaates – der Constitution – verpflichtet ist, nicht den darunter rangierenden Bundes- und bundesstaatlichen Gesetzen. Anhänger der »Constitutional Sheriff«-Bewegung argumentieren deshalb, dass ein Sheriff diese Gesetze oder darauf beruhende Erlasse nicht anwenden muss oder darf, wenn sie seiner Meinung nach gegen Verfassungsrecht verstoßen. Red-Flag- und ähnliche Waffenkontrollgesetze sind in diesem Zusammenhang recht oft ein Streitpunkt zwischen solchen »verfassungstreuen Sheriffs« und den Regierungen in Washington oder den Hauptstädten der Bundesstaaten, weil bei ihnen die möglichen Widersprüche zum zweiten und vierten Verfassungszusatz offensichtlich sind. Doch es gab zum Beispiel während der Covid-19-Pandemie Sheriffs, die sich geweigert haben, das Verbot von Gottesdiensten und anderen Versammlungen oder die Maskenpflicht durchzusetzen. Sie sahen darin Angriffe auf die Freiheitsrechte, die die Verfassung den Amerikanern gibt.

Der amerikanische Sheriff, in dessen Person der Gesetzeshüter am heftigsten mit dem Parteipolitiker kollidiert, ist vermutlich Mark Lamb. Zumindest dürfte er der prominenteste Sheriff dieser Art sein. Lamb ist Sheriff in Pinal County, einem Landkreis, der etwas außerhalb von Phoenix, Arizona, liegt. Ich habe ihn im Winter 2021 getroffen, kurz vor Weihnachten, als ich in der Gegend war, um mir das »AmericaFest« der konservativen Jugendorganisation Turning Point USA anzuschauen. Das ist eine Mischung aus Studentenparty, politischem Kongress und Konsummesse, bei der stramme junge Rechte zwei Tage lang Donald Trump anhimmeln und mit »Make America Great Again«-Propaganda beschallt werden. Nebenbei können sie ihr

Geld für christliche Streetwear und patriotische Telefonverträge ausgeben.

Während man Steve Reams ansehen konnte, dass er ganz zweifellos ein echter Sheriff *ist*, hatte ich bei Mark Lamb stets ein bisschen das Gefühl, dass er nur einen Sheriff *spielt*. Das ist einerseits nicht fair, denn Lamb ist genauso wie jeder andere Sheriff im Land von der Mehrheit der Bürger und Bürgerinnen in seinem Landkreis gewählt worden. Andererseits ist sein öffentliches Auftreten aber eben auch stets sehr sorgfältig inszeniert. Lamb trägt in der Regel keine Uniform, sondern eine von ihm selbst zusammengestellte, ziemlich martialische zivilmilitärische Kluft, die zumeist aus Jeans und Cowboy-Stiefeln, einem schwarzen Hemd, einem Cowboy-Hut und einer olivgrünen, schusssicheren Weste besteht, auf der in gelben Großbuchstaben »Sheriff« steht. Seinen Stern hat er lässig an den Gürtel geklemmt, und er fährt einen Pick-up-Truck, der mit Waffen, Funkausrüstung und anderem Polizeigerät vollgestopft ist. Eigentlich sieht Lamb eher aus wie ein Special-Forces-Soldat im Einsatz – oder wie ein rechter Milizionär –, nicht wie ein Polizist.

Das hat einen Grund: Lamb ist zwar nur der Sheriff eines nicht sehr bedeutenden Landkreises im Südwesten der USA, aber er tut gerne so, als sei er »Amerikas Sheriff« – ein kerniger Kämpfer gegen illegale Einwanderer und alle *woken*, linken Black-Lives-Matter-Chaoten. In dieser Rolle ist er zu einem regelmäßigen Gast in den Talkshows rechter Fernsehsender geworden. Dort sitzt er dann und beklagt sich über die Demokraten, die angeblich Amerika kaputtmachen, weil sie zu viele Einwanderer aus Mexiko über die Grenze kommen lassen oder weil sie den gesetzestreuen Amerikanern deren Waffen wegnehmen wollen. Beim »AmericaFest« in Phoenix, wo er ebenfalls auftrat, war Lamb eine große Attraktion, ständig kamen Leute zu ihm, schüttelten ihm die Hand und machten Selfies mit ihm. Wenn Lamb in so einer Umgebung redet, klingt er oft nicht wie ein Vertreter und Hüter der Gesetze des Bundesstaates Arizona, sondern wie ein trumpistischer Regionalpolitiker, der noch Karriere machen will. Und so ist es auch: Lamb ist mit seiner Sheriff-Darbietung in konservativen Kreisen so bekannt und beliebt geworden, dass er in Arizona für die Republikaner als Kandidat für einen Sitz im US-Senat antreten möchte. Meine E-Mail-Adresse ist irgendwie im Verteiler seiner Wahlspendensammler gelandet, ich bekomme deswegen immer noch fast täglich Bettelbriefe mit der Aufforderung, ein paar Dollar für seinen Wahlkampf zu überweisen. In der Betreffzeile stehen alarmierende Botschaften: »Die Lage ist ernst!«, oder: »Mexikanische Drogenkartelle ermorden amerikanische Bürger!«, oder: »Ich muss vielleicht meine Internetseite abschalten …«. Im Text geht es dann meistens weniger aufgeregt weiter, und man wird darüber informiert, dass sich jedes Problem mit einer Spende leicht lösen lässt. Einmal war ein besonders verlockendes Angebot dabei: Sheriff Lamb verloste unter seinen Spendern ein Sturmgewehr im Wert von 1400 Dollar.

Ich habe mit Lamb damals einige Stunden verbracht. Wir haben uns auf dem Parkplatz einer Polizeiwache getroffen, und er hat mich in seinem Pick-up-Truck durch sein County gefahren. Lamb war während dieser Zeit sehr freundlich, ein ruhiger, respektvoller Gesprächspartner, nicht der Trump-Fan, der er bei anderen Gelegenheiten ist. Längst nicht alles, was er gesagt hat, war absurd oder parteipolitisches Wahlkampfgerede. Arizona ist ein Staat, der eine lange Grenze zu Mexiko hat. Illegale Migration, der Schmuggel von Drogen und Waffen sind in Pinal County echte Probleme. Wenn Lamb als Sheriff der Ansicht ist, dass die Bundesregierung in Washington ihm nicht genug hilft, dieser Probleme Herr zu werden, hat er schon das Recht, sich darüber zu beschweren.

Was ich viel bemerkenswerter fand, war, wie Lamb über den 6. Januar 2021 gedacht und geredet hat, den Tag, als in Washington Trump-Anhänger das Kapitol eroberten. Ich war an diesem

Tag am Kapitolgebäude. Ich stand an einem der Seiteneingänge, als Sanitäter eine junge Frau herausbrachten, die drinnen von Sicherheitsleuten erschossen worden war. Ich habe die Brutalität und die entfesselte Wut gesehen, mit welcher der Mob auf die Polizisten losgegangen ist, die das US-Parlament schützen wollten. Es gab damals Demonstranten, die auf Polizisten mit Stangen einschlugen, an denen Fahnen mit der Aufschrift »Support the Police« hingen. Unterstützt die Polizei! Ich hätte gedacht, dass ein Sheriff, sogar einer, der Donald Trump großartig findet und sich gerne mit ihm fotografieren lässt, professionell, intelligent und integer genug sein müsste, um dieses offensichtlich rechtswidrige Verhalten klar zu benennen und hart zu verurteilen. Immerhin sind einige Polizisten – Lambs Kollegen – an diesem 6. Januar körperlich oder seelisch so schwer zu Schaden gekommen, dass sie in den Tagen danach gestorben sind oder sich das Leben genommen haben. Stattdessen saß ich neben Sheriff Lamb im Auto und hörte zu, wie er mir durchaus ernst erklärte, dass er ja nicht wirklich wisse, was da in Washington genau passiert sei. Dass aber die Menschen, die am 6. Januar 2021 zum Kapitol marschiert seien, doch eigentlich nur von ihrem in der Verfassung garantierten Recht Gebrauch gemacht hätten, sich zu versammeln und frei ihre Meinung zu sagen. Über das eigentlich Schockierende und Illegale an diesem Tag, die massive Gewalt, die die Trump-Anhänger gegen Vertreter des Staates ausgeübt haben, ging Sheriff Lamb mit beunruhigender Nonchalance hinweg.

Zu so einer Bewertung des 6. Januars, wie Lamb sie sich zurechtgelegt hat, kann man eigentlich nur kommen, wenn man alle juristischen Ermittlungen, Gerichtsverfahren und Urteile ignoriert, die seit jenem Tag durchgeführt und ergangen sind. Wenn man wie der harte Kern der Trump-Unterstützer der Meinung ist, dass diese Ermittlungen und Urteile in Wahrheit nur das Werk einer Gruppe von korrupten linken Feinden in der Justiz sind. Wenn man glaubt, dass diejenigen, die das Kapitol gestürmt haben, echte Patrioten waren, die – auch das ist eine beliebte rechte Theorie – wahrscheinlich sogar von verdeckten Agenten des FBI angestachelt worden sind und jetzt als »politische Gefangene« in Haft schmachten. Oder die, wie Trump inzwischen sagt, als »Geiseln« gehalten werden. Tatsächlich ist das Gegenteil der Fall: Amerikanische Gerichte haben Hunderte Männer und Frauen in ordentlichen, rechtsstaatlichen Prozessen wegen des Sturms auf das Kapitol verurteilt. Die Beweise gegen die Beschuldigten lagen vor, die Geschworenen haben sie geprüft, die Urteile sind rechtskräftig. Die Straftatbestände reichen von Landfriedensbruch über Widerstand gegen die Staatsgewalt bis hin zu staatsfeindlicher Verschwörung. Wenn man ein Sheriff ist und das alles wegen seiner persönlichen politischen Ansichten nicht zur Kenntnis nehmen will oder sich irgendwelche anderen Erklärungen zurechtlegt – hat man dann nicht vielleicht den falschen Beruf?

Die Antwort ist: ja. Und Mark Lamb hat für sich die, wie ich finde, richtige Konsequenz daraus gezogen. Er will vom Amt eines Sheriffs in Arizona ins Amt eines Senators in Washington wechseln, also ein echter Politiker werden. Ich teile seine politischen Meinungen nicht, ich halte seine Ansichten für krude und gefährlich und ihn selbst für einen Schauspieler, der davon lebt, so zu tun, als sei er ein besonders harter Kerl. Wenn man genau hinschaut, sieht man, dass er seine Kleidung zumindest zum Teil bei Walt Longmire abgekupfert hat, dem beliebten Fernseh-Sheriff aus Wyoming. Aber ich bin kein Wähler in Arizona, insofern ist das, was ich von Lamb halte, nicht von Bedeutung. Größere Sorgen muss man sich vermutlich ohnehin wegen der Sheriffs in Amerika machen, die denken wie Reams und Lamb, die aber *nicht* für den Kongress kandidieren; die zwar weiterhin Sheriffs sein, aber trotzdem selbst entscheiden wollen, welche Gesetze sie in der Praxis anwenden – jene, die der Gesetzgeber erlässt, oder jene, die ihnen politisch gefallen.

Ein wenig erinnert diese Lage schon an die Zeit in Amerika, als die Grenze zwischen denen, die das Gesetz vertreten, und denen, die es brechen, zwischen Sheriffs und Outlaws, zwischen Leuten wie Wyatt Earp und Doc Holliday und den Cochise County Cowboys noch ziemlich fließend war. Nur eine Sache ist heute sehr anders: Die Outlaws, die manchmal Sheriff-Sterne tragen, sind besser bewaffnet als 1881.

Kapitel 5

Waffen I

Texas, Montana

Zu den größten gesellschaftlichen Rätseln, denen man in Amerika begegnet, gehört die Beziehung, die die Bürgerinnen und Bürger des Landes mit Schusswaffen verbindet. Ich verwende hier absichtlich den neutralen Begriff »Beziehung«, denn es wird ja manchmal so getan, als ginge es dabei immer um eine wilde Liebesaffäre. Als könnten sich sämtliche Amerikaner nichts Großartigeres vorstellen, als Gewehre und Pistolen zu horten, um loszuziehen und ihre Nachbarn zu erschießen. Das ist natürlich ein absurdes Zerrbild der Wirklichkeit. Ich habe in Amerika zwar Menschen getroffen, die Waffen tatsächlich lieben. Einmal war ich in Kentucky in einem Waffenladen, und der Besitzer hat mir mehrere Stunden lang sehr geduldig und begeistert erklärt, warum die AR-15-Sturmgewehre so beliebt sind. Er hat die Waffe, während er sie mir vorgeführt hat, immer »this little guy« genannt, dieser kleine Kerl. So als sei das Gewehr sein Sohn, der manchmal zwar dumme Sachen anstelle, aber eigentlich ein guter Junge sei. Das klang nach Liebe. Aber ich habe auch viele Menschen getroffen, die Waffen fürchten oder hassen. Die Beziehung dieser Leute zu Schusswaffen war dezidiert negativ, sei es, weil Familienangehörige oder Freunde von ihnen durch Kugeln verletzt oder getötet worden sind, sei es, weil sie als Polizisten oder Ärzte täglich damit beschäftigt waren, die blutigen Folgen der Waffenflut einzudämmen.

Man versteht Amerikas Beziehung zu Waffen nicht, ohne das im vorangegangenen Kapitel schon angesprochene Second Amendment zu verstehen, den zweiten Zusatzartikel zur amerikanischen Verfassung. Dieser wurde 1791 als Teil der Bill of Rights ratifiziert, einer Liste von zehn Paragrafen, die an den ursprünglichen Verfassungstext angehängt wurden, die aber ein vollwertiger Teil dieser Verfassung sind und in denen die grundlegenden Bürgerrechte der Amerikanerinnen und Amerikaner festgeschrieben wurden. Dazu gehört vieles, was auch heute noch Bestandteil jedes Menschenrechtskatalogs ist, zum Beispiel das Recht auf Versammlungs-, Meinungs- und Religionsfreiheit, das Recht auf einen fairen, zügigen Prozess oder der Schutz vor staatlicher Willkür. Der zweite dieser zehn Artikel ist allerdings ungewöhnlich: Er gibt allen Amerikanern das Recht, Waffen zu besitzen. Die Vereinigten Staaten dürften damit das einzige westliche Land sein, in dem Waffenbesitz kein Privileg ist, das vom Staat mehr oder weniger großzügig gewährt und gesetzlich reguliert wird, sondern ein von der Verfassung garantiertes Recht.

Das hat erhebliche Folgen für die gesamte politische und juristische Auseinandersetzung mit dem Thema. Zum einen scheitern die Befürworter härterer Waffengesetze, sofern sie diese überhaupt durch ein Parlament bringen können, regelmäßig vor Gerichten, weil die Verfassung nun einmal das am höchsten stehende Gesetz ist und ein generelles Waffenverbot schlicht nicht zulässt. Zum anderen sind diejenigen, die schärfere Gesetze fordern, die im Rahmen der Verfassung zumindest mehr Kontrolle und mehr Begrenzungen beim Waffenkauf und -besitz wollen, immer in der Defensive. Sie müssen dafür argumentieren, dass ein Recht eingeschränkt wird. In einem Land, das sich in seiner Nationalhymne stolz das »land of the free« nennt, das Land der Freien, ist das nicht einfach. Die Waffenlobby hätte keine so große politische Macht in den Vereinigten Staaten, wenn sie nicht lautstark etwas propagieren würde, was ein erheblicher

Teil der Gesellschaft leise denkt – vielleicht nicht immer in dieser Schärfe, aber doch grundsätzlich. Es mag schon sein, dass in Umfragen regelmäßig eine Mehrheit der Amerikaner ihren Wunsch ausdrückt, die Waffengesetze zu ändern. Die meisten Menschen in den USA sind vermutlich der Meinung, dass es richtig wäre, Waffenkäufer eingehender zu überprüfen, bestimmte Waffenarten wie die berüchtigten AR-15-Sturmgewehre und große Magazine, in die besonders viele Patronen passen, zu verbieten oder die Red-Flag-Gesetze auszuweiten. Zumindest sagen sie das, wenn sie von Meinungsforschern gefragt werden. Aber Zustimmungswerte in Umfragen sind politisch nicht viel wert. Wenn es tatsächlich ans Wählen geht, sieht die Lage in weiten Teilen des Landes oft anders aus, vor allem in den konservativen Gegenden, in denen die Republikaner regieren. Dann sind es die kompromisslosen Waffenfreunde, die sich leichter und in größerer Zahl mobilisieren lassen und ihre Kandidaten durchsetzen, nicht die Skeptiker. Es gibt, vereinfacht gesagt, schlicht mehr Wähler in den USA, die bereit sind, den freien Zugang zu Waffen zum hauptsächlichen oder gar alleinigen Kriterium für ihre Wahlentscheidung zu machen, als Menschen, die härtere Waffengesetze für das wichtigste politische Ziel halten und entsprechend abstimmen. Solange das so bleibt, wird sich beim Waffenrecht wohl nicht viel ändern.

Zumal sich die Fronten immer weiter verhärten. Waffen sind – so wie Abtreibung, Hautfarbe und ethnische Herkunft, die Rechte sexueller Minderheiten, aber auch Klimaschutz, Impfen oder so banal klingende, inzwischen jedoch sehr politische Fragen wie die, ob man ein Elektroauto fährt oder sich eine amerikanische Fahne an die Veranda hängt – längst zu einem der Themen geworden, um die im großen amerikanischen Kulturkampf erbittert und ohne Gnade gekämpft wird. In diesem Kampf geht es nicht um Argumente, Logik oder Vernunft. Sondern es geht darum, wer was glaubt. Es geht um kulturelle Identität, um die Zugehörigkeit zu einer gesellschaftlichen Gruppe, zu einem Stamm, der sich scharf gegen einen anderen Stamm abgrenzt – wir gegen die, Linke gegen Rechte, die angeblich normalen Leute gegen die vermeintlich abgehobenen Eliten. Man kennt das inzwischen auch aus Europa. Diese Stämme haben Rituale und Zeichen, an denen sie erkennen, wer dazugehört und wer nicht. Ich habe zum Beispiel manchmal bei Recherchereisen, wenn ich wusste, dass ich es mit konservativen Amerikanern zu tun haben würde, die Waffen und Trump mögen, eine Schirmmütze mit dem Logo der Firma Magpul getragen. Ich hatte sie eher zufällig bei einem Besuch an der Grenze zu Mexiko in einem Sportgeschäft gekauft, weil es dort so heiß und sonnig war. Magpul stellt Zubehörteile für Schusswaffen her – Kolben, Magazine und allerlei Dinge, mit denen sich Gewehre und Pistolen aufmotzen lassen. In meinem linksliberalen Washingtoner Vorort kannte niemand den Namen oder die Produkte dieses Unternehmens. Auch ich hatte beim Kauf der Mütze keine Ahnung, was oder wer Magpul ist, die Kappe war einfach praktisch. Aber auf den Gleisen bei den Bergmännern in Kentucky wussten alle sofort Bescheid, vor allem der Kohlekumpel, der ein AR-15 im Auto liegen hatte. Er war besonders freundlich. Das kleine gestickte schwarze Emblem an meiner Mütze, kaum erkennbar auf dem grauen Stoff, war wie eine Eintrittskarte in die Welt dieser Leute – ein Ausweis, dass ich zumindest kein Gegner war.

Vor allem aber geht es im amerikanischen Kulturkampf darum, wer gewinnt und wer verliert. Dazwischen gibt es nichts – keine Kompromisse, nur Sieg oder Niederlage. Das macht den Streit so giftig und aus Sicht derer, die ihn führen, auch existenziell. So ist es auch bei Waffen. Und es ist deswegen überhaupt kein Wunder, dass nicht eine biedere Schrotflinte oder ein alter, nostalgischer Colt-Revolver in den vergangenen Jahren zu einer Ikone der politischen Rechten in Amerika und einem der markantesten Symbole in diesem Glaubenskampf um Waffen geworden ist, sondern das AR-15, ein Schnellfeuergewehr, das in den Sechzigerjahren für das amerikanische Militär entwickelt wurde.

Ein AR-15 zu besitzen, sagt eher wenig über die Fähigkeiten des Besitzers als Sportschütze oder Jäger aus. Jeder Laie kann dieses Gewehr handhaben und halbwegs sicher damit treffen. Ich kann das bezeugen, weil ich – ein Laie, was Gewehre und Pistolen betrifft – auf einem Schießstand einmal mit einem AR-15 geschossen habe. Ich bin in die Diamondback Shooting Range in Lewiston, Idaho, gegangen, habe 95 Dollar bezahlt, der Angestellte hat mir erklärt, wie die Waffe funktioniert. Dann bekam ich fünfzig Patronen und zwei Zielscheiben ausgehändigt und durfte loslegen. Die ersten zwei, drei Schüsse gingen daneben, aber der Rest saß mehr oder weniger im Ziel. Es kann schon sein, dass manche Menschen wirklich gern mit diesem Gewehr schießen, aber für viele Leute ist der Besitz eines AR-15 in erster Linie eine politische Aussage. Diese Waffe im Schrank – oder auf der Rückbank des Autos – zu haben, kommt einem Bekenntnis zu einem der sozio- und politisch-kulturellen Lager gleich, in die Amerika geteilt ist – gerade weil das Gewehr eben keine langweilige Jagdwaffe ist, kein handliches Schießgerät zum Selbstschutz, sondern ein aggressiv aussehendes Kriegswerkzeug von beträchtlicher Feuer- und Zerstörungskraft.

Was also steht im zweiten Verfassungszusatz? Nicht viel. Das Second Amendment besteht aus einem einzigen Satz, der zudem im englischen Original etwas schief ist: »A well regulated Militia, being necessary to the security of a free State, the right of the people to keep and bear Arms, shall not be infringed.« Der Satz beginnt, als sei die erwähnte »Militia« das Subjekt, aber es fehlt ein dazugehörendes Verb. Stattdessen gibt es einen Partizip-Einschub mit »being«, der in der Luft hängt, und dann kommt ein zweites Subjekt – »the right«. Diese etwas wackelige Grammatik ist ein Problem, das Generationen von Jurastudenten und Verfassungsrechtlern in den USA beschäftigt hat. Aber für dieses Buch ist das unerheblich. In der offiziellen deutschen Übersetzung des zweiten Zusatzartikels, die man auf der Internetseite der amerikanischen Botschaft findet, ist der Satz klarer formuliert, dort lautet er so – und vermutlich war er so auch gemeint: »Da eine gut ausgebildete Miliz für die Sicherheit eines freien Staates erforderlich ist, darf das Recht des Volkes, Waffen zu besitzen und zu tragen, nicht beeinträchtigt werden.«

Wenn man das liest, dann wird ziemlich deutlich, dass Amerikas Gründerväter den Bürgern ihres neuen Landes das Recht auf Waffenbesitz nicht zubilligen wollten, damit diese in den Wald gehen und ein Reh jagen oder sich gegen dreiste Einbrecher, feindselige Indianer oder aufdringliche englische Rotröcke verteidigen können. Dass diese Art der Nahrungsbeschaffung respektive Gegenwehr zulässig ist, war Ende des 18. Jahrhunderts vermutlich eine Selbstverständlichkeit, die nicht in einem so bedeutenden Text wie der United States Constitution bestätigt werden musste. In der Verfassung ist ausdrücklich nicht die Rede davon, dass Waffenbesitz notwendig sei, damit die Amerikaner satt werden oder sicher sind vor den Umtrieben gewalttätiger Mitmenschen. Der Kern und Zweck des amerikanischen Waffenrechts ist kein waidmännischer, kein kriminologischer, sondern ein durch und durch politischer: Nach Ansicht jener Männer, die Amerika aus der britischen Kolonialherrschaft geführt und die Verfassung geschrieben haben, garantiert der Besitz von Waffen die Freiheit. Nur ein Staat, dessen Einwohner bewaffnet sind und sich deswegen wirkungsvoll gegen Tyrannen wehren können – solche, die von außen über das Land herfallen, aber auch solche, die im Inneren die Macht an sich reißen –, ist ein »freier Staat«. Mehr Freiheit als die Möglichkeit, sich den Regierenden mit einer Waffe in der Hand widersetzen zu können, kann ein Staat den Regierten nicht geben. Freiheit und Waffen sind demnach zwei Seiten der gleichen Münze.

Man kann diesen direkten Zusammenhang auch aus der Reihenfolge der Artikel in der Bill of Rights ableiten: Die Autoren des Dokuments schrieben im *ersten* Zusatzartikel fest, dass alle Amerikaner frei sagen, glauben und sein können, was, wie und wo sie wollen. Und sie versetzten die Bürger dann durch den *zweiten* Zusatzartikel in die Lage, diese Freiheit im Ernstfall in der Praxis auch verteidigen zu können. Es gibt daher nicht nur konservative oder rechtsnationale Lobbyorganisationen wie die notorische NRA, die National Rifle Association, die das Recht auf Waffenbesitz erbittert verteidigen, sondern auch linke wie die Socialist Rifle Association, dazu schwul-lesbische oder queere Gruppen wie Armed Equality und solche, die sich ausdrücklich an jüdische, schwarze oder hispanische Amerikanerinnen und Amerikaner wenden. So unterschiedlich diese Organisationen in parteipolitischer Hinsicht sein mögen, so weit ihre Ansichten bei anderen gesellschaftlichen Streitthemen auseinanderliegen, sie eint alle die Überzeugung, dass, wenn es im Ernstfall darauf ankommt, der Besitz von Schusswaffen die einzige Garantie ist, sich gegen eine diktatorische Regierung wehren zu können.

Das ist ein fundamental anderes Verständnis davon, wie Bürger, Staat und Waffen miteinander zusammenhängen, als in Deutschland oder andernorts in Westeuropa. Als durchschnittlicher Europäer, der seine demokratisch gewählte Regierung in aller Regel nicht als verkapptes Tyrannenregime sieht, mag man das alles daher befremdlich finden. Man kann es angesichts der unzähligen Toten und Verletzten, die Schusswaffen in den USA jedes Jahr fordern, sogar für verrückt halten. Man kann auch darüber debattieren, ob ein Gesetzestext aus dem Jahr 1791 heute noch die Waffenpolitik eines Landes prägen sollte. Allein der technische Fortschritt spricht schließlich dagegen: Vor 230 Jahren war der Standard eine Muskete, die vor jedem Schuss mühsam von vorne mit der Hand geladen werden musste und mit der man höchstens zwei, drei Schüsse pro Minute abgeben konnte. Heute kann man hingegen in jedem Waffenladen der USA halbautomatische Gewehre kaufen, die pro Minute Dutzende Patronen verfeuern können.

Und außerdem ist es ja auch eine sehr subjektive Sache, wo in einer modernen Industriegesellschaft die regulierenden Eingriffe der Regierung enden, die zum Wohl aller Bürger notwendig sind, und die vermeintliche oder echte Tyrannei beginnt, gegen die ein Bürger dann eventuell ein legitimes Widerstandsrecht haben. Das konnte man während der Covid-19-Pandemie sehen, als in manchen US-Bundesstaaten bärtige, behelmte Milizionäre mit Sturmgewehren vor den Parlamenten aufmarschierten, um dagegen zu protestieren, dass Restaurants, Friseure und Tattoo-Studios geschlossen wurden. Das war ein erster Vorgeschmack auf die Wut, die in manchen Teilen der amerikanischen Gesellschaft kochte und die sich dann am 6. Januar 2021 in Washington im Kapitol entlud. Und es war ein Warnzeichen dafür, wie unterschiedlich die Amerikaner die Realität sehen. Für einige Wochen nicht in eine Bar gehen oder sich nicht die Haare schneiden lassen zu dürfen, war aus Sicht vieler Menschen eine sinnvolle, vertretbare Schutzvorschrift, auch wenn sie die persönliche Freiheit einschränkte. Für viele andere Leute war es hingegen der Beginn der Diktatur, dem man sich mit einem AR-15 in den Weg stellen musste. Waffen in Privatbesitz können in manchen Fällen vielleicht Freiheit bedeuten. In anderen Fällen bedeuten sie dagegen Chaos und den Zerfall des staatlichen Gewaltmonopols.

Doch das sind politische Überlegungen, die zunächst einmal nichts an der gesetzlichen Grundlage für den Waffenbesitz in den USA ändern. Diese regelt das Second Amendment, und zwar recht unzweideutig: »The right of the people to keep and bear Arms, shall not be infringed.« Zugleich hat der Oberste Gerichtshof der Vereinigten Staaten 2008 in einem Urteil festgestellt, dass dieses »Recht, Waffen zu besitzen und zu tragen«, das der Staat nicht einschränken darf, ein individuelles und privates ist. Ein Bürger muss nicht Teil der Sicherheitskräfte oder einer offiziellen Miliz wie etwa der Nationalgarde sein, um eine Schusswaffe haben zu dürfen. Er oder sie muss lediglich Bürger oder Bürgerin sein. Es gibt zwar auch andere Interpretationen, manche Verfassungsjuristen leiten aus dem zweiten Zusatzartikel kein individuelles Recht ab. Aber das ist eine akademische Debatte. Für die Praxis ist die derzeit gültige Auslegung durch den United States Supreme Court entscheidend. Und dieser hat höchst- und letztinstanzlich festgestellt: Jeder Amerikaner darf grundsätzlich Gewehre, Pistolen und Munition besitzen.

In den allermeisten Fällen ist das auch kein Problem. Ich habe viele Menschen kennengelernt, die Schusswaffen hatten und keinerlei Gefahr für sich, ihre Nachbarn oder den amerikanischen Staat darstellten. Sie hatten ein Gewehr im Haus, weil sie im Herbst auf die Jagd gingen oder weil sie sich damit sicherer fühlten. Man weiß nie, wer draußen unterwegs und im Zweifelsfall ebenfalls bewaffnet ist. Es gibt Gegenden und Menschen in den USA, da will man es lieber nicht drauf ankommen lassen.

Einer der besten Waffenkenner, denen ich begegnet bin, war der schon erwähnte Country-Musiker James McMurtry, der über die erfrorenen Rinder in South Dakota gesungen hat. Sein Vater Larry war ein berühmter und sehr erfolgreicher Schriftsteller, er hat unter anderem *Lonesome Dove* verfasst, einen epischen Roman über einen großen Rindertreck von Texas nach Montana in der Zeit, als der Westen noch wild war. Zudem hat er die Drehbücher zu Filmen wie *Brokeback Mountain*, *Hud* und *The Last Picture Show* geschrieben – Klassiker, die vom öden Kleinstadtleben in Texas erzählen und von der Sehnsucht, auszubrechen. Vielleicht war es eine Hommage an seinen Vater, dass James McMurtry später in einem Lied ebenfalls über die Langeweile und Enge in einer kleinen amerikanischen Stadt gesungen hat und wie man ihr entkommt, indem man nach Kalifornien flieht. Der Song heißt »Just Us Kids« und beginnt mit der Zeile »I've had enough of this small town bullshit«. Ich habe diesen Dorfscheiß echt satt.

Weil seine Eltern es sich leisten konnten, hat James McMurtry seine Jugend zu einem Gutteil auf teuren, linksliberalen Privatschulen an der Ostküste verbracht. Aber die Familie stammt von einer Ranch in Texas, und McMurtry hat dort schon als Kind gelernt, mit einer Schrotflinte, einem Jagdgewehr, einer Pistole oder einem Revolver umzugehen. Ich habe McMurtry im Sommer 2020 in Lockhart, Texas, besucht, einem nicht sehr großen, aber sehr hübschen Ort in der Nähe von Austin, in dessen Mitte ein prachtvolles altes Rat- und Gerichtshaus im wilhelminischen Stil steht und in dem zwei Metzgereien, die einst von deutschen Auswanderern gegründet wurden, darum wetteifern, welche das bessere Barbecue macht. McMurtry ist dort hingezogen, weil ihm die gentrifizierte Hipster- und Technologie-Metropole Austin zu teuer geworden ist.

McMurtry ist Texaner, aber er ist auch ein Demokrat, ein Linker, eine Art Country-Hippie mit langen grauen Locken und Panama-Hut. Er fährt viel im Land herum, allein und mit seiner Band, und ich war mit ihm verabredet, um vor der Präsidentschaftswahl über den beklagenswerten Zustand Amerikas zu reden, den er in seinen Liedern oft beschreibt. Damals war Pandemie, und McMurtry konnte nicht auf Tour gehen. Deswegen hatte er Zeit, sich unter einem Baum auf dem Rathausplatz mit einem deutschen Journalisten über sein Heimatland zu unterhalten. McMurtry hatte viele kluge Dinge dazu zu sagen. Aber er hat auch mit höchst beeindruckender Vertrautheit und Ernsthaftigkeit über Waffen gesprochen. Er hat mir von seinem Lieblingsgewehr für die Jagd erzählt, einer Flinte vom Kaliber .308 Winchester, mit der er jeden Herbst einen Weißwedelhirsch erlegt, den er dann in den Monaten danach aufisst. Wobei er, wie er mir gestanden hat, inzwischen das Fischen bevorzuge, das sei weniger anstrengend als die Jagd auf Damwild oder Wildschweine. Dazu passte das verschrammte Blechkanu, dass McMurtry aufs Dach seines Autos gebunden hatte – er wollte nach dem Gespräch noch aufs Wasser und angeln. McMurtry hat auch davon erzählt, wie schwierig es in der paranoiden Pandemiezeit war, Munition zu bekommen, weil sie überall ausverkauft war, selbst in Texas, wo es an jeder Ecke einen Waffenladen gibt. Alle seine weißen Nachbarn hätten sich reichlich mit Patronen eingedeckt, als die Covid-19-Lockdowns und die Black-Lives-Matter-Proteste losgingen, erzählte McMurtry. Das hat ihm große Sorgen gemacht.

Aber es war offensichtlich, dass für McMurtry das Schießen ein wichtiger Teil seines Lebens ist, sogar seiner Identität als Texaner und Amerikaner. McMurtry hat damals aus Langeweile und als Antwort auf die rechten Waffenfreunde, die ständig davor warnten, dass die Linken ihnen die Gewehre wegnehmen wollen, mit einem Bekannten ein Video aufgenommen und bei YouTube veröffentlicht, das »Gun Totin' Libtards« hieß. Übersetzt bedeutet das ungefähr so viel wie »Linke Deppen, die mit Knarren fuchteln«. Das war ein ironischer Titel, nicht nur, was die politische Einordnung anging – obwohl die vielleicht sogar halbwegs ernst gemeint war –, sondern gerade auch bezüglich des Wissens über Schusswaffen. McMurtry und sein Freund fuchtelten in dem Video jedenfalls keineswegs wie Deppen mit Knarren herum, sondern zeigten, dass sie durchaus kundig und treffsicher mit Pistolen verschiedenen Kalibers auf Konservendosen feuern konnten. McMurtry besitzt Waffen, weil es in dem Teil Amerikas, aus dem er stammt, Tradition ist, weil er Jäger ist und weil es vielleicht auch einfach Spaß macht, mit einem Kumpel in den Wald zu fahren und ein bisschen herumzuballern. Aber McMurtry läuft nicht ständig mit einem Revolver am Gürtel herum, wie manche Menschen in Texas es machen, er hat kein AR-15 in seinem Auto liegen, und er hätte nichts dagegen, wenn die Regierung den Verkauf von Waffen einschränken würde, die für den Einsatz im Krieg entwickelt wurden.

Für Elmer Stewart Rhodes III haben Waffen dagegen absolut nichts mit Spaß zu tun und auch nichts mit der Jagd. Rhodes nimmt das Second Amendment wörtlich: So wie er es sieht, sind Waffen die wirksamste Lebensversicherung für einen freien Bürger in einem freien Land, das Einzige, was in Amerika die Freiheit von der Tyrannei trennt. Rhodes gehört wie kaum ein anderer Mensch, dem ich in den USA begegnet bin, zu jener misstrauischen, feindseligen, intoleranten, paranoiden, manchmal aggressiven, vor allem aber: wachsenden Gruppe von Amerikanern, die alle Mitbürger, die anders denken als sie selbst, nicht nur als politische Rivalen ansehen, sondern als Gegner – als Volksverräter, als vaterlandslose Gesellen, als Angehörige einer international gesinnten, woken Elite, die Amerika kaputtmacht. In den Augen dieser Leute ist die Regierung in Washington – mit Ausnahme jener, die von Donald Trump geführt wurde – eine Komplizin, die angeblich bei der Zerstörung der USA mitmacht, indem sie die Grenzen für illegale Einwanderer aus Lateinamerika öffnet, das Land an die sogenannten Globalisten verkauft und der Gesellschaft eine linksextreme, unamerikanische Ideologie aufzwingt. Das ist die rechtspopulistische Gedankenwelt, in der die Milizionäre und Möchtegernbürgerkrieger zuhause waren, die ihre Sturmgewehre und Pistolen einpackten, in ihre Pick-ups sprangen und nach Bunkerville fuhren, um Cliven Bundy in seinem Kampf gegen das verhasste Bureau of Land Management beizustehen. Es ist die Gedankenwelt von Ammon Bundy, Clivens Sohn, der jetzt in Idaho lebt und dort seinen »Widerstandskampf« gegen die Regierung fortsetzt.

Und es ist die Gedankenwelt eines erheblichen Teils der Menschen, die am 6. Januar 2021 in Washington das Kapitol attackierten. Ein amerikanischer Journalist hat damals die Menge der Trump-Unterstützer, die das Parlament stürmten, sehr treffend als eine »Mischung aus Touristen und Terroristen« beschrieben. Das deckt sich gut mit dem, was ich an jenem Tag auf den Straßen der Hauptstadt gesehen habe. Unter den Krawallmachern waren verwirrte Spinner wie der weltweit berühmt gewordene selbst ernannte »Schamane« mit seiner Büffelhornkappe. Es gab auch Leute, die eigentlich nach Washington gefahren waren, um sich eine Rede von Donald Trump anzuhören, die dann aber von den Ereignissen mitgerissen wurden. Ein Teil der Demonstranten – die besagten »Touristen« – machten durchaus den Eindruck, als wüssten sie selbst nicht so ganz genau, warum sie plötzlich durch die Marmorgänge des Parlaments liefen, wo sie doch gerade noch draußen im kalten Wind auf der National Mall gestanden hatten. Aber unter den Angreifern waren eben auch sehr viele Leute, die es blutig ernst meinten – für die der Begriff »Terroristen« angemessen erscheint. Sie glaubten fest an das, was ihnen die Trump-Propaganda in den Tagen seit der Wahl im November 2020 eingehämmert hatte: dass Joe Biden Trump den Wahlsieg durch Betrug gestohlen hatte; dass ihm linke Verschwörer im FBI, in den Geheimdiensten und im Justizministerium, wahlweise auch in China oder Venezuela, geholfen hatten; dass Amerika zu einer kommunistischen Diktatur wird, wenn sie nicht am 6. Januar die Bestätigung von Trumps Niederlage und Bidens Sieg im Kongress verhindern. Und sie waren bereit, genau das mit Gewalt zu tun. Ein Mann, der sowohl in Bunkerville als auch in Washington dabei war, um gegen die Regierung zu kämpfen, war Stewart Rhodes.

Rhodes hat eine interessante, wenn man es denn so nennen will, Karriere hinter sich. Man kann an ihr nicht nur die politische Radikalisierung einer Person, sondern eines nennenswerten Teils des konservativen Segments der amerikanischen Gesellschaft ablesen. Rhodes, ein bulliger Mann mit Bart, wurde 1966 geboren, er hat in einer Fallschirmjägereinheit der Armee gedient, musste die Streitkräfte aber verlassen, nachdem er sich bei einem Trainingssprung an der Wirbelsäule verletzt hatte. Aus dieser Zeit stammt das große Tattoo auf seinem Oberarm – ein Totenkopf und das Motto der Fallschirmtruppen: »Death From Above«. Der Tod kommt von oben. Das auffälligste äußerliche Merkmal an Rhodes ist allerdings eine schwarze Augenklappe, die er trägt, seit er bei einem Unfall mit einer Pistole das linke Auge verloren hat. Nach allem, was man weiß, hat er die Waffe gereinigt, dabei hat sich ein Schuss gelöst, der ihn getroffen hat. Das ist, um es mit ein wenig Sarkasmus zu sagen, ein dummer Anfängerfehler – jedenfalls nichts, worauf man als Soldat allzu stolz sein sollte. Aber die Augenklappe gibt Rhodes auch ein verwegenes, freibeuterisches Aussehen, was ihm offenbar gefällt.

Stewart Rhodes ist nach allen gängigen Maßstäben kein dummer Mensch. Nach seiner Militärzeit hat er erfolgreich Politikwissenschaft an der University of Nevada und danach Jura an der vornehmen und ausgesprochen anspruchsvollen Yale University studiert. Eine seiner Seminararbeiten über die Bill of Rights wurde damals mit einem Preis ausgezeichnet. Rhodes ist kein plumper Neonazi, keiner der »Juden raus«-Schreier, die 2017 durch Charlottesville zogen. Er ist auch kein dumpfer, rassistischer Hinterwäldler, der in einem Wohnanhänger haust und dem selbst gekochtes Crystal Meth die Gedanken vernebelt hat. Rhodes ist ein gut ausgebildeter, intelligenter, ziemlich normaler Republikaner, der jedoch – wie so viele seiner Landsleute und Parteifreunde – während der Trump-Jahre in eine politische Wahnwelt abgeglitten ist, die von zahllosen angeblichen Amerika-Feinden bevölkert wird und in der alle möglichen Verschwörungen und Komplotte gegen die Amerikaner geschmiedet werden. Diese Welt erfüllt längst alle Kriterien eines abgeschotteten Kults – mit Donald Trump als Guru. Zwei Dinge machen Stewart Rhodes allerdings besonders: seine Militanz und seine Besessenheit, wenn es um Waffen geht.

Ich habe im Juni 2018 einen Tag mit Rhodes verbracht, gut zehn Stunden – vermutlich mehr als je ein anderer ausländischer Reporter. Wir haben uns gegen Mittag in einem italienischen Restaurant in Kalispell getroffen, einem Ort in Montana, wo Rhodes damals wohnte, und Lasagne und Salat gegessen. Danach sind wir in den Glacier National Park gefahren, ein majestätisches Naturschutzgebiet an der Ostflanke der Rocky Mountains, das etwa eineinhalb Stunden von Kalispell entfernt liegt. Rhodes war freundlich, interessiert, vielleicht ein bisschen eitel, auf jeden Fall sehr sicher, dass seine Ansichten die einzig richtigen sind. Er zeigte mir das Yoga-Studio in Kalispell, in das er jede Woche ging, um eine Stunde zu meditieren – neben lauter »linken Hippies«, die aber nett seien, wie er sagte. Im Auto nahm Rhodes seine Augenklappe ab, legte sie sorgfältig auf das Armaturenbrett und redete viel. Wir kauften am Eingang zum Nationalpark eine Flasche Pfefferspray, um uns im Notfall gegen allzu zutrauliche Bären wehren zu können, und wanderten dann in gut zweitausend Meter Höhe in einem frühsommerlichen Schneesturm mehrere Stunden lang über Felsen und Geröll zum Logan-Pass. Es war eisig und nass, es hagelte und schneite, die Wege waren von sulzigem Matsch bedeckt und rutschig. Uns kamen japanische Touristen in kurzen Hosen und Sandalen entgegengetorkelt, in deren Augen man die Angst sehen konnte, von diesem Berg nicht mehr lebend herunterzukommen.

Rhodes schienen der Schnee und der kalte Nebel nichts auszumachen. Je schlechter das Wetter wurde, desto gesprächiger wurde er. Es ist nicht notwendig, hier alles auszubreiten, was er erzählt hat. Vieles davon war, zumindest für republikanische Verhältnisse im zweiten Jahr der Trump-Präsidentschaft, auch gar nicht besonders aggressiv oder aufrührerisch, sondern rechtspopulistisches Standardgeschwätz, wie man es überall im konservativen Amerika hören konnte. Ab und an kam auch der in Yale ausgebildete Jurist in Rhodes zum Vorschein, dann klang er plötzlich wie ein linker Bürgerrechtsanwalt, der über die machtgierige Regierung und unkontrollierte Geheimdienste schimpft. Zum Beispiel regte er sich sehr über die Antiterrorgesetze auf, die die Bush-Regierung nach den Anschlägen am 11. September 2001 durchgesetzt hatte und welche die staatlichen Überwachungsbefugnisse stark erweiterten. Rhodes sah darin einen Verstoß gegen die Freiheitsrechte in der Verfassung. Aber vielleicht störte ihn auch nur, dass er wegen einer kritischen Bemerkung über den damals noch lebenden republikanischen Senator John McCain, die – seiner Meinung nach – völlig zu Unrecht als Morddrohung interpretiert worden war, Probleme bei Flugreisen hatte. Er stand auf einer »No Fly«-Liste der US-Bundesregierung und konnte nicht einfach im Internet ein Ticket buchen. Das ärgerte ihn sehr. Rhodes kritisierte auch, dass Präsident Obama 2011 den radikalen Imam und amerikanischen Staatsbürger Anwar al-Awlaki im Jemen durch einen Drohnenangriff hatte töten lassen. Die Verfassung, sagte Rhodes, garantiere jedem US-Bürger einen fairen Prozess. Awlaki ohne Gerichtsverfahren hinrichten zu lassen, sei staatlich verfügter Mord an einem politischen Gegner gewesen. Irgendwann, so raunte Rhodes, werde es die Regierung in Washington auch mit ihren konservativen Widersachern in Amerika so machen – sprich: mit Leuten wie ihm. Diese argumentative Schützenhilfe eines rechten Republikaners, der Amerika nach eigenem Bekunden liebte, für einen islamistischen Hassprediger, der Amerika zutiefst hasste, fand ich interessant.

Der paranoide Unterton, der Verdacht, dass da draußen Leute sind, die es aus politischen Gründen auf ihn abgesehen haben, färbte alles, was Rhodes zu den Zuständen in den USA zu sagen hatte. Sehr knapp gesagt, sah er die Lage so: Linke Aktivisten, die die Regierung gekapert haben, zerstören Amerika und nehmen den Amerikanern ihre in der Verfassung garantierten Freiheitsrechte weg. Es ist deswegen die Aufgabe aller echten Patrioten, Amerika vor dem linken Mob zu schützen. Ohne Waffen ist das nicht möglich. Das Wichtigste ist daher, das Second Amendment zu verteidigen, das Recht auf uneingeschränkten Waffenbesitz. Rhodes war davon überzeugt, dass er mit dieser Argumentation dem Willen der Männer folgte, die vor mehr als zwei Jahrhunderten den zweiten Zusatzartikel verfasst hatten, um das Überleben der jungen amerikanischen Nation als »freier Staat« zu garantieren. Und man merkte Rhodes an, dass er nicht nur bereit, sondern fast begierig darauf war, für diese Überzeugung zu kämpfen. »Wir werden denen in den Arsch treten«, lautete einer der Sätze, die er damals über jene Landsleute sagte, die in dieser Frage anderer Meinung waren als er.

Der Grund, warum ich Rhodes um ein persönliches Treffen gebeten hatte, dem er erst nach einigem Hin und Her zustimmte, war, dass er damals der Anführer der womöglich größten, bestimmt aber gefährlichsten rechten Miliz in den USA war, einer Truppe namens Oath Keepers. Der Name bezog sich auf den Eid – »oath« –, den alle Soldaten und Polizisten in den USA schwören und in dem sie geloben, die Verfassung der Vereinigten Staaten gegen jedwede Feinde aus dem Aus- und dem Inland zu verteidigen. Soldaten und Polizisten, aktive wie ehemalige, waren auch die wichtigste Zielgruppe, aus der Rhodes die Mitglieder seiner Truppe rekrutierte. Diese Männer und Frauen – angeblich waren es mehr als 27 000, wobei sich diese Zahl nicht überprüfen ließ und wohl zu Werbezwecken aufgebläht war – sollten nach Ansicht von Rhodes Amerika vor den »Linken« retten, wobei die Definition von »Linken« durchaus flexibel war und praktisch alle Menschen umfasste, die in politischen Dingen anderer Meinung als der Milizchef waren. Um zu zeigen, wie ernst er es mit der Verteidigung des Eids meinte, hatte sich Rhodes neben seinen Fallschirmjäger-Totenkopf noch einen zweiten Spruch auf den Arm tätowieren lassen: »Oath Keepers Till Valhalla«. Dem Eid wird Folge geleistet bis zum Ende – bis der gefallene Krieger in Odins Burg einzieht.

Anders gesagt: Als ich Stewart Rhodes traf, war er ein ehemaliger Elitesoldat, der Leute um sich sammelte, die im Umgang mit Waffen ausgebildet waren, die selbst Waffen in größerem Umfang besaßen und zudem Befehlsgewalt über weitere bewaffnete Leute hatten. Er heuerte außerdem Menschen an, die »Linke« hassten und als Bedrohung für Amerika sahen, die durch einen Eid dazu verpflichtet waren, Amerika vor allen Bedrohungen zu schützen, und die darüber hinaus bereit waren, ihre Loyalität von einem abstrakten Objekt – der Verfassung der Vereinigten Staaten – auf Elmer Stewart Rhodes III persönlich zu übertragen. Das war keine erfreuliche Mischung, lohnte aber allemal eine Reise nach Montana und eine Wanderung im Schnee, um einen persönlichen Eindruck von diesem Mann zu bekommen. Ich habe Rhodes damals gefragt, ob er sich vorstellen könne, dass irgendwann in naher Zukunft wieder Amerikaner auf Amerikaner schießen. Er hat geantwortet, dass er sich das zwar nicht wünsche, es aber auch nicht ausschließen könne. Die Geschichte, die später in der *Süddeutschen Zeitung* erschien und in deren Mittelpunkt Stewart Rhodes stand, trug den Titel »Der zweite Bürgerkrieg«.

In den Jahren nach der Wanderung bin ich mit Stewart Rhodes in Kontakt geblieben. Wir haben uns ab und an per Textnachricht unterhalten, wobei er hauptsächlich darüber doziert hat, dass die Antifa – in Deutschland vor allem durch das Werfen von Pflastersteinen am 1. Mai in Kreuzberg bekannt – angeblich eine existenzielle Bedrohung für das Überleben Amerikas als freies Land sei. In dieser Zeit zog Rhodes von Montana nach Texas um, wo er einige Wochen lang mit ein paar seiner Leute an der Grenze zu Mexiko campierte und die Vereinigten Staaten gegen illegale Einwanderer »verteidigte«. Einmal habe ich ihn auch kurz in Richmond gesehen, der Hauptstadt des Bundesstaats Virginia. Er war dort an einem beißend kalten Tag im Januar 2020, um mit mehreren tausend anderen Menschen für das Second Amendment zu demonstrieren, sein wichtigstes politisches Anliegen. Vielleicht suchte er auch neue Rekruten für seine Miliz. Oder er wollte einfach da sein, wo Gleichgesinnte waren, wo sich die Regierung herausfordern ließ – und wo es wie einst in Bunkerville vielleicht knallen könnte.

Richmond, eine ruhige Universitäts- und Verwaltungsstadt, sah an diesem Tag aus wie ein Feldlager. Die Straßen waren voller Menschen, die buchstäblich bis an die Zähne bewaffnet waren. Viele hatten ein AR-15 vor der Brust hängen. Manche Leute schwenkten Fahnen, auf denen das Gewehr abgebildet war und darunter die Aufforderung »Come and take it!« stand. Kommt nur und versucht, es mir wegzunehmen. Ein beliebter Ausrüstungsgegenstand waren schusssichere Westen mit Abzeichen, auf denen die Blutgruppe des Trägers stand – als gehörten die Besitzer einer Kommandoeinheit der Armee an. Die Polizei, die, was die Bewaffnung angeht, deutlich weniger gut ausgestattet war – »outgunned«, wie man das in Amerika nennt –, stand respektvoll (oder eingeschüchtert) abseits. Von einem effektiven staatlichen Gewaltmonopol konnte an diesem Tag in Richmond nicht die Rede sein. Jeder Versuch, einen der Demonstranten wegen eines Vergehens festzunehmen, hätte binnen Minuten zu einem ausgewachsenen Feuergefecht eskalieren können, zu einer Schlacht, die die Polizei vermutlich verloren hätte.

Der Aufmarsch der Waffenfreunde in Richmond richtete sich gegen die Pläne des damals – und inzwischen wieder – von den Demokraten beherrschten Parlaments von Virginia, die Waffengesetze zu verschärfen. Zu der Protestbewegung gehörten nicht nur Milizführer wie Rhodes, sondern auch einige jener sogenannten »Constitutional Sheriffs«, die wie Steve Reams oder Mark Lamb jede noch so geringe Einschränkung des Rechts auf Waffenbesitz als Angriff auf den zweiten Zusatzartikel und damit auf die amerikanischen Grundrechte sehen. Im Südstaat Virginia gibt es viele konservative Countys, in denen die Bewohner so denken und die sich dann Sheriffs wählen, die das ebenfalls tun.

Zum letzten Mal habe ich Rhodes am 6. Januar 2021 in Washington getroffen, erst auf der National Mall in der Nähe des Weißen Hauses, wo Trump seine Anhänger in einer Rede dazu aufforderte, für ihn »zu kämpfen«, später vor dem Kapitol, wo dieser Kampf dann stattfand. Rhodes hatte schon in den Tagen vor dem Sturm auf das Parlament in Internetpamphleten immer wieder gefordert, dass Donald Trump den Ausnahmezustand ausrufen und die – wie er es sah und sagte: von den Demokraten gefälschte – Präsidentschaftswahl vom Militär wiederholen lassen sollte. Er, so ließ er den abgewählten Präsidenten wissen, stehe mit seinen Oath Keepers als Hilfstruppe bereit, um für Sicherheit zu sorgen. Am 6. Januar war Rhodes mit einem oder zwei Dutzend Anhängerinnen und Anhängern auf die Mall in Washington gekommen und wartete auf ein Zeichen von

Trump. Ich sprach ihn an, aber er war nicht so entspannt und redselig wie bei unserer Wanderung, sondern damit beschäftigt, eilig und nervös Nachrichten in sein Mobiltelefon zu tippen.

Einige Stunden später gehörten die Oath Keepers dann zu den Angreifern, die besonders methodisch und diszipliniert gegen das Kapitol vorgingen. Mehrere Trupps der Miliz drangen in militärischer Formation in das Gebäude ein, sie trugen Tarnkleidung, Special-Forces-Helme aus Kevlar und die ovalen schwarzgelben Abzeichen ihrer Organisation. Sie versteckten sich nicht, im Gegenteil. So habe ich damals in der aufgebrachten Menschenmenge am Kapitol auch Stewart Rhodes wiedergefunden – ich bin einfach einigen seiner Leute hinterhergelaufen, die aus dem Parlament kamen und weithin als Oath Keepers zu erkennen waren. Rhodes selbst war draußen geblieben, er stand vor dem Kapitol, mit seiner schwarzen Augenklappe im Gesicht und einem schwarzen Cowboy-Hut auf dem Kopf, und tippte immer noch auf seinem Telefon herum. Wir haben wieder nur ein paar Sätze gewechselt, er hatte offensichtlich keine Zeit für die Presse, sondern musste einen Einsatz leiten, worin auch immer der bestand. Zwar war Rhodes nach allem, was man weiß, an jenem Tag nicht an Gewalttaten beteiligt. Er bestritt auch, seinen Leuten den Befehl gegeben zu haben, das Parlamentsgebäude zu betreten. Aber das änderte nichts daran, dass das FBI ihn einige Zeit später in Texas verhaftete. Das US-Justizministerium, das Rhodes wohl schon längere Zeit im Visier gehabt hatte und ihm den Prozess machen wollte, seit er einige Jahre zuvor in Bunkerville eine führende Rolle bei der Bundy-Revolte gespielt hatte, klagte ihn wegen Teilnahme an einer staatsfeindlichen Verschwörung an – ein Straftatbestand, der nur knapp unter dem des Landesverrats rangiert. Im November 2022 wurde Stewart Rhodes von den Geschworenen schuldig gesprochen, ein halbes Jahr später folgte das Urteil: achtzehn Jahre Haft. Sofern nicht Donald Trump wieder Präsident wird und ihn begnadigt, wird Stewart Rhodes wohl erst als alter Mann wieder in Freiheit sein. Andererseits könnte Trump wegen seiner Rolle bei dem Putschversuch am 6. Januar 2021 auch selbst im Gefängnis landen. Trump und Rhodes Zelle an Zelle, der gescheiterte Präsident und der Milizführer, der für ihn einen Bürgerkrieg anzetteln wollte – das hätte eine gewisse Ironie.

Mir kam Rhodes in der Zeit, in der ich mit ihm zu tun hatte, eigentlich nie wirklich gefährlich vor. Als wir uns in Montana trafen, beteuerte er immer wieder, dass er niemandem Gewalt antun wolle, und wenn doch, dann ganz bestimmt nur zur Selbstverteidigung. Er schien mir eher ein wichtigtuerischer Pseudorevoluzzer zu sein als ein Mann, der tatsächlich die Sicherheit der Vereinigten Staaten von Amerika in Gefahr bringen konnte. Aber das war wohl kein ganz zutreffender Eindruck. Eine Washingtoner Politikwissenschaftlerin, die sich mit rechten Extremisten in den USA beschäftigt, hat mir später einmal von einer Telefonkonferenz der Oath Keepers erzählt, an der Rhodes teilnahm und in die sie sich heimlich eingewählt hatte. Dort sei offen besprochen worden, wo sie wohne und wo rund um ihr Haus die besten Stellen seien, um einen Heckenschützen zu postieren, der sie ermordet. »Stewart ist ein sehr gefährlicher Mann«, sagte sie, »passen Sie gut auf.«

Doch mir gegenüber hat sich Rhodes nie bedrohlich verhalten. Er war kein angenehmer Mensch, niemand, mit dem man aus Spaß hätte Zeit verbringen wollen. Aber sein Lebenslauf erregte meiner Meinung nach eher so etwas wie verächtliches Mitleid, als dass er Angst machte. Beruflich und privat war Rhodes eigentlich eine gescheiterte Existenz. In der Army war er nichts geworden, weil er nach seiner Verletzung dienstunfähig war. Er hatte studiert, und normalerweise ist ein Abschluss in Jura von der Yale University eine Garantie für eine gut bezahlte Arbeit in einer Anwaltsfirma oder in der Politik. Aber Rhodes schaffte es nicht über einen Job als Rechtsanwalt in der Provinz hinaus, und auch damit war Schluss, nachdem er in Nevada aus der Anwaltskammer geworfen worden war. Von seiner Frau, die ihn als

»intelligent, aber mental instabil« bezeichnet und als jähzornigen, zuweilen gewalttätigen und selbstmitleidigen Narzissten beschreibt, ist er geschieden. Seine Kinder haben sich von ihm losgesagt und ihren Nachnamen geändert. In vielen westlichen Gesellschaften wäre jemand wie Stewart Rhodes nur ein sozialer Versager, ein Schwätzer, der am Stammtisch von der nationalen Revolution und dem Umsturz des Staates schwadroniert, der aber in der Realität nicht viel anrichten kann. In Amerika hingegen kann jemand wie Rhodes zum Anführer einer Miliz aufsteigen, die eine ernsthafte Bedrohung für die Regierung darstellt und für jeden Menschen, der ihr in die Quere kommt.

Der Unterschied? Waffen. Leute wie Rhodes gibt es in jedem Land. Aber nicht in jedem Land haben sie praktisch unbegrenzt Zugang zu Schusswaffen und Munition. In Amerika ist das hingegen kein Problem. Ich habe Rhodes bei unserer Wanderung in Montana gefragt, ob er Waffen besitze und wenn ja, wie viele. Er hat mir keine detaillierte Antwort gegeben, aber er hat mich angeschaut, als hätte ich gefragt, ob der weiße, kalte Schnee, der um uns herumwirbelte, weiß und kalt sei. Auch nach Washington ist Rhodes am 6. Januar 2021 sehr martialisch ausgestattet gekommen. Während seines Prozesses hat die Staatsanwaltschaft nachgezeichnet, wie er damals mit dem Auto von Texas an die Ostküste gefahren ist. Entlang des Wegs kaufte Rhodes für Tausende Dollar Ausrüstung ein, genug, um eine halbwegs große Schlacht zu schlagen – ein AR-15-Gewehr, Munition, Nachtsichtgeräte, Magazine, Patronen, Zielfernrohre, Stative und Waffenteile. Zum Teil ging er dazu in Waffenläden, aber das Gewehr kaufte er einer Privatperson ab, die es im Internet inseriert hatte. In keinem anderen Industrieland der Welt wäre eine derartige Shoppingtour denkbar. Und schon gar nicht wäre sie, wie in den USA, legal.

Denn Rhodes hat sein Arsenal ja völlig rechtmäßig erstanden. Zu fragen, wofür er sechs Zielfernrohre oder vierzehn Magazine brauchte, ist offenbar keinem der Waffenhändler eingefallen, bei denen Rhodes war. Und selbst wenn – es ging sie nichts an. Rhodes musste sich nicht rechtfertigen, er musste nur eine funktionierende Kreditkarte oder genügend Bargeld haben. Er tat seiner Meinung nach genau das, wofür die amerikanischen Verfassungsväter einst den zweiten Zusatzartikel geschrieben hatten: Er war ein Patriot, und er bewaffnete sich, um dabei zu helfen, dass Amerika ein freier Staat bleibt. Das hatte zwar mit der Realität nicht das Geringste zu tun. Joe Biden hatte im November 2020 die Präsidentschaftswahl gewonnen – nach allen Regeln genau jener Verfassung, die Rhodes mit seinen Oath Keepers angeblich verteidigen wollte. Donald Trump hatte die Wahl verloren, am 6. Januar 2021 ging es darum, dieses Ergebnis vom Kongress bestätigen zu lassen – wiederum auf dem durch die Verfassung und die Wahlgesetze vorgeschriebenen Weg. Der angebliche Notstand, eine kommunistische Machtergreifung in Amerika verhindern zu müssen, existierte nur in Rhodes' Fantasie. Auch wenn Millionen republikanische Wähler und eine große Zahl vermeintlich intelligenter republikanischer Abgeordneter und Senatoren an den gleichen Humbug glaubten, wurde er dadurch nicht wahr.

Doch was die Rechtslage betraf, war das egal. Das Second Amendment differenziert nicht danach, ob ein Bürger klar denkt oder nicht, ob er sich auf der Grundlage von Tatsachen oder Hirngespinsten bewaffnet, ob er die Wahrheit sieht oder einer Lüge anhängt. Nach dem amerikanischen Selbstverständnis hat niemand Geringerer als Gott den Bürgern des Landes das Recht auf Waffenbesitz gegeben. Und der zweite Zusatzartikel verbietet es dem Menschen – sprich: dem Parlament –, dieses Recht zu beschneiden. Selbst wenn die Folge davon ist, dass ein Mann wie Stewart Rhodes in einen Waffenladen gehen kann, um sich für einen bewaffneten Umsturz auszurüsten. Das Material, das Rhodes und andere Oath-Keepers-Milizionäre mit nach Washington brachten, lag dann am 6. Januar 2021 in einem Motelzimmer in Virginia bereit, nahe der Stadtgrenze. Rhodes und seine

Leute hatten offenbar Respekt vor den sehr strengen Gesetzen, die in der US-Hauptstadt regeln, wer wo in der Öffentlichkeit Schusswaffen tragen darf. Wären sie, wie ein Jahr zuvor in Richmond, wo die Waffengesetze weit laxer sind, mit Pistolen und Sturmgewehren durch Washington gelaufen, wären sie umgehend verhaftet worden. Aber aus den Textnachrichten von Rhodes, die während des Prozesses öffentlich wurden, ging hervor, dass er und seine Milizionäre sehr wohl bereit gewesen wären, sich ihre Waffen von Komplizen zum Kapitol bringen zu lassen und sie einzusetzen, wenn Trump den Ausnahmezustand verhängt und die Oath Keepers als Hilfsmiliz angefordert hätte. Das war, wie er mir gesagt hat, an jenem Tag seine Hoffnung. »Etwas Zeit hat der Präsident ja noch«, sagte er, während er inmitten des Geschreis und Gerennes vor dem Kapitol stand und auf sein Telefon schaute.

Donald Trump hat das nicht getan. Amerika hatte an diesem Tag großes Glück. Aber Amerikas Waffengesetze haben sich seither nicht geändert, die politische Polarisierung und der Hass in der Gesellschaft sind so groß wie nie. Vielleicht stöbert irgendwo schon der nächste Stewart Rhodes in den Regalen eines Waffenladens und stellt sich ein Arsenal zusammen.

Kapitel 6

Waffen II

Maryland, Colorado, Pennsylvania

Der singende texanische Jägersmann James McMurtry und der inhaftierte aufständische Milizführer Stewart Rhodes gehören, was die Sicht auf und den Umgang mit Schusswaffen angeht, zwei sehr unterschiedlichen Welten an. Abseits davon, so könnte man meinen, sollten die Menschen in Amerika eigentlich relativ sicher ihren Alltag leben können. Die USA hätten kein Waffenproblem, wenn alle Waffenbesitzer sich verhalten würden wie McMurtry. Wenn sie nur ab und an auf Konservendosen oder ein Reh schössen. Sehr viele Amerikanerinnen und Amerikaner, die legal eine Schusswaffe haben, gehen damit verantwortungsvoll um, sie bewahren sie sicher auf und können sie handhaben, ohne sich oder andere zu gefährden. Und die Vereinigten Staaten könnten es wohl auch aushalten, wenn in den Weiten des Landes einige Männer wie Rhodes herumlaufen, die so viele Waffen und Patronen mit sich herumschleppen, wie sie nur tragen können, und davon träumen, die Regierung zu stürzen. Solche Leute sind gefährlich und beängstigend. Sie können dort, wo sie auftauchen, viel Schrecken verbreiten und viel Schaden anrichten. Aber sie können mit ihren Sturmgewehren, ihren großkalibrigen Pistolen, ihren Tarnklamotten, Helmen, Schutzwesten und übergroßen Magazinen weder den Präsidenten aus dem Amt jagen noch Tausende Mitbürger umbringen. Amerika kann – zumindest noch – mit ihnen fertigwerden, das konnte man am 6. Januar 2021 in Washington erleben: Als an jenem Nachmittag das Geiselbefreiungsteam des FBI ins Kapitol einrückte, die härteste Polizeitruppe des Landes, war der Spuk ziemlich schnell vorbei. Rhodes packte sein Telefon ein und ging mit seinen Leuten eine Pizza essen.

Aber der amerikanische Alltag ist eben nicht sicher für die Menschen. Im Gegenteil: Er ist voller Gewalt und Blut, voller Tod, Leid, Angst, Schmerz und Trauer – voll von den Schicksalen der Tausenden und Abertausenden Amerikanerinnen und Amerikanern, deren Leben jedes Jahr durch Waffen beendet, zerstört oder für immer verändert wird. Ich bin in den sechs Jahren in Amerika immer wieder in diesen gewalttätigen Alltag eingetaucht. Ich habe Menschen getroffen, deren Angehörige von Kugeln getötet worden waren; Menschen, die in Krankenhäusern die Angeschossenen wieder zusammengeflickt haben; und Menschen, die auf andere Menschen geschossen hatten. Ich war bei den Opfern, den Helfern, den Tätern. Ich habe mit ihnen geredet, dann bin ich in meinen Washingtoner Vorort zurückgefahren, der sicher war und weitgehend waffenfrei, und habe alles für die Leserinnen und Leser daheim in Deutschland aufgeschrieben – wieder eine Geschichte über ein Land, in dem der Mensch seinem Mitmenschen allzu oft ein Wolf ist.

Dass in den USA jedes Jahr um die 20 000 Menschen gewaltsam durch Kugeln getötet werden – das sind 55 Tote pro Tag –, liegt schlicht daran, dass Tausende andere Menschen den Abzug drücken und diese Kugeln losschicken. Die schockierenden, bluttriefenden Massenschießereien, bei denen alle paar Monate zehn, zwanzig oder auch mehr Menschen binnen weniger Minuten an einem einzigen Ort umkommen, sind dabei, so makaber das klingen mag, gar nicht das Schlimmste. Sie sind spektakulär und unermesslich traurig, aber sie machen nur einen vergleichsweise kleinen Teil der alltäglichen Schusswaffengewalt in Amerika aus. Die meisten Waffenopfer werden nicht von psychopathischen Massenmördern umgebracht oder von politischen Extremisten – auch wenn es natürlich solche Fälle gibt. Die meisten Menschen, die von Kugeln getötet werden, sterben, weil andere Menschen aus was für Gründen auch immer beschließen, sie müssten auf ihre Nachbarn oder Arbeitskollegen feuern, auf Ehepartner, Lehrer oder Mitschüler, auf Menschen, neben denen sie in der Kirche sitzen, im Stau stehen oder an der Supermarktkasse warten. Menschen sterben durch Kugeln, weil spielende Kinder im Haus eine geladene Waffe finden, zielen und abdrücken. Menschen sterben, weil Querschläger durch die Fenster oder Wände geflogen kommen, wenn kriminelle Jugendliche sich auf den Straßen Gefechte liefern, oder weil ein Jäger einem anderen Jäger aus Versehen in den Kopf schießt. Rechnet man zu diesem Heer an Opfern noch die ebenfalls gut 20 000 Amerikaner hinzu, die sich jährlich mit einer Schusswaffe selbst das Leben nehmen – noch einmal gut 55 Tote pro Tag – sowie jene 70 000 Menschen, die durch Schüsse verletzt werden, dann wird die Dimension des Blutzolls deutlich, den die amerikanische Gesellschaft für ihr angeblich von Gott persönlich verliehenes Recht auf freien Waffenbesitz bezahlt. Und man kann daran zweifeln, dass ein Gott, dem etwas an den Menschen liegt, diese tatsächlich mit einem so mörderischen Recht beschenken würde.

Ähnlich wie im Fall von Stewart Rhodes, der in vielen westlichen Ländern allenfalls ein Sprücheklopfer wäre, in den USA jedoch zum militanten Staatsfeind werden konnte, kann man auch im Fall dieser Zehntausenden Toten fragen, was der Unterschied zum Rest der Welt ist. Wütende, frustrierte, gestörte, kriminelle, radikale, brutale Menschen, die sich an anderen Menschen für ihr Schicksal oder einfach den Zustand der Welt rächen wollen, gibt es schließlich auch in jedem anderen Land der Erde. Warum versinkt ausgerechnet Amerika in diesem Sumpf aus Gewalt und Blut? Die Antwort lautet wieder: Waffen. Es mag viele Faktoren geben, materielle und immaterielle, die zusammenkommen müssen, bis eine Person losgeht und eine andere

Person erschießt. Doch ein Faktor, der zwingend vorhanden sein muss, ist der Besitz einer Waffe, mit der dieser Schuss abgefeuert werden kann. Der statistische Zusammenhang ist einfach, einleuchtend und für die Vereinigten Staaten auch zigfach belegt: Je freier und leichter der Zugang zu Schusswaffen und Munition ist, desto höher ist die Zahl der Opfer, die mit diesen Waffen und Patronen verletzt oder umgebracht werden. Waffen töten – mehr Waffen töten mehr. Ganz einfach. Und was den Zugang zu Waffen angeht, ist Amerika eine Nation mit einem Alleinstellungsmerkmal unter den westlichen Industriestaaten.

Zwar weiß niemand genau, wie viele Gewehre und Pistolen im Land im Umlauf sind, aber Schätzungen kommen auf eine Zahl von bis zu vierhundert Millionen Stück. Mit einer dieser Waffen, einer halbautomatischen Neun-Millimeter-Pistole des österreichischen Herstellers Glock, wurde im März 2018 Jaelynn Willey erschossen, die Tochter von Melissa Willey. Jaelynn war damals sechzehn Jahre alt, sie ging in die zehnte Klasse einer Highschool in Great Mills, einem Städtchen im Südosten des Bundesstaats Maryland. Ein zwei Jahre älterer Mitschüler, mit dem Jaelynn kurz zusammen gewesen war, von dem sie sich aber getrennt hatte, brachte eines Morgens die Glock mit und schoss dem Mädchen in den Kopf. Jaelynn wurde schwer verletzt, ihr Gehirn war zerstört, sie fiel ins Koma. Es gab keine Hoffnung, sie retten zu können. Zwei Tage später stimmten die Eltern zu, dass die Maschinen abgeschaltet wurden, die ihre Tochter noch am Leben erhalten hatten.

Jaelynn starb nur wenige Wochen nach dem Massaker an einer Highschool in Parkland, Florida, bei dem siebzehn Schüler getötet worden waren. Die Amerikaner stritten sich in dieser Zeit wieder einmal darüber, ob es jetzt nicht endlich reiche mit den toten Kindern, ob man jetzt nicht endlich die Waffengesetze verschärfen müsse, ob nicht dies, ob nicht das. In den Talkshows im Fernsehen saßen, je nach politischer Ausrichtung des Moderators und der Sendung, weinende Jugendliche und verzweifelte Eltern, die sich über die toten Schülerinnen und Schüler empörten, oder Vertreter der National Rifle Association, die das Second Amendment kühl und kategorisch für heilig und unverhandelbar erklärten. In Washington wurde in jenen Tagen eine Großdemonstration von Kindern vorbereitet, der »Marsch für unser Leben«, während im Internet die rechten Trolle gegen alle hetzten, die das Recht auf Waffenbesitz anzuzweifeln wagten.

Diese Darstellung der Debatte mag etwas zu abgeklärt klingen, aber so habe ich sie damals empfunden. Siebzehn tote Kinder – und die Amerikaner verhakten sich trotzdem nur in dem immer gleichen und immer gleich nutzlosen Austausch von alten, längst bekannten Argumenten. Man wusste, wer was sagen würde, wer unter Tränen schärfere Gesetze fordern und wer das als unamerikanisch und unpatriotisch ablehnen würde. Und man wusste, dass all dem Gesagten keine nennenswerten Taten in Form wirksamer politischer Entscheidungen folgen würden. Wie auch? Was sollte man erwarten in einem Land, dem es nicht gelungen war, sich zu einer neuen Waffenpolitik durchzuringen, nachdem 2012 ein Attentäter in einer Grundschule in Connecticut zwanzig kleine Kinder und sechs Lehrerinnen und Lehrer erschossen hatte? Diese Bluttat an der Sandy Hook Elementary School war, was Waffengewalt an Schulen anging, eine Zäsur – eine Monstrosität. Aber sie blieb ohne politische Folgen. Warum sollte das nach einem Schulattentat mit weniger Toten und zudem älteren Opfern also anders sein?

Ich kann mich noch gut daran erinnern, wie ich damals im Lokalteil der *Washington Post* den Artikel über die Schießerei in der Great Mills High School gelesen habe, bei der Jaelynn Willey getötet wurde. Das Interesse der Medien an dem Thema war damals groß, die Meldung schaffe es deswegen auf die Internetseite der Zeitung. Und für mich war diese eine kurze Nachricht über eine Teenagerin, die von ihrem Ex-Freund mit einem Schuss tödlich verletzt worden war, fast noch relevanter als der gewaltige Strom an Geschichten über die Tragödie in Parkland, der sich zur gleichen Zeit über das Land ergoss. Jaelynns Schule lag in Maryland, dem Bundesstaat, in dem auch ich mit meiner Familie lebte und in dem meine drei Söhne ebenfalls auf öffentliche Schulen gingen. Parkland fühlte sich weit weg an, abstrakt, wie ein beliebiger Teil meiner Arbeit – eines von vielen Themen, über die ich schrieb. Parkland war außerdem eine geplante, vorbereitete und kaltblütig durchgeführte Gewalttat, ein Terrorakt auf kommunaler Ebene. Great Mills hingegen war näher, keine zwei Stunden mit dem Auto von Washington entfernt, praktisch nebenan. Der Schuss, der Jaelynn Willey in den Kopf traf, war eine impulsive Beziehungstat und damit etwas, das so jeden Tag auch an einer der Schulen meiner Kinder hätte passieren können. Ich kannte Jaelynn Willey nicht, aber ihr Tod hatte eine persönliche Dimension.

Das war der Grund, warum ich im Juni 2022 Jaelynns Mutter Melissa um ein Gespräch bat. Ich rief sie nach der Schießerei an einer Grundschule in Uvalde, Texas, an, bei dem einige Tage zuvor neunzehn Kinder und zwei Lehrerinnen getötet worden waren. Melissa Willey konnte sich nicht ganz erklären, was ein deutscher Journalist von ihr wollte. Ich erklärte ihr, dass ich eine Geschichte schreiben wolle, die sich gerade nicht mit den großen Schulmassakern beschäftigt, an denen das gesamte Land Anteil nimmt, die die amerikanische Gesellschaft wenigstens für einige Tage erschüttern, bei denen CNN ein Reporter-Team schickt, der Gouverneur den Tatort besucht und der Präsident im Rosengarten des Weißen Hauses eine Rede hält. Denn diese Taten, bei denen ein Dutzend Kinder oder mehr sterben, sind relativ selten. Was in den Vereinigten Staaten hingegen ziemlich regelmäßig vorkommt, sind Vorfälle wie der an Jaelynns Schule: Ein Schüler bringt von zuhause eine Waffe mit und verletzt oder tötet aus Wut, Eifersucht, Rache oder einem beliebigen anderen Grund einen oder zwei Mitschüler. Diese Vorfälle schaffen es meistens nicht in die nationalen Nachrichten, über sie machen allenfalls die Lokalzeitung oder der örtliche

Fernsehsender einige Geschichten. Aber sie passieren so häufig – viele Dutzend Male jedes Jahr –, dass man sie fast als alltäglich bezeichnen kann. Sie geschehen so oft, dass der Sänger Jason Isbell, einer der besten jungen wilden Dichter und Sänger im Americana-Geschäft und Vater einer kleinen Tochter, ein Lied über die Furcht geschrieben hat, die viele amerikanische Eltern ständig begleitet. Der Song heißt »Save the World«, und Isbell erzählt darin davon, wie er beim Einkaufen mit seinem Kind in einem Supermarkt einen Luftballon platzen hört. Sein Herz macht einen Sprung, und er schaut sich panisch um, wo der Notausgang ist. »The kid's looking through the candy aisle, school's starting in a week«, singt Isbell. »A lady says, you have a lovely child, and I'm too terrified to speak.« Die Kleine schaut sich bei den Süßigkeiten um, in einer Woche fängt die Schule an. Eine Frau sagt, Sie haben ein bezauberndes Kind. Und ich habe solche Angst, dass ich nicht sprechen kann. Das ist ein Liedtext, der eigentlich nur den Eltern eines amerikanischen Schulkinds einfallen kann.

Für die Menschen, die zurückbleiben, wenn ein Kind getötet wird, für die Eltern, Großeltern, Brüder und Schwestern, sind der Gesamtumfang des Verbrechens und die Größe der medialen Aufmerksamkeit, die es auslöst, nicht wichtig. Sie haben jemanden verloren, der oder die nicht zu ersetzen ist und über dessen oder deren Verlust sie nie hinwegkommen werden. Ich habe an jenem Nachmittag lange in einem Starbucks mit Melissa Willey gesessen. Draußen war es brüllend heiß und hell, drinnen war es kühl und schattig. Das machte die Geschichte, die Willey mir dort erzählt hat, aber nicht wirklich erträglicher. Sie hat erzählt, wie sie Jaelynn am Tag der Schießerei morgens ermahnt hatte, sie solle sich nicht mit ihrer Schwester darüber streiten, wer welche Socken tragen darf. Sie hat erzählt, wie sie sich von ihrer Tochter verabschiedet hat, wie dann eine Stunde später ihr Sohn, der auch auf die Great Mills High School ging, anrief und sagte, jemand habe geschossen, und er könne Jaelynn am

Telefon nicht erreichen. Melissa Willey hat erzählt, wie sie zur Schule gefahren ist, wie die Polizei ihr mitgeteilt hat, dass ihre Tochter das Tatopfer sei, wie die Sanitäter im Rettungswagen um Jaelynns Leben gekämpft haben, wie sie dachte: Warum Jaelynn? Und Willey hat erzählt, wie zwei Tage später im Krankenhaus das Beatmungsgerät abgeschaltet wurde. Die Mutter legte den Kopf auf die Brust ihrer Tochter und horchte. Jaelynns Herz habe noch sieben Minuten lang geschlagen, hat Melissa Willey erzählt. Dann hörte es auf zu schlagen, und das Kind war tot.

Der gewaltsame Tod eines Kindes verändere alles, hat Melissa Willey gesagt, nichts sei danach wieder so wie davor, nichts sei je wieder normal. Das stimmt, doch es ist leider nicht die ganze Wahrheit. Das Bittere ist: Für Amerika ist der Tod eines Kindes in der Schule eben doch normal – eine Störung der Routine, aber nichts, was die Gesellschaft dazu bringen würde, länger als ein paar Tage innezuhalten, zu reflektieren und die Dinge grundlegend zu ändern. Nach ein paar Monaten ist alles vergessen, und die Hinterbliebenen sind allein mit dem leeren Platz an ihrem Tisch und in ihrem Leben, den der oder die Tote einst gefüllt hat. Manchmal, so hat Willey erzählt, sei sie ganz froh, dass die Leute vergessen und sie in Great Mills nicht mehr überall erkannt und angesprochen werde – die arme Mutter der erschossenen Schülerin. Aber manchmal sei sie auch wütend, dass sich außer ihr niemand mehr dafür zu interessieren scheine, was Jaelynn zugestoßen sei. Nach dem Gespräch bei Starbucks haben Willey und ich einen Blumenstrauß gekauft und sind zum Grab von Jaelynn gefahren. Dort hat Melissa Willey in der Sonne gestanden, auf die Erde und das Gras hinuntergeschaut, und der Schmerz war so geballt und präsent, dass ich ihn wie eine feste, dunkle Masse spüren konnte. Irgendwann gab es nichts mehr zu sagen. Melissa Willey und ich sind in unsere Autos gestiegen und heimgefahren.

Ich sehe, wenn ich ehrlich sein soll, keine einfache Lösung, um solche Tragödien in Amerika zu verhindern. Es ist leicht, schärfere Waffengesetze zu fordern. Doch angesichts der politischen und juristischen Lage ist das inzwischen eigentlich auch nur ein hilfloser, weitgehend performativer Akt, der einen Weg suggeriert, der aber wenig Bezug zur Wirklichkeit hat. Die Waffenfreunde bieten den Opfern solcher Schießereien immer ihre »thoughts and prayers« als Trost an, ihre Gedanken und Gebete. Diese Formulierung, die vielleicht irgendwann einmal neu, originell und ernst gemeint war, ist inzwischen so abgedroschen, dass man sie eigentlich nur noch als makaber bezeichnen kann – eine billige, inhaltslose Phrase aus dem Setzkasten der Polit-PR. Die Waffengegner hingegen reden über härtere Gesetze. Das klingt rationaler, und es wäre, ließen sich diese Gesetze denn tatsächlich realisieren, auch vernünftig. Aber jeder weiß, dass es dazu nicht kommen wird. Die Pistole, mit der Jaelynn Willey erschossen wurde, war von den Eltern des Schützen legal gekauft worden. Dagegen ein Gesetz zu machen, ist in den USA unmöglich. Eine Neun-Millimeter-Glock zu besitzen, ist das unveräußerliche Recht jedes volljährigen Amerikaners. Ist es also nicht auch zumindest ein bisschen zynisch, wenn man so tut, als könne man das verbieten? Oder als könne man die zig Millionen von Schusswaffen wieder einsammeln, die die Amerikaner bereits haben? Wenn man also Hoffnung auf eine Lösung macht, wo in Wahrheit keine Hoffnung ist?

Für Evan Todd, den jungen Mann, der 1999 als Zehntklässler das Massaker an der Columbine High School in Colorado überlebt hat und von dem im Vorwort schon die Rede war, ist die Lösung sehr einfach: Wenn in Amerikas Schulen böse Menschen mit Waffen herumlaufen, sollte man seiner Ansicht nach auch die guten Menschen in diesen Schulen bewaffnen – Lehrerinnen und Lehrer, Hausmeister, Sekretärinnen, den Rektor oder die Rektorin höchstpersönlich, wenn es denn sein muss. Damit im Ernstfall, wenn die Bösen schießen, die Guten zurückschießen können, um Leben zu retten. Todd, der heute Mitte dreißig ist, arbeitet deswegen für eine Organisation, die Bullets Both

Ways heißt – die Kugeln sollen nicht nur in die eine Richtung fliegen, sondern auch in die andere – und dafür wirbt, dass das Personal in Amerikas Schulen Schusswaffen tragen darf und für den Umgang mit diesen Waffen ausgebildet wird.

Diese Sichtweise entspricht mehr oder weniger der Argumentationslinie der National Rifle Association (NRA) und anderer Organisationen, die das Second Amendment kompromisslos verteidigen. »The only thing that stops a bad guy with a gun, is a good guy with a gun« – diesen Satz hat im Dezember 2012, einige Tage nach dem Massaker an der Sandy Hook Elementary School, der damalige NRA-Vorsitzende Wayne LaPierre in einem Interview gesagt. Das Einzige, was einen schlechten Kerl mit einer Waffe aufhält, ist ein guter Kerl mit einer Waffe. Das war einer der ethisch fragwürdigsten, politisch aber wohl wirksamsten und folgenreichsten Sätze, die in Amerika in der jüngeren Vergangenheit gefallen sind. LaPierre zerstörte damit sehr kalkuliert und bewusst jede Möglichkeit, Amerikas offensichtlich überkommenes Waffenrecht nach dem Massenmord an zwei Dutzend Kindern wenigstens halbwegs zu modernisieren. Er sah, dass die öffentliche Debatte nach Sandy Hook in Richtung schärferer Waffengesetze ging. Er hätte mit seiner Organisation eine bremsende, aber trotzdem konstruktive Rolle spielen können, die seine Interpretation des zweiten Zusatzartikels widergespiegelt hätte, aber zugleich der Dimension des Horrors angemessen gewesen wäre, der die Grundschule in Connecticut und das ganze Land getroffen hatte. Doch LaPierre, der seine Rolle als führender Waffenlobbyist des Landes genutzt hat, um sehr reich zu werden, entschied sich, das Gegenteil zu tun. Er zog mit diesem einen Satz eine Linie, die er verteidigen wollte – keinerlei Einschränkungen beim Waffenbesitz –, und er signalisierte seinen Verbündeten in der Politik, dass er es nicht akzeptieren würde, wenn sie nachgeben und diese Linie überschreiten. Er hatte damit Erfolg, mit allen blutigen Konsequenzen. Es gibt meiner Ansicht nach in Amerika kaum einen politischen Akteur, der für sein korrosives Lebenswerk mehr Verachtung verdient als Wayne LaPierre. Man sagt es so leicht: Der oder die hat Blut an den Händen. Bei LaPierre, der mittlerweile als NRA-Vorsitzender zurückgetreten ist und sich im Bundesstaat New York wegen Betrugs und Untreue vor Gericht verantworten musste, würde ich sagen: Es stimmt.

Das war ungefähr meine Meinung bezüglich des Themenkomplexes »Gute Menschen, schlechte Menschen und Waffen«, als ich mich im Herbst 2019 mit Evan Todd traf. Wir waren in einem Café in Littleton, Colorado, verabredet, nicht weit entfernt von seiner einstigen Schule, der Columbine High School, deren Name bis heute ein Monument für etwas Unfassbares ist, und meiner früheren Schule, der Overland High School. Wir saßen mit unserem Kaffee auf einem Sofa, Todds extragroßer Becher sah in seinen breiten Händen sehr klein aus. Er hat damals – zumindest äußerlich – sehr ruhig und gefasst vom 20. April 1999 erzählt. Todd war an jenem Tag eher zufällig in der Schulbibliothek, weil er keine Lust gehabt hatte, draußen die Strafrunden um den Sportplatz zu laufen, die sein Football-Coach ihm aufgebrummt hatte. Stattdessen saß er mit einigen Freunden in der Bücherei, als die beiden Attentäter in den Raum kamen. Eric Harris and Dylan Klebold, zwei Zwölftklässler, gingen von Tisch zu Tisch und feuerten auf die Jugendlichen in der Bibliothek. Todd hörte die Mörder reden und lachen, er hörte die Opfer schreien und um ihr Leben betteln, er hörte die Schüsse. Am Ende standen Harris und Klebold dann vor ihm. Todd lag am Boden, er war verletzt und blutete, weil er von einem Schrotschuss getroffen worden war. Die Attentäter unterhielten sich in aller Ruhe darüber, ob sie ihn auch erschießen sollten – soll ich, nein, willst du? Doch offenbar hatten die beiden Jugendlichen in dem Moment keine Lust mehr, zu töten. Sie ließen Todd am Leben.

Evan Todd hat in unserem Gespräch gesagt, er wisse bis heute nicht, warum er in der Bücherei von Harris und Klebold verschont worden sei, während sie mehrere seiner Freunde kaltblütig, wenn nicht sogar mit Freude ermordet hatten. Doch vielleicht gibt es auf dieses Warum auch keine sinnvolle Antwort. Vielleicht gibt es nur einen Grund, warum Todd diesen Tag überlebt hat und zwanzig Jahre später einem deutschen Journalisten davon erzählen konnte: Zufall. Jedenfalls habe damals niemand den Kindern geholfen, sagte Todd. Die Opfer seien den Mördern ausgeliefert gewesen. In der Bücherei gingen Harris und Klebold mehrere Minuten lang in aller Ruhe herum und töteten zehn Kinder. Die Polizei stürmte das Gebäude erst viel später, als sich die beiden Attentäter längst selbst gerichtet hatten. Todd hat die Gelassenheit der Täter, die Tatsache, dass sie ihre Verbrechen an Kindern völlig unbehelligt durch Erwachsene begehen konnten, in unserem Gespräch mehrmals erwähnt. Diese Erfahrung der absoluten Hilf- und Wehrlosigkeit, des Alleingelassen- und Ausgeliefertseins hat ihn offenbar nie wieder losgelassen, Und sie ist für ihn heute das Motiv, sich für die Bewaffnung von Schulpersonal einzusetzen. Hätte damals ein Lehrer im Gebäude eine Waffe gehabt, sagte Todd in unserem Gespräch, dann hätte er die Täter wenigstens stören oder ablenken können. Vielleicht hätte das zumindest einige der Opfer vor dem Tod bewahrt. Vielleicht hätten einige gut gezielte Schüsse aus der Pistole eines Lehrers, der weiß, was er tut, die Angreifer gestoppt, bevor sie die Bücherei erreichen konnten. Auf jeden Fall hätten sie dort nicht mit der Ruhe morden können, wie sie es getan haben. Er wolle nicht, dass eines seiner Kinder jemals in die Lage komme, von der Gnade oder Laune eines Mörders abhängig zu sein, hat Todd gesagt. Er habe gesehen, wie das ende.

Es mag seltsam klingen – aber ich konnte Evan Todd verstehen. Auch ich kann mir nichts Fürchterlicheres vorstellen, als dass meine Kinder allein mit einem Angreifer in einer Schule sind und der Zufall entscheidet, ob sie überleben oder sterben. Es ist eine Sache, wenn ein korrupter Funktionär wie Wayne LaPierre, der eine ideologische Agenda hat, die ihm viel Geld einbrachte, der sich Flüge im Privatjet, Urlaubsreisen in die Karibik und Maßanzüge von seiner Organisation bezahlen ließ, über Waffen in Schulen redet. Es ist etwas anderes, wenn ein junger Mann es tut, der eines der furchtbarsten Schulmassaker der amerikanischen Geschichte überstanden hat; der aus eigenem Erleben weiß, wovon er spricht; der seit zwei Jahrzehnten ein Trauma mit sich herumträgt, das er nie loswerden wird; und der verhindern will, dass andere Schüler ein solches Trauma erleiden.

Todds Ansichten sind im linksliberalen Teil Amerikas nicht mehrheitsfähig, erst recht nicht in Europa. Sie klingen kontraproduktiv. Was sollen mehr Waffen bringen, wenn Waffen das Problem sind? Und es gibt ja auch viele andere Jugendliche in den USA, die ähnlich Schlimmes wie Todd erlebt haben und völlig andere Schlüsse daraus ziehen. Nach dem Parkland-Massaker im Februar 2018 waren es gerade die überlebenden Schülerinnen und Schüler dieser Highschool, die laut schärfere Waffengesetze forderten und in Washington den »Marsch für unser Leben« organisiert haben. Aber entwertet die Tatsache, dass diese Jugendlichen eine andere Meinung haben, die Meinung von Evan Todd? Offen gesagt: Ich weiß es nicht. Ich kenne alle rationalen Argumente, die gegen Todds Forderung sprechen, Lehrern ein Pistolenhalfter umzuschnallen und sie dann vor eine Klasse zu stellen. Ich neige dazu, mich diesen Argumenten anzuschließen. Man möchte nicht daran denken, was passieren würde, wenn in einer Schule Kinder ins Kreuzfeuer zwischen einem Attentäter und bewaffneten Lehrern geraten, wenn jemand vom Personal einen üblen Tag hat und seine Wut mittels einer Schusswaffe an den Schülerinnen und Schülern auslässt, wenn die Waffe eines Lehrers in die Hände von Kindern fällt. Aber ich bin mir auch nicht absolut sicher. Als ich da auf dem Sofa neben Evan Todd saß, habe ich es jedenfalls nicht fertiggebracht, ihm zu widersprechen. Nicht, weil ich höflich sein oder Streit vermeiden wollte, sondern weil mir alle Gegenargumente angesichts dessen, was er mitgemacht hat, hohl, theoretisch, fast überheblich vorkamen. Wie käme ich dazu, einem Überlebenden des Columbine-Massakers zu sagen, dass er sich irrt, und ihn über die richtigen Strategien gegen Leute wie Harris und Klebold zu belehren, die seine Freunde hingerichtet haben? Ich hätte das anmaßend gefunden. Vielleicht ist Todds Lösung des Problems keine erstrebenswerte, keine, die einer zivilisierten Nation einfallen sollte. Aber vielleicht ist sie angesichts der politischen und rechtlichen Zwänge in Amerika trotzdem die einzig praktikable?

Es gibt ja – auch wenn mir kaum etwas so zuwider ist, wie Wayne LaPierre zu zitieren – Zusammenhänge, in denen ein guter Mensch mit einer Waffe einen bösen Menschen mit einer Waffe stoppt. Bestimmt nicht immer, aber manchmal. Der Junge, der auf Jaelynn Willey geschossen hat, wurde nur zwei Minuten später von einem Sheriff's Deputy gestellt, der in der Great Mills High School Wachdienst tat. Der Polizist feuerte auf den Attentäter, er traf ihn an der Hand, und er hätte ihn getötet, hätte sich der Schüler nicht im gleichen Moment selbst in den Kopf geschossen. Man kann jetzt spekulieren: Wollte der jugendliche Täter ohnehin nur Jaelynn und dann sich selbst umbringen? Hat der Polizist durch seinen Schuss auf den Attentäter einen größeren Amoklauf verhindert und anderen Kindern das Leben gerettet? Oder ist das Schicksal von Jaelynn Willey nicht in Wahrheit ein Beweis dafür, dass selbst bewaffnete Polizisten, die in Schulen sitzen, eine Bluttat nicht verhindern können? Mehr als eine Minute braucht ein Angreifer schließlich nicht, um aus einer halbautomatischen Waffe zwei, drei Dutzend Schüsse abzugeben.

Ich kann diese Fragen nicht beantworten. Aber sicher ist: Es ist gefährlich, in Amerika Schülerin oder Schüler zu sein. Und es wird gefährlich bleiben. Die Gesellschaft und die Politik sind zu zerstritten, um das Waffenproblem grundsätzlich zu lösen, zum Beispiel durch eine Verfassungsänderung, bei der das Second

Amendment umgeschrieben wird. Bewaffnete Lehrer, Polizisten auf den Gängen, Metalldetektoren an den Eingängen, mehr Ressourcen, um mögliche Gefährder zu identifizieren und ihnen zu helfen – damit doktert man allenfalls an den Symptomen herum, anstatt die Krankheit zu heilen. Aber manchmal geht eben nicht mehr. Ich bin jedenfalls ganz froh, dass meine Kinder jetzt nicht mehr auf amerikanische Schulen gehen.

Wollte man den Geschichten von Melissa Willey und Evan Todd eine Farbe zuordnen, dann wäre das Schwarz. So schwarz wie das Grauen, durch das sie gegangen sind, so schwarz wie die Angst und die Trauer, die für immer ein Teil ihres Lebens bleiben werden. Wollte man der Geschichte von Dr. Raquel Forsythe eine Farbe geben, dann wäre das Rot. So wie das Blut, das aus einer frischen Schusswunde strömt. Dr. Forsythe ist Notärztin und Chirurgin, sie lehrt als Professorin an der University of Pittsburgh in Pittsburgh, Pennsylvania, und arbeitet in der Notaufnahme des Presbyterian Hospital. Ich habe sie Anfang 2019 getroffen, als ich eine Geschichte über den amerikanischen Waffenwahn und Amerikas Ärzte recherchiert habe. Ich fand das ein interessantes Thema, weil Mediziner – neben Polizisten – die einzige Berufsgruppe in den USA sind, die das wahre Ausmaß der Schusswaffenepidemie in dem Land mitbekommen – nicht nur im Fernsehen, nicht vom Hörensagen, sondern mit eigenen Augen. Denn trotz der Zehntausenden Toten und Verletzten, die Waffen in Amerika jedes Jahr fordern, ist es für die meisten normalen Bürgerinnen und Bürger immer noch etwas Schockierendes, jemanden zu sehen, der oder die durch einen Schuss getötet oder verwundet wurde. Für Sanitäter oder Ärzte ist es dagegen Alltag. In ihren Rettungswagen, bei ihnen im Emergency Room, auf einem ihrer Operationstische landen die Opfer. Sie kämpfen um deren Leben – oder stellen den Zeitpunkt des Todes fest. Je nachdem, an welchem Ort ein Arzt in Amerika tätig ist, kann die Versorgung von Schusswaffenopfern sogar einen wesentlichen Teil seiner Arbeit ausmachen. »Die Menschen draußen im

Land haben keine Ahnung, was bei uns in den Notaufnahmen los ist«, hat Dr. Forsythe zu mir gesagt.

Wenn man einen erfahrenen deutschen Notfallmediziner fragt, wie viele Schusswaffenverletzungen er während seiner Karriere behandelt hat, bekommt man vermutlich eine einstellige Zahl genannt – höchstens. Raquel Forsythe hingegen kann diese Frage überhaupt nicht exakt beantworten. Pittsburgh ist keine besonders kriminelle Stadt, trotzdem hat sie sich im Lauf der Jahre in der Notaufnahme um Hunderte Menschen gekümmert, die durch Kugeln verwundet wurden. In anderen Städten, in Baltimore oder Philadelphia, wo mehr geschossen wird, ist die Zahl der Schusswaffenopfer, die ein ganz normaler Notarzt versorgen muss, noch weit höher. Es gibt einen guten Grund, warum die US-Armee ihre jungen Mediziner, die später einmal in den Krieg ziehen und auf einem Schlachtfeld oder in einem Lazarett verwundete Soldaten versorgen sollen, während der Ausbildung in den Krankenhäusern von amerikanischen Großstädten hospitieren lässt: Dort lernen sie, Wunden zu behandeln, wie sie in militärischen Gefechten entstehen.

Manchmal ist die Verletzung nicht besonders schwerwiegend, ein Streif- oder glatter Durchschuss, bei dem keine wichtigen Organe oder Blutgefäße getroffen wurden. Doch manchmal ist die Verwundung so dramatisch, dass ein Dutzend Helfer sich um den Patienten kümmern müssen, um sein Leben zu retten. Die Notaufnahme sieht danach buchstäblich aus wie ein chaotisches Schlachthaus – Pfützen von Blut auf dem Boden, dazwischen ein Wirrwarr aus zerknüllten, rot verschmierten Bandagen, klebrigen Plastikhandschuhen und den aufgerissenen Beuteln, in denen sterile Spritzen, Infusions- und Drainageschläuche verpackt gewesen sind. Zu der Zeit, als ich die Geschichte über die Ärzte recherchiert habe, gab es Mediziner, die Bilder von solchen Räumen im Internet veröffentlichten. Sie wollten auf diese Weise gegen das Geschrei der NRA nach immer mehr, mehr, mehr Waffen protestieren und den Menschen im Land einmal in aller Brutalität und Offenheit zeigen, wie die praktischen Folgen der laxen amerikanischen Waffenpolitik aussehen. Andere Ärzte posteten Fotos von ihren blutgetränkten OP-Kitteln und -Hosen. Forsythe erzählte mir, dass an ihren Kleidern manchmal so viel Blut sei, wenn sie ein Schusswaffenopfer behandelt hat, dass sie sich umziehen müsse, bevor sie mit den Angehörigen reden könne. Es seien ja oft keine guten Nachrichten, die sie überbringe, da wolle sie zumindest halbwegs ordentlich aussehen. Der Artikel, den ich in der *Süddeutschen Zeitung* über Raquel Forsythe und ihre Kollegen in Pittsburgh geschrieben habe, war mit einem großen Foto bebildert, das ein Arzt bei Twitter – heute heißt diese Plattform X – veröffentlich hatte und das ein Paar hoher weißer Gummistiefel zeigte, wie sie die Mitarbeiter in Schlachthöfen und Fleischfabriken tragen. Oder eben Ärzte in amerikanischen Notaufnahmen. Die Stiefel waren bis zum Rand voller rotbrauner Schlieren aus getrocknetem Blut.

Raquel Forsythe hat erzählt, dass sie in ihrem ganzen Leben noch nie ein Gewehr oder eine Pistole abgefeuert habe. Trotzdem wusste sie alles, was man über die Wirkung von Kugeln aus diesen Waffen wissen kann, wenn sie auf Haut, Knochen, Gewebe, Gefäße oder Organe treffen. »Ich weiß sehr viel über Wundballistik«, hat sie gesagt. Forsythe hat mir zum Beispiel sehr professionell geschildert, warum die Geschosse aus einem Sturmgewehr vom Typ AR-15 so verheerend sind. Es liegt an der Geschwindigkeit. Für die kinetische Energie, die in einer Kugel steckt, und damit für die Wucht, die sie beim Aufprall hat, und den Schaden, den sie anrichtet, ist die Schnelligkeit wichtiger als das Gewicht oder der Durchmesser. In die physikalische Formel geht die Masse als einfacher Wert ein, die Geschwindigkeit hingegen potenziert. Kugeln aus einem AR-15 – ein Gewehr, von dem es Dutzende Varianten von diversen Herstellern gibt und das in Amerika millionenfach an Privatpersonen verkauft wurde – haben in der Regel ein Kaliber, also einen Durchmesser, von 5,56 Millimetern. Sie sind damit zum Beispiel im Vergleich zu den Geschossen einer Neun-Millimeter-Pistole eher klein und leicht. Aber sie verlassen den Lauf des Gewehrs mit der doppelten Geschwindigkeit. Wenn sie durch einen Körper fetzen, fangen sie an zu torkeln und sich zu überschlagen. Sie ziehen zudem eine Druckwelle hinter sich her wie ein Rennboot, das durch einen engen Kanal rast. Sie zersplittern Knochen zu Brei und zermalmen Muskeln, Gedärme, Lungen zu Matsch. Wenn Dr. Forsythe sich über einen Menschen beugt, auf den mit einem AR-15 geschossen worden ist, weiß sie, dass es in seinem Inneren aussieht, als sei etwas explodiert.

In vielen Fällen können die Ärztinnen und Ärzte nichts mehr für die Opfer tun, die in diesem Zustand in einen Emergency Room eingeliefert werden. Das sei der schwierigste Teil ihrer Arbeit, hat Forsythe erzählt – zur Familie rauszugehen und sie über den Tod eines geliebten Menschen zu informieren. Trotzdem macht Forsythe weiter. Sie kümmert sich um die Verletzten, sie kämpft, so gut es geht, um jedes einzelne Leben, manchmal vergeblich, aber manchmal erfolgreich – ein kleiner Sieg inmitten des täglichen Waffenwahnsinns in Amerika. Ich habe sie gefragt, ob sie nicht gelegentlich verzweifle angesichts des nie abreißenden Stroms an Opfern, die Amerikas Notaufnahmen und Traumazentren füllen. Sie hat geantwortet, dass sie nicht anders könne, als zu tun, was sie tut: »I'm built to help people.« Ich bin dazu geschaffen, Menschen zu helfen.

Die Farbe der Geschichte von Rasool ist Lila. Ein giftiges, grelles Lila, so wie das, welches entsteht, wenn sich in der Dunkelheit das Licht der roten und blauen Lampen auf einem Polizeiauto mischen. Rasool war neunzehn Jahre alt, als ich ihn im Herbst 2021 in Philadelphia getroffen habe, ein schmaler, stiller, fast schüchterner Junge mit schütterem Schnurrbart. Amerika tauchte damals langsam wieder aus der Pandemie auf, und in vielen Teilen des Landes war das eine außerordentlich gewalttätige Angelegenheit. Überall in den Vereinigten Staaten explodierten die Mordraten, die meisten Großstädte wurden von einem Tsunami der Schusswaffengewalt überspült – Tag für Tag, Nacht für Nacht gab es Schießereien mit Verletzten und Toten. Es kursierten damals allerlei politische, soziologische und ökonomische Theorien, um diesen postpandemischen Gewaltausbruch zu erklären, einige davon mehr, andere weniger überzeugend. Mir erschienen zwei sehr banale Gründe als einleuchtend, die Sozialarbeiter und Polizisten mir genannt haben. Erstens: Langweile. Amerikas Städte waren damals voller junger Menschen, vor allem junger schwarzer Männer in den armen Vierteln, deren Leben schon vor der Pandemie schwierig genug gewesen war – prekär, stressig, frustrierend, ohne Aussicht oder Hoffnung darauf, dass es besser werden wird. Während der Lockdowns hatten diese jungen Leute dann gar nichts mehr zu tun, das bisschen Struktur, das ihrem Leben vielleicht noch Halt gegeben hatte, wurde ihnen auch noch weggenommen. Die Schulen waren monatelang geschlossen, um Coronainfektionen zu verhindern. Das galt auch für alle anderen Einrichtungen, in denen Jugendliche sich treffen und ihre Zeit halbwegs organisiert und sicher verbringen konnten: Schwimmbäder, Parks, Büchereien, Kinos, Jugendzentren. In manchen Städten wurden an den öffentlichen Basketballplätzen die Körbe abgeschraubt, damit dort niemand spielen und sich womöglich anstecken konnte – eine bizarre Maßnahme, die brutale Folgen hatte. Denn was blieb den Jugendlichen als Beschäftigung übrig? An Straßenecken herumhängen, streiten, sich gegenseitig nerven und provozieren, »im Internet Scheiße labern«, wie eine junge Frau es bei einem Gespräch in Philadelphia ausgedrückt hat – und Gewalt.

Der zweite Grund waren – wieder einmal – die Waffen. Die Welle der Schusswaffengewalt wurde, wenig überraschend, von einer Flut von Schusswaffen gespeist, die das Land in den Jahren 2020 und 2021 geradezu tränkte. Die Pandemie war eine nervöse Zeit in Amerika, und Millionen Bürger beruhigten sich dadurch, dass sie sich ein Gewehr, eine Pistole und ein paar Päckchen Munition kauften. Die Amerikaner fürchteten das Virus, noch mehr aber fürchteten sie offenbar ihre Mitbürger. Hinzu kam, dass die Regierung großzügig Bargeld verteilte, um die wirtschaftlichen Folgen der Pandemie abzufedern. Das führte dann dazu, dass manche Menschen, die vorher gerade so über die Runden gekommen waren, plötzlich fünfhundert oder auch tausend Dollar ausgeben konnten, weil das Finanzamt einen Coronazuschuss überwiesen hatte. Vermutlich haben die meisten Menschen dieses Geld tatsächlich dafür ausgegeben, wofür es gedacht war – um Wasser-, Strom- und Gasrechnungen, Lebensmittel, Weihnachtsgeschenke oder die Autorate zu bezahlen. Aber in nicht wenigen Fällen, so zumindest haben Polizisten es mir erzählt, wurden mit dem Geld auch Waffen gekauft, entweder legal oder auf dem Schwarzmarkt. Und mit diesen Waffen wurde dann geschossen.

In Philadelphia, der »Stadt der brüderlichen Liebe«, war es besonders schlimm. Ich war nur zwei, drei Tage da, aber ich bin in dieser Zeit bestimmt zu einem Dutzend Tatorten gefahren, an denen Schüsse gefallen und Menschen verwundet oder erschossen worden waren. Wenn ich ankam, war die Polizei meistens schon da. Die Straße war mit gelbem Flatterband abgesperrt, auf dem »Police Line – Do Not Cross« stand, die Kriminalbeamten befragten Zeugen, die nie etwas gesehen hatten, und die Leute von der Spurensicherung sammelten Patronenhülsen ein. Oft lagen an einem einzigen Tatort zwanzig oder dreißig abgefeuerte Patronen auf den Gehwegplatten – ein Hinweis darauf, wie heftig das Gefecht gewesen war, das dort getobt hatte. Manchmal konnte man in den umstehenden Autos und Häusern Einschusslöcher sehen. Manchmal waren auf dem Boden Blutlachen, da, wo die Opfer gelegen hatten. Die Reportage, die ich damals über die Waffengewalt in Philadelphia geschrieben habe, begann mit dem Satz: »Ein Kopfschuss blutet erstaunlich wenig.« Ein paar Absätze später habe ich beschrieben, wie ein Presseoffizier des Philadelphia Police Department herumgedruckst hat, weil er nicht so richtig wusste, wie er den Journalisten das Alter eines Todesopfers einer Schießerei erklären sollte. »Tja, also der Verstorbene, nun, er war dreizehn Jahre alt«, hat der Polizist stockend gesagt. So ging das mehrere Tage lang – Schießerei nach Schießerei, ein Tatort nach dem anderen, gelbe Plastikbänder und überarbeitete Polizisten, die matt glänzende Messinghülsen in Papiertüten steckten, auf denen »Beweismittel« stand. Und bei Nacht war die Szenerie immer von jenem ekligen, flackernden lilafarbenen Lichtschein erleuchtet, in den die Blitzlichter auf den Dächern der Streifenwagen die Straße tauchten.

Rasool habe ich in einem Jugendklub in West-Philadelphia kennengelernt, der YEAH Philly hieß und von einer jungen Schwarzen namens Kendra Van de Water gegründet worden war. In den Klub konnten Kinder aus der Nachbarschaft am Nachmittag kommen, sie konnten dort ihre Hausaufgaben machen, Filme schauen oder Computerspiele spielen, sie konnten lernen, wie man ein Auto mit manueller Schaltung fährt, über finanzielle und familiäre Probleme reden, sich bei der Wahl einer Ausbildung beraten lassen oder einfach nur ein paar Stunden in einer geschützten Umgebung verbringen. Hauptsache, sie waren nicht draußen auf der Straße, denn dort gab es keinen Schutz. Ich habe damals mit einem halben Dutzend Teenagern gesprochen, Jungen und Mädchen, zwischen dreizehn und siebzehn Jahren alt, fast alle Afroamerikanerinnen und -amerikaner, die aus armen Familien stammten. Und es gab niemanden unter ihnen, der oder die nicht einen Freund oder eine Freundin, einen Cousin, einen Bruder oder eine Schwester durch Waffengewalt verloren hatte. Für diese Kinder war es vollkommen normal, Schüsse zu hören, mitzuerleben, wie jemand von Kugeln getroffen wird, und zu sehen, wie Menschen, die ihnen etwas bedeuten, verletzt oder getötet werden. »Es ist ein völlig verrücktes Geballere«, hat ein Mädchen erzählt. »Jeden Tag wird wegen nichts getötet.« Es war, als lebten diese Jugendlichen in einem Kriegsgebiet.

Und so klang auch die Geschichte, die Rasool mir über sein Leben erzählt hat. Als sei er im Krieg gewesen. In den zwölf Monaten vor unserem Gespräch war Rasool in neun Schießereien verwickelt gewesen. Drei Mal wurde er dabei getroffen – in den Arm, ins Bein, in den Rücken – und schwer verletzt. Sein linker Arm war vernarbt, und er konnte ihn nicht richtig bewegen. Es gab, so zumindest hat er es mir zunächst erzählt, keine besonderen Gründe, warum er zum Ziel geworden war. »Da draußen laufen viele Menschen herum, die einfach nur töten wollen«, hat er gesagt. Nachdem wir uns dann ein bisschen unterhalten hatten, wurde allerdings ziemlich schnell klar, dass das nur ein Teil der Wahrheit war. Rasool gehörte zu der demografischen Gruppe, die in Amerika mit Abstand den größten Teil der Schusswaffengewalt abbekommt – junge schwarze Männer. Sie sind längst nicht die einzigen Opfer des amerikanischen Waffenwahns, aber weitaus die häufigsten. Etwa acht von zehn Menschen, die damals in Philadelphia durch Schüsse getötet oder verletzt wurden, erfüllten diese drei Kriterien – schwarz, männlich, unter dreißig Jahre alt. Das galt allerdings spiegelbildlich ebenso für die Seite der Täter. Unter denen, die den Abzug gedrückt haben, war der Anteil junger afroamerikanischer Männer ebenfalls extrem hoch. Diese Zahlen lassen sich in ähnlicher Höhe auf die gesamten USA übertragen, auch wenn es zwischen den Bundesstaaten Unterschiede gibt.

Auch Rasool hatte, obwohl er noch keine zwanzig Jahr alt war, als ich ihn traf, schon mehrmals beides erlebt: Auf ihn war geschossen worden, aber er hatte auch selbst auf andere Jugendliche gefeuert. Er war Mitglied in einer Straßengang gewesen, und er redete so selbstverständlich über die Schießereien, die zu diesem Leben dazugehörten, als ginge es darum, mal eben schnell noch einen Liter Milch kaufen zu gehen. »Ob ich jemanden getroffen habe? Vermutlich schon«, sagte er damals zu mir. Ein Polizist von einer Wache in West-Philadelphia hat mir später bestätigt, das Rasool keineswegs ein vollkommen unschuldiges oder gar zufälliges Opfer von Schusswaffengewalt war, sondern eben auch ein aktenkundiger Krimineller und Gewalttäter. Zu der Zeit, als er seine Nachmittage bei YEAH Philly verbrachte, hatte er das Gangsterleben zwar satt, wie er mir erzählte, und wollte aussteigen. Aber das war nicht so leicht, die Mitgliedschaft in einer Gang kann man nicht einfach kündigen und dann erwarten, in Ruhe gelassen zu werden. Rasool wusste das, und er hat es mir sehr nüchtern erklärt. Es gab in Philadelphia jede Menge Leute, die noch eine Rechnung mit ihm offen hatten, die nach ihm suchten und die jederzeit gewillt und dazu in der Lage waren, ihn niederzuschießen und zu töten, wenn er aus einem der vielen billigen chinesischen Imbisse in West-Philadelphia oder einem Waschsalon kam. Drei Mal hatten sie es ja schon versucht und fast Erfolg gehabt.

Ich habe in all den Jahren in Amerika kaum einen Menschen getroffen, dessen Lebensumstände von meinen so weit entfernt waren wie Rasools. Wenn ich für Recherchen unterwegs war und mich mit Menschen unterhalten habe, gab es eigentlich immer einen Punkt, an dem sich die Welt dieser Person und die Welt, in der ich in den USA gelebt habe, berührt haben – etwas Verbindendes, über das man noch ein bisschen reden konnte, wenn zu dem eigentlichen Gesprächsthema alles gesagt war. Bei Rasool war das anders, und das ist keineswegs eine Kritik an ihm. Im Gegenteil: Er war ein sehr netter junger Mann. Er hat Kendra Van de Water immer höflich und respektvoll als »Miss Kendra« angesprochen und einem fremden Journalisten einen Nachmittag lang geduldig von seinem Leben erzählt. Aber das Leben, das Rasool beschrieb, hatte eben ganz und gar nichts mit dem Leben zu tun, das meine Familie und ich, meine Freunde und Nachbarn oder auch der durchschnittliche Deutsche führten – nicht das Geringste. Ich hatte nicht nur nichts von dem durchgemacht, was Rasool erlebt und erlitten hatte, ich hätte nicht einmal ernsthaft behaupten wollen, mir eine realistische Vorstellung davon machen zu können. Rasool lebte ungefähr zweieinhalb Autostunden von meinem Washingtoner Vorort entfernt, aber er hätte genauso gut auf einem anderen Planeten wohnen können. Sein Leben bestand zu großen Teilen aus Armut, Hoffnungslosigkeit und Gewalt. Es war wie aus einem Song des Gangsta-Rappers Ice-T: »Peace is a dream, reality is a knife.« Frieden ist ein Traum, die Wirklichkeit ist ein Messer. Rasool wusste, dass er praktisch keine Chance hatte, aus West-Philadelphia herauszukommen. Er war vorbestraft, er hatte dicke Akten bei der Polizei und bei Gericht, keinen vernünftigen Schulabschluss und kaum eine Aussicht auf eine Ausbildung, einen Job oder gar ein Studium. Er wusste nicht einmal, ob er in ein, zwei Wochen noch am Leben sein oder ob er in den nächsten Tagen nicht vielleicht selbst zum Mörder werden würde. Die Gelassenheit, mit der er mir von der ständigen Gefahr draußen auf der Straße erzählt hat, hatte womöglich weniger etwas mit Mut oder Abgebrühtheit zu tun, sondern war einfach Fatalismus: Irgendwann würde jemand kommen und ihn töten. So einfach war das, nicht zu ändern. Was also wäre etwas Verbindendes gewesen, über das ich mit Rasool hätte sprechen können? Hätte ich ihm erzählen sollen, dass ich einen Sohn in ähnlichem Alter habe, der auch auf die Highschool geht? Aber im Gegensatz zu ihm auf eine Schule in einer reichen Suburb, an deren Eingängen keine Metalldetektoren stehen, die keine Gitter vor den Fenstern hat, in der die Klimaanlage im Sommer funktioniert, die Lehrer hilfsbereit sind, die Kinder gute Abschlüsse machen und am ersten Tag nach den Ferien alle Freunde wieder zum Unterricht kommen, weil keiner auf offener Straße erschossen wurde. Ich glaube nicht, dass wir bei so einem Gespräch besonders weit gekommen wären.

Kendra Van de Water und die anderen Betreuer bei YEAH Philly versuchten, Rasool irgendwie auf einem geraden Gleis zu halten. Für sie war er eben nicht nur ein Täter, ein Gangmitglied, der auf die Mitglieder anderer Gangs geschossen hatte, sondern vor allem das Opfer eines sozialen und ökonomischen Umfelds, das Menschen verrohen lässt und zerbricht und aus dem sich kaum jemand heraus- und in ein besseres Leben hinüberkämpfen kann. So wie Van de Water es sah, steckten Rasool und Tausende andere schwarze Teenager in Philadelphia in einem fatalen Kreislauf aus immer weiter eskalierenden Verbrechen fest, bei denen sie mal Opfer, mal Täter waren, aus dem es aber für sie keinen Ausweg gab – außer den Tod. Man kann lange darüber debattieren, ob junge Straftäter nicht in gewissen Situationen auch einfach die Entscheidung treffen könnten, ein bestimmtes Verbrechen *nicht* zu begehen; ob tatsächlich »die Gesellschaft« schuld ist oder nicht doch das Individuum. Aber nach einigen Tagen in den Armenvierteln von Philadelphia schien mir so viel Differenzierung fast zu viel verlangt. Wie soll ein Teenager sich gegen diese Zustände stemmen oder aus ihnen ausbrechen? Ich fand, dass die Umgebung, in der Rasool lebte, und das ständige Hin und Her zwischen Opfer- und Tätersein ganz gut erklärten, warum er so geworden ist, wie er war. Und ich fand es beeindruckend, wie Kendra Van de Water auf ihre Art so etwas wie einen Kampf um ein Leben führte, das von Kugeln bedroht war. Sie tat es mit anderen Mitteln als Dr. Raquel Forsythe, die diesen Kampf jeden Tag in der Notaufnahme ausfocht. Aber es war trotzdem ein Kampf, um einen Menschen zu retten.

Ich habe mich während der kurzen Zeit in Philadelphia manchmal gefragt, wo eigentlich die Leute – und vor allem die vielen trittbrettfahrenden Konzerne und Prominenten – sind, die ständig so laut »Black Lives Matter« rufen. Damit mich niemand falsch versteht: Ich halte diese Bewegung für äußerst wichtig, ihre Anliegen sind vollkommen gerechtfertigt. Die Brutalität vieler Polizisten, der Corpsgeist, der sie davor schützt, zur Rechenschaft gezogen zu werden, der mal unterschwellige, mal offene Rassismus in allen Teilen des amerikanischen Justizwesens, das sind alles ernsthafte Probleme. Es ist statistisch erwiesen, dass Afroamerikaner, gemessen an ihrem Bevölkerungsanteil, ein überproportional hohes Risiko haben, von Polizeibeamten erschossen zu werden. Das ist eine Tatsache, auch wenn in absoluten Zahlen gemessen mehr weiße Verdächtige auf diese Weise zu Tode kommen und es nur verhältnismäßig wenige – allerdings oft erschütternde – Gewaltexzesse gibt, bei denen weiße Polizisten Schwarze niederschießen, die tatsächlich unbewaffnet oder wehrlos sind. Dennoch gibt es zu viele gut belegte Fälle, in denen Polizisten Afroamerikaner getötet haben, die keine unmittelbare Gefahr für die Beamten oder andere Personen darstellten. Für das Jahr 2022 dokumentierte die dezidiert polizeikritische Organisation Mapping Police Violence 103 Vorfälle von tödlicher Polizeigewalt gegen unbewaffnete Personen. 32 dieser Personen waren schwarz, das entspricht etwas weniger als einem Drittel der Getöteten. 41 Personen waren weiß, also deutlich weniger als die Hälfte. Das ist ein eklatantes Missverhältnis angesichts der Tatsache, dass Weiße an der amerikanischen Gesamtbevölkerung knapp sechzig Prozent ausmachen, Schwarze hingegen nur etwa dreizehn Prozent. Der Verdacht, dass in Amerika das Leben eines Schwarzen in den Augen der Polizei oft weniger wert ist als das Leben eines Weißen, dass manche Beamte erst schießen und danach überlegen, ob sie nicht einige Fragen hätten stellen sollen, ist daher nicht aus der Luft gegriffen. Dagegen zu protestieren, es laut und wütend hinauszuschreien, dass schwarze Leben eben nicht egal sind, sondern selbstverständlich eine Bedeutung und einen Wert haben, ist gut. Die Black-Lives-Matter-Proteste knüpften an die afroamerikanische Bürgerrechtsbewegung der Fünfziger- und Sechzigerjahre an – in einer beeindruckenderen Tradition kann man kaum stehen.

Aber für Rasool, den jungen Schwarzen, auf den andere junge Schwarze geschossen haben und der zurückgeschossen hat, ist in Philadelphia niemand auf die Straße gegangen. Um diese Art der alltäglichen Gewaltkriminalität – im Polizeijargon »Black-on-Black crime« genannt, Schwarz gegen Schwarz – kümmert sich in Amerika in den höheren politischen und sozialen Kreisen kaum jemand wirklich. Man klagt darüber, man hält Reden über Diskriminierung, soziale Gerechtigkeit und die Versäumnisse der Gesellschaft. Aber dann passiert nichts, oder jedenfalls zu wenig. Dabei ist diese Alltagsgewalt zutiefst zerstörerisch. Sie macht Familien kaputt, weil Angehörige sterben oder ins Gefängnis gesperrt werden. Sie macht Stadtviertel kaputt, weil die Leute verängstigt zuhause sitzen, wenn draußen Gangster herumlaufen und Kugeln fliegen. Ich habe damals in Philadelphia in einer Einkaufsstraße mit – überwiegend schwarzen – Geschäftsleuten gesprochen, die auch tagsüber immer ihre Ladentüren abschließen, damit niemand reinstürmen und sie überfallen kann. Es kamen allerdings ohnehin kaum Kunden, denn bei einem Fest in der Straße hatte es einige Monate zuvor eine wilde Schießerei gegeben, plötzlich hagelte es Querschläger, mehrere Passanten wurden verletzt und getötet. Am Ende macht diese Kriminalität eine ganze Stadt kaputt, weil die, die es sich leisten können, hinaus in die Suburbs ziehen und künftig dort ihre Steuern zahlen. Zurück bleiben die Armen und Chancenlosen, und die sehen dann zu, dass sie sich bewaffnen, weil auch alle anderen bewaffnet sind.

Es gibt in den USA eine Partei, die von sich sagt, ihr seien Menschen wie Rasool wichtig: die Demokraten. Sie behaupten, dass sie sich um die einfachen Leute kümmerten und ganz besonders um die Minderheiten. Das wäre gut, denn Schwarze, Latinos oder Migranten jedweder Herkunft leiden oft ganz besonders unter der Schusswaffengewalt, weil sie vor allem in ihren weniger wohlhabenden Vierteln buchstäblich bei ihnen in den Vorgärten stattfindet. Doch ich fand die Demokraten in dieser Hinsicht stets etwas heuchlerisch – nicht so schlimm wie die Republikaner, für die die Kriminalität in den Großstädten nur ein Mittel ist, um Wähler zu erschrecken, aber dennoch. Es gibt viele Orte in Amerika, in denen die Zustände so sind wie in Philadelphia. Chicago, Baltimore, St. Louis, Oakland oder die Hauptstadt Washington sind kaum besser. Und alle diese Städte werden von den Demokraten regiert, ihre Partei ist dort für Recht, Ordnung und Sicherheit verantwortlich. Diese Städte haben demokratische Bürgermeister, demokratische Bezirksstaatsanwälte – in Amerika ein Wahlamt – und demokratische Polizeichefs. Minneapolis, die Stadt, in der im Mai 2020 der Afroamerikaner George Floyd von einem weißen Polizisten vor zwei Dutzend filmenden Zuschauen umgebracht wurde, ist durch und durch von den Demokraten beherrscht, auf praktisch allen Ebenen und in allen Ämtern. Schon lange vor Floyds Tod war das dortige Police Department ein Desaster, in dem Korruption, Missverhalten, Gewalt und Rassismus allgegenwärtig waren. Kein demokratischer Bürgermeister hat sich dafür sonderlich interessiert, geschweige denn aufgeräumt. Nach dem Mord an Floyd brachen in Minneapolis schwere Krawalle aus, über die, völlig zu Recht, weltweit berichtet wurde. Die Stadtregierung versprach Reformen bei der Polizei, es wurden Gedenkstätten für Floyd errichtet und »Black Lives Matter«-Graffiti an die Mauern gesprüht. Als später in der Pandemie dann auch in Minneapolis die Gewalt- und Schusswaffenkriminalität in die Höhe geschnellt ist, der Hunderte junge Schwarze zum Opfer gefallen sind, war das hingegen nur noch eine Geschichte für die Lokalpresse.

Meine Reportage über die lebensgefährlichen Straßen von Philadelphia, die später in der *Süddeutschen Zeitung* erschienen ist, habe ich übersetzt und an einige der Leute geschickt, die mir bei der Recherche geholfen hatten. Darunter war auch Kendra Van de Water, die Gründerin und Leiterin von YEAH Philly, die mir Rasool vorgestellt und West-Philadelphia gezeigt hatte. Ich habe ihre Antwort auf meine E-Mail bis heute in meinem Postfach aufgehoben. Der Text, so schrieb Kendra mir, habe ihr gut gefallen. Leider müsse sie mir etwas Trauriges mitteilen. Rasool sei ein paar Wochen nach unserem Treffen erschossen worden. »Wir vermissen ihn sehr.«

Kapitel 7

Gott

Washington State, Idaho

In der Bibel steht, dass dort, wo Menschen sich treffen, um Gottesdienst zu feiern, auch Jesus Christus anwesend ist. Matthäusevangelium, Kapitel 18, Vers 12: »Denn wo zwei oder drei versammelt sind in meinem Namen, da bin ich in ihrer Mitte.« Das kann man glauben oder nicht. Aber wenn es so ist, dann habe ich mich während meiner Zeit in Amerika verhältnismäßig oft in der Gegenwart von Jesus Christus befunden, denn ich habe einer ganzen Menge Gottesdiensten beigewohnt. Die Amerikaner, das ist bekannt, sind in ihrer Gesamtheit ein vergleichsweise frommes Volk. Umfragen zufolge nimmt die Religiosität in der Gesellschaft zwar ab, vor allem in den politisch liberalen, von den Demokraten regierten Gegenden. Doch sich selbst als gläubig zu bezeichnen und am Sonntag in die Kirche zu gehen, ist in den USA immer noch weit selbstverständlicher als in Europa und Deutschland. Für viele Menschen ist ihre Gemeinde – und sie sagen das so: »my church«, meine Kirche – ein Fixpunkt in ihrem sozialen Leben, ein Ort, an dem sie sich mit anderen Menschen treffen, sei es für ein Picknick, sei es, um einen Basar oder eine Suppenküche zu organisieren. »Church is not a place you go. It's a thing you do«, heißt es in den USA. Kirche ist kein Ort, wo man hingeht. Kirche ist etwas, das man tut.

Zugleich ist das, was man die Landschaft der organisierten Religiosität nennen könnte, in den USA sehr viel breiter, offener und politisierter als in Deutschland. Es gibt eine enorme Vielfalt an Kirchen- und Glaubensgemeinschaften, vor allem auf der evangelischen Seite. Das hat Vorteile, denn jeder Mensch, der in einem christlichen Rahmen leben möchte, kann einen passenden Ort finden. Wenn einem, salopp gesagt, der Pastor und das Gemeindeleben an der First Street Baptist Church nicht gefallen, kann man zur Second Street Baptist Church wechseln und wird dort mit großer Wärme empfangen werden. Allerdings geht mit dieser Bandbreite auch eine gewisse Zersplitterung einher. Die großen, etablierten protestantischen Konfessionen – Baptisten, Presbyterianer, Lutheraner, Anglikaner – sind gut organisiert, ihr Personal hat eine fundierte theologische Ausbildung. Das gilt ebenso für die Mormonen und natürlich für die katholische Kirche in den USA, die Konfession, der immer noch die meisten amerikanischen Christen angehören. Doch im Grunde kann in den Vereinigten Staaten jeder, der sich von Gott dazu berufen fühlt, ein Kreuz an einen Schuppen nageln und sagen, das sei jetzt seine Kirche, und er sei der Prediger, vom Herrn an diesen Ort gestellt. Wenn dann Leute kommen, die das glauben, dann ist das so. Das führt dazu, dass es überall in Amerika eine Fülle von freien Gemeinden gibt, die allerlei mehr oder weniger seltsame Nischen besetzen, die das Christentum im Lauf der Jahrhunderte ausgebildet hat.

Diese Freiheit – man könnte auch sagen: dieser Mangel an kirchlicher Disziplin – wiederum hat zur Folge, dass politische und gesellschaftliche Streitthemen das religiöse Leben in den USA sehr viel stärker dominieren als in Deutschland. Hier gilt es inzwischen selbst im schwärzesten katholischen Bayern als verpönt, wenn der Pfarrer am Wahlsonntag von der Kanzel herab Ratschläge gibt, für wen die, die da unten in den Kirchenbänken sitzen, nach dem Gottesdienst stimmen sollen. In Amerika ist das nicht nur normal, es wird von vielen Gläubigen geradezu erwartet. Das mag komisch klingen, denn die Vereinigten Staaten wurden als Land gegründet, in dem Staat und Kirche bewusst voneinander getrennt sind. In Artikel VI, Absatz 3 der US-Verfassung gibt es ein ausdrückliches Verbot, politische Mandatsträger oder staatliche und bundesstaatliche Bedienstete einer »religiösen Prüfung« zu unterziehen. Diese Personen müssen lediglich schwören, die Verfassung zu schützen. Aber die Rechtslage verbietet, so zumindest die Theorie, sowohl die Frage, ob ein Parlaments- oder Präsidentschaftskandidat oder ein Beamter religiös ist, als auch, welcher Religion er gegebenenfalls anhängt. Die deutsche Praxis, dass das Finanzamt jedem Angestellten am Monatsende von dessen Gehalt einen bestimmten Betrag abzieht und an die evangelische oder die katholische Kirche überweist, ist in den USA ebenso undenkbar. Dieses religiöse Neutralitätsgebot hat in der Geschichte Amerikas zwar wohl nie wirklich verhindert, dass Menschen aufgrund ihres Glaubens diskriminiert wurden. In dem Washingtoner Vorort zum Beispiel, in dem meine Familie und ich gewohnt haben und in dem die Menschen stolz auf ihre Toleranz sind, war es Hausbesitzern bis in die Sechzigerjahre hinein verboten, ihr Grundstück an jüdische Mitbürger zu verkaufen – und an schwarze sowieso. Das stand so in den Verträgen. Aber immerhin: Was das Gesetz angeht, sind Staat und Kirche in Amerika voneinander separiert.

Das gilt allerdings nicht für Politik und Religion. Im Gegenteil: Was in der Verfassung steht, ist das eine, was in der Gesellschaft vor sich geht, ist etwas ganz anderes. Die Amerikaner nennen ihren Staat gerne »God's own country« – das Land, in dem Gott zuhause ist. Das ist mehr als eine Referenz an die landschaftliche Schönheit der Vereinigten Staaten. Der Begriff beschreibt auch die hervorgehobene Rolle, die der christliche Glaube in Amerika spielt. Kirchengemeinden und einzelne Pastoren sind politische Akteure, vor allem im konservativen republikanischen Lager. Der 2023 verstorbene evangelikale Prediger Pat Robertson war politisch mindestens so einflussreich und prägend, wie es Wayne LaPierre ist, der Vorsitzende der National Rifle Association. In Wahlkämpfen ist es fast immer ein Thema, zu welchem Gott eine

Kandidatin oder ein Kandidat betet. Und viele politische Debatten in den USA sind religiös gefärbt und bekommen gerade dadurch ihre Schärfe. Die offensichtlichsten Beispiele dafür sind die Auseinandersetzungen um das Abtreibungsrecht oder um die Rechte homo- und transsexueller Menschen. Aber auch die Konflikte um Waffen oder um das Verhältnis zwischen Schwarzen und Weißen – in dem viel Schuld und schlechtes Gewissen mitschwingen – sind oft stark von religiösen Untertönen bestimmt. Wäre das nicht der Fall, dann hätten die Amerikaner im Sommer 2020 vermutlich nicht so unversöhnlich darüber gestritten, ob es statthaft ist, aus Protest gegen Polizeibrutalität zu knien, wenn vor einem Football-Spiel die Nationalhymne gespielt wird. Für einen Teil der Menschen in Amerika, den politisch linken, war das eine bewundernswerte Geste der Solidarität mit den Opfern dieser Gewalt. Für den anderen Teil, den politisch rechten, war der Kniefall hingegen ein unamerikanischer Akt der Blasphemie. Man kniet nur vor Gott, wenn man betet, nicht, um gegen einen Missstand zu demonstrieren. Dass Präsident Donald Trump damals, wie es seine Art ist, in diese gesellschaftliche Kluft sofort ein paar Keile geschlagen und den Riss verbreitert hat, ist eine andere Sache. Aber es zeigte, wie leicht religiöse Gefühle sich in den USA politisch instrumentalisieren lassen.

Weil die Amerikaner so oft in die Kirche gehen, bin auch ich in Amerika häufiger in die Kirche gegangen als in Deutschland. Einmal, im Frühsommer 2019, war ich in Plains, einem Dorf in Georgia, in der Maranatha Baptist Church, einem schlichten Backsteinbau unter gewaltigen Pekannussbäumen. Ich hatte die halbe Nacht im Auto auf dem Parkplatz verbracht, denn man musste sehr früh dort sein, um den Mann zu sehen, der in der Kirche damals noch regelmäßig den Sonntagsschulunterricht abhielt: James Earl Carter Jr., genannt Jimmy, der 39. Präsident der Vereinigten Staaten. Carter saß in einem speziell für ihn angefertigten Stuhl, der einen kleinen Motor hatte, damit man ihn einen halben Meter in die Höhe fahren konnte. So konnte er bis ganz nach hinten in die letzte Bankreihe der Kirche schauen, und die Besucher, die aus den ganzen USA angereist kamen, konnten den ehemaligen Präsidenten ebenfalls gut sehen, wenn er über den Zustand Amerikas und der Welt redete, an dem Jesus Christus nach Darstellung Carters wenig Gefallen hatte. Carter war damals schon ein sehr alter Herr, körperlich gebrechlich, aber geistig hellwach. In einer Zeit, in der frühere Staats- und Regierungschefs Millionen damit verdienen, in Aufsichtsräten zu sitzen, Investmentbanken zu beraten oder Vorträge für fünf- und sechsstellige Honorare zu halten, erschien mir Carter, der in Plains in einem Bungalow lebte, dort auf die Truthahnjagd ging und in der Sonntagsschule unterrichtete, wie jemand aus einer einfacheren, bescheideneren, vielleicht sogar besseren Ära. Das damalige Führungspersonal der Demokratischen Partei hatte jedenfalls mit Carter nicht mehr viel gemeinsam, der frühere Präsident wurde in der eigenen Partei gerne despektierlich als der »Erdnussfarmer aus Georgia« bezeichnet – sprich: als frömmelnder Provinzler. Ich habe das immer für einen Fehler gehalten, denn erstens war Carter, bevor er zeitweise die Erdnussfarm seiner Familie leitete, Absolvent der United States Naval Academy und Offizier auf einem Atom-U-Boot. Und zweitens hat er sein Leben lang eine gewisse Bodenständigkeit bewahrt, eine Verbindung zu den Menschen aus der unteren weißen Mittelschicht Amerikas, die vielen anderen Spitzenpolitikern der Demokraten fehlt, was die Partei Wahlsiege kostet. Carter ging bis ins hohe Alter auf die Jagd, weil es ihm Spaß machte, und er ging jeden Sonntag in die Kirche, weil er zutiefst gläubig war – es gibt nicht viele führende Demokraten, auf die beides zutrifft.

Ich habe auch an etlichen Orten Gottesdienste gefeiert, die nichts mit einer Kirche im herkömmlichen Sinn zu tun hatten. An einem Sonntagvormittag saß ich zum Beispiel in Waco, Texas, unter einer achtspurigen Autobahnbrücke. Oben rumpelten Autos und Lastwagen über den Asphalt, unten auf der Straße predigte der Pastor zu einer Gemeinde, die einerseits aus Obdachlosen bestand, die dort campierten, andererseits aus sozial engagierten Studentinnen und Studenten der nahe gelegenen Baylor University, einer sehr vornehmen und teuren privaten Hochschule. Der Kontrast zwischen den zerlumpten, verfilzten Zeltbewohnern und den frisch geduschten jungen Leuten mit ihren perfekten amerikanischen Zähnen war beträchtlich. Das Amerika, das kein Geld hat, saß da Seite an Seite mit dem Amerika, das viel Geld hat. Aber für ein, zwei Stunden bildeten diese unterschiedlichen Menschen eine Gemeinschaft, die zusammengekommen war – im Namen Gottes und um ihn zu preisen. Wenn es stimmt, was im Evangelium des Matthäus steht, dann war auch Jesus Christus an jenem Morgen unter der Brücke anwesend.

In einem Dorf im Osten von Kentucky, im düstersten Teil der Appalachen, habe ich im Dezember 2019 einmal einen Gottesdienst besucht, von dem ich bis heute nicht so genau weiß, mit welchem Adjektiv ich ihn beschreiben soll. Ungewöhnlich? Seltsam? Bizarr? Oder sogar verrückt? Vermutlich trifft das alles auf die eine oder andere Art zu. Außerdem war die Zeremonie – zumindest theoretisch – ein bisschen gefährlich, denn es war eine giftige Schlange anwesend, genauer: ein Nordamerikanischer Kupferkopf, eine Viper, die auf Englisch »Copperhead« heißt. Diese Tiere haben, wie der Name es vermuten lässt, eine rotbraune Farbe, ihr Biss ist für einen erwachsenen Menschen nur selten tödlich, tut aber höllisch weh und kann das Gewebe um die Bissstelle herum absterben lassen. Die Kirche, in der dieser sehr besondere Gottesdienst stattfand, war die Church of God in Jesus Christ's Name in Edwina. Der Ort besteht nur aus ein paar ärmlichen Häusern, die Kirche ist ein einfacher, einstöckiger Holzbau mit einer Veranda und nur einem Raum. Gegründet und gebaut hat sie Bruder Jimmy Morrow, ein ehemaliger Farmer, der ein Mann Gottes geworden ist, weil Gott ihm das gesagt hat, und der zu den wenigen Pastoren in den USA gehört, die noch das sogenannte »Snake Handling« oder »Serpent Handling« betreiben. Dabei werden während des Gottesdiensts giftige Schlangen in die

Höhe gehoben und unter den Gläubigen umhergereicht. Das ist kein aus heidnischen Zeiten übrig gebliebener Brauch, die Tiere werden nicht angebetet oder anderweitig verehrt. Das Anfassen der Schlangen ist vielmehr ein Glaubensbeweis: Die Kirchgänger zeigen Gott, wie groß und unerschütterlich ihr Glauben ist, indem sie sich freiwillig in tödliche Gefahr begeben und auf den Schutz des Herrn vertrauen. Schlangenprediger, deren Wirken in den Augen der meisten protestantischen Konfessionen sektiererischer Hokuspokus ist, berufen sich auf eine bestimmte Bibelstelle, die sie wörtlich nehmen: Markusevangelium, Kapitel 16, Vers 17 und 18: »Die Zeichen aber, die folgen werden denen, die da glauben, sind diese«, heißt es dort. »In meinem Namen werden sie Dämonen austreiben, in neuen Zungen reden, Schlangen mit den Händen hochheben, und wenn sie etwas Tödliches trinken, wird's ihnen nicht schaden.«

Was den angeblich ausbleibenden Schaden angeht, sieht die Realität gelegentlich anders aus. Es gibt eine ganze Menge dokumentierter Fälle, in denen Pastoren oder Gottesdienstbesucher von Schlangen gebissen wurden und gestorben sind – zumal, wenn nicht Kupferkopfvipern für die Zeremonie verwendet wurden, sondern Wassermokassinottern oder Klapperschlangen. Die Dunkelziffer der Opfer dürfte sogar höher sein, denn oft rufen die Verletzten nicht den Rettungsdienst und gehen nicht zum Arzt, sondern vertrauen auf Gottes Heilkraft. Auch Jimmy Morrow wurde mehrmals von seinen Schlangen gebissen. Er hat überlebt, aber ich habe während der Recherche für die Geschichte auch mit einem Schlangenpastor in Tennessee geredet, dem wegen eines Bisses in die Hand ein Finger fehlte, dessen Sohn von einer Klapperschlange getötet wurde und der auf diese Weise auch fast noch einen Enkel verloren hätte. Die amerikanischen Behörden haben deswegen immer wieder versucht, das Snake Handling zu verbieten. Doch die US-Verfassung, die Glaubens- und Versammlungsfreiheit garantiert, macht das unmöglich. Und Leute wie Morrow nehmen das Risiko wie selbstverständlich in Kauf. Wenn Gott beschließe, es sei Zeit für einen Menschen, zu sterben, dann sei es eben Zeit, zu sterben, sagte er zu mir.

Ich kann nicht behaupten, dass der Gottesdienst bei Morrow sehr schön war. Eher archaisch. Es waren etwa ein Dutzend Gläubige anwesend, einfache Leute in einfachen Kleidern. Sie haben schief und rau gesungen, es gab keine vertraute Liturgie, keine mir bekannten Lieder oder Gebete, keine Bibellesung, keine Predigt. Die Menschen in der Kirche haben Gott für einige gute Dinge in ihrem Leben gedankt und um einige andere Dinge gebeten, damit ihr Leben leichter werde. Und irgendwann hat Pastor Morrow die Copperhead aus einer Holzkiste geholt. Er hat sie einige Minuten lang selbst gehalten, sie hing zwischen seinen Händen, als habe sie es sich in einer Astgabel bequem gemacht, ihre Zunge tastete in der Luft herum. Dann hat Morrow das Reptil an andere Gläubige weitergegeben. Nach ein paar Minuten wurde die Schlange wieder in die Transportkiste gesperrt. Ich weiß nicht, ob Jesus Christus an diesem Morgen in unserer Mitte war. Aber das einfache, naive, fast kindliche Gottvertrauen Morrows und der Menschen in seiner Gemeinde hat bei mir einen tiefen Eindruck hinterlassen, ebenso die Offenheit und Freundlichkeit, mit denen ich von ihnen empfangen worden war. »All are welcome«, steht manchmal an amerikanischen Kirchen – alle sind hier willkommen. Es gibt viele Gemeinden, gerade evangelikale wie Morrows, die das nicht wirklich ernst meinen oder jedenfalls nur sehr selektiv. Trans- oder homosexuelle Besucher zum Beispiel werden in solchen Kirchen nicht ganz so warm aufgenommen wie heterosexuelle. Aber Jimmy Morrow hat es ernst gemeint. Er hat mich zum Abschied umarmt und mir Gottes Segen mit auf den Weg gegeben. Ein paar Wochen später hat er mir ein kleines Bild geschickt, das er auf ein Stück Holz gemalt hat. Es zeigt einen Mann, der eine Copperhead-Schlange hält. Daneben hat er geschrieben: »They shall take up serpents.« Sie werden Schlangen emporheben. Ich hoffe, die Schlangen sind freundlich zu Bruder Jimmy.

Der Gottesdienst, den ich an einem Frühlingsvormittag in der Nineteenth Street Baptist Church in Washington erleben durfte, war in jeder Hinsicht das Gegenteil von Pastor Morrows Versammlung: grandios, erhebend, mit Gesang und Musik, die Engel zu Freudentränen gerührt hätte. Mit einem Chor, einer Solistin und einer Band, die bis zur letzten Note einlösten, was die englische Formulierung »singing God's praise« – Gottes Lob singen – verspricht. Und mit einer Predigt, die eine Stunde oder länger dauerte, die aber die Zuhörer packte, durchschüttelte, aufrichtete und voller Kraft und Zuversicht in eine neue Woche schickte. Die Nineteenth Street Baptist Church liegt – anders, als man meinen könnte – nicht mehr an der 19. Straße, sondern an der 16. Straße im Nordwestquadranten von Washington. In diesem Viertel der amerikanischen Hauptstadt lebte früher die gehobene schwarze Mittelklasse, entsprechend vornehm ist die Kirche – ein großes Jugendstilgebäude aus hellem Sandstein, in dessen Fassade eine Widmung eingemeißelt ist: »To the Glory of God and the Brotherhood of Man«. Dem Ruhme Gottes und der Brüderlichkeit unter den Menschen. Die Nineteenth Street Baptist Church gehört zu den ältesten und wichtigsten afroamerikanischen Gotteshäusern in Washington, sie ist ein Eckstein im Fundament der schwarzen Gemeinde der Stadt. Barack Obama hat, als er noch im Weißen Haus gelebt hat, einige Male dort Gottesdienst gefeiert. Doch auch wenn kein Präsident zu Gast ist, kehren die Menschen, die zu dieser Gemeinde gehören, jeden Sonntag das historische Erbe und die gesellschaftliche Bedeutung ihrer Kirche stolz heraus: Die Männer haben messerscharf gebügelte dunkle Anzüge an, gestärkte weiße Hemden und blitzblanke Schuhe – ihr »Sunday best«, wie man in Amerika sagt, ihre besten Sonntagssachen. Die Frauen tragen in der Kirche feine Kleider, Spitzenhandschuhe und auf dem Kopf eine sogenannte »Church Crown«, einen prächtigen Hut mit Schleier oder Federn, der nur für den Gang zum Gottesdienst aufgesetzt wird. Auch in der Nineteenth Street Baptist Church waren an diesem Sonntagmorgen alle willkommen. Allerdings wurde erwartet, dass man angemessen festlich gekleidet war.

Ich habe während meiner Zeit in Amerika tatsächlich nur einen einzigen Ort gesehen, der keine Kirche war und an dem schwarze Damen trotzdem ihren Gottesdiensthut getragen haben. Das war ein Wahllokal in Waco, dem texanischen Städtchen, in dem ich auch den erwähnten Gottesdienst unter der Autobahn besucht habe. Ich war Anfang März 2020 für einige Tage dort, um mir den »Super Tuesday« anzuschauen. So heißt jener Dienstag im März während der amerikanischen Vorwahlen, an dem nicht nur in einem, sondern gleich in einem ganzen Dutzend Bundesstaaten abgestimmt wird. 2020 war der Super Tuesday, der in diesem Jahr auf den 3. März fiel, der Tag, an dem Joe Biden sich bei den Demokraten nach einem eher enttäuschenden Wahlkampfstart mit einer Reihe ziemlich beeindruckender Siege doch noch die Präsidentschaftskandidatur sicherte. Einen dieser Siege feierte er in Texas, und das lag unter anderem daran, dass dort besonders viele schwarze Wählerinnen und Wähler für ihn votierten. Sie wussten sehr genau, was bei der Wahl für sie auf dem Spiel stand, was eine zweite Amtszeit von Donald Trump für die Minderheiten im Land bedeutet hätte. Und deswegen taten sie, was sie konnten, um auf der demokratischen Seite dem stärksten Gegenkandidaten zum Sieg zu verhelfen. Das war aus ihrer Sicht – völlig zu Recht, wie man im Rückblick weiß – nicht der selbst ernannte »demokratische Sozialist« Bernie Sanders, sondern Joe Biden. Dem, so hat es mir damals eine ältere Afroamerikanerin erklärt, habe schließlich schon Barack Obama vertraut und ihn zum Vizepräsidenten gemacht. Für diese Frau, die alt genug war, um noch die finsteren Zeiten vor der Bürgerrechtsbewegung erlebt zu haben, war es ein fast religiöser, jedenfalls sehr feierlicher Akt, in eine Bücherei in Waco zu gehen, die für einen Tag als Wahllokal diente, und dort ihre Stimme in einer demokratischen Wahl abzugeben. Es ist ja noch nicht so lange her, dass dieses uramerikanische Recht für die Amerikanerinnen und Amerikaner mit dunkler Hautfarbe nicht gegolten hat, zumal in Südstaaten wie Texas, die im Bürgerkrieg auf der Seite der Sklaven haltenden Konföderation gekämpft hatten. An diesem Dienstag zur Wahl zu gehen und über ihre politische Zukunft mitzuentscheiden, war für diese Dame so wichtig, wie am Sonntag in die Kirche zu gehen, um Gott zu feiern. Das war der Grund, warum sie ihr seidenes Sonntagskleid angezogen und ihre Church Crown aufgesetzt hatte.

Ich finde, dass diese Episode recht gut zeigt, wie eng Politik und Religion in den USA im Alltag von Menschen verflochten sind, gerade in der schwarzen Bevölkerung des Landes. Schwarze Kirchen waren die Keimzellen der afroamerikanischen Befreiungs- und Bürgerrechtsbewegungen in den Fünfziger- und Sechzigerjahren, sie waren Bastionen des Widerstands gegen Diskriminierung und Ungerechtigkeit, sie waren die Orte, an denen das Aufbegehren geplant und organisiert wurde. Und deswegen waren sie immer auch Ziel von rassistischen Angriffen – von Vandalismus, Brandanschlägen, Überfällen, Bombenattentaten. Eine der eindrücklichsten Szenen in dem Film *Mississippi Burning*, den der Regisseur Alan Parker 1988 über die Ermordung von drei jungen Bürgerrechtsaktivisten im Süden der USA Mitte der Sechzigerjahre gemacht hat, zeigt den Angriff einer Gruppe maskierter weißer Rassisten auf eine schwarze Gottesdienstgemeinde. Die politischen und historischen Linien, die damals ihre Anfänge nahmen, reichen bis in die Gegenwart. Im Dezember 2017 war ich zum Beispiel in Alabama und wurde dort Zeuge von etwas, was man durchaus als ein politisches Wunder bezeichnen könnte – ein demokratischer Kandidat gewann in dem beinhart konservativen, durch und durch republikanischen Bundesstaat einen Senatssitz. Der Jurist Doug Jones siegte damals, weil viele Schwarze ihm ihre Stimmen gaben. Und sie gaben ihm ihre Stimmen nicht zuletzt deswegen, weil Jones einige Jahre zuvor als Staatsanwalt jene Ku-Klux-Klan-Männer vor Gericht und ins Gefängnis gebracht hatte, die 1963 eine Ladung Dynamit vor die Tür der 16th Street Baptist Church in Birmingham, Alabama, gelegt hatten. Vier kleine Mädchen starben bei der Explosion. Es war kein Zufall, dass sich die Afroamerikaner in Alabama auch ein halbes Jahrhundert nach dieser Bluttat noch an den Mann erinnerten, der sie gesühnt hatte – und sich an der Wahlurne dafür bei ihm bedankten.

Genauso wenig ist es Zufall, dass viele politische Wortführer der Afroamerikaner einen kirchlichen Hintergrund hatten oder haben. Martin Luther King, Jesse Jackson, Al Sharpton – sie alle waren oder sind Pastoren, sie wurden rhetorisch für die Aufgabe geschult, von einer Kanzel zu einer Gemeinde zu sprechen, sie anzuleiten, ihr ins Gewissen zu reden oder Mut zuzusprechen und Ungerechtigkeit anzuprangern. Wenn man sich heute noch einmal Kings berühmte »I have a dream«-Rede anhört – und es lohnt sich, sie tatsächlich zu hören, nicht nur zu lesen –, dann hört man eine Predigt, eine fordernde, ungeduldige und höchst politische zwar – aber eine Predigt.

Barack Obama hatte einen ähnlichen Moment während seiner Präsidentschaft: Im Juni 2015 fuhr er nach Charleston, South Carolina. Es war eine schwierige, traurige Reise mit einem furchtbaren Anlass. Obama nahm in der Stadt an dem Gedenkgottesdienst für die Opfer des rassistischen Anschlags teil, bei dem einige Tage zuvor neun schwarze Kirchgänger von einem weißen Rechtsradikalen erschossen worden waren. Der Präsident hielt seine Rede, er erinnerte an die Toten, sagte ihre Namen. Und dann intonierte er das Lied »Amazing Grace«, einen der schönsten und tröstlichsten Gospels, die je geschrieben wurden. Es handelt von einem Menschen, der Böses getan hat, der aber durch Gottes Gnade gerettet und erlöst wurde. »I once was lost, but now I'm found, was blind, but now I see«, lautet eine Zeile. Einst war ich verloren, aber ich habe den Weg gefunden, einst war ich blind, aber jetzt kann ich sehen. Dass Obama in Anwesenheit der Angehörigen und Freunde der Mordopfer dieses Lied anstimmte, war weit mehr als ein Augenblick der Sentimentalität oder ein Zeichen von christlicher Bereitschaft, zu leiden und zu verzeihen. Es war eine politische Geste des Präsidenten der Vereinigten Staaten, ein Aufruf, trotz des Terrors nicht dem Wunsch nach Rache und Gewalt nachzugeben, weil es das Land nur tiefer in den Abgrund führen würde. Obama, der über ein durchaus baptistisches Rhetoriktalent verfügt und ziemlich gut singen kann, passte diesen Aufruf den Umständen, dem Ort und dem Rahmen seines Auftritts an. Er fasste ihn nicht in Worte, sondern verpackte ihn in ein Lied. Es war ein einzigartiger Augenblick in der jüngeren amerikanischen Geschichte.

Besonders scharf habe ich die Politisierung des Glaubens in Amerika im Frühjahr 2022 bei einer Recherchereise in die linke obere Ecke des Landes erlebt. Dort, im Nordwesten der USA, grenzen zwei Bundesstaaten aneinander, die unterschiedlicher kaum sein könnten. Auf der einen Seite: Washington State, ein linksliberaler, geradezu woker Vorzeigestaat, Heimat von Microsoft, Amazon, allerlei anderen Techfirmen sowie den dazugehörenden Internet-Hipstern. Auf der anderen Seite: Idaho, eine konservative, fast schon reaktionäre Hochburg, beliebter Rückzugsort für militante rechte Regierungsgegner wie den erwähnten Ammon Bundy, der dort als Gouverneur kandidiert hat und sich dauernd mit den Behörden streitet. Der Unterschied zwischen Washington State und Idaho hat mit den politischen Ansichten der Menschen zu tun, die jeweils auf einer Seite der Grenze leben, vor allem aber damit, wie sich diese Ansichten bei Wahlen in politische Macht übersetzen. In Washington State stimmen die Einwohner regelmäßig und mehrheitlich für die Demokraten. Der Staat ist nach der parteipolitischen Farbenlehre der USA blau: Die Demokraten beherrschen dort alle wichtigen nationalen und bundesstaatlichen Ämter und Institutionen. Die beiden Senatoren, die Washington State im US-Kongress vertreten, sind Demokraten, ebenso die meisten Abgeordneten des Staates im amerikanischen Repräsentantenhaus. Der Gouverneur von Washington State ist ein Demokrat, der sich zudem auf demokratische Mehrheiten in den beiden Kammern des bundesstaatlichen Parlaments in der Hauptstadt Olympia stützen kann. In Idaho sind die politischen Zustände ein Spiegelbild – allerdings in Rot, der Parteifarbe der Republikaner: Idahos Delegationen im US-Senat und -Abgeordnetenhaus bestehen ausschließlich aus Republikanern, die Partei stellt den Gouverneur in der Hauptstadt Boise und dominiert dort auch das bundesstaatliche Parlament.

Diese Konstellation, die mittlerweile für die überwiegende Mehrheit aller US-Bundesstaaten gilt und einer Art demokratisch legitimierter Alleinherrschaft einer Partei entspricht, macht es möglich, dass beide Parteien in den von ihnen regierten Staaten im Grunde tun können, was sie wollen. Sie haben unangefochtene legislative Mehrheiten. Sie können Gesetze verabschieden und von ihren Gouverneuren unterschreiben lassen, durch die ihre jeweilige Ideologie und Parteidogmatik möglichst in Reinform in die Praxis umgesetzt wird, nicht verwässert durch lästige Kompromisse mit der Opposition und ohne Rücksicht auf jene Menschen in ihrem Staat, die anders denken und anders gewählt haben. Das führt dazu, dass Washington State und Idaho bei so gut wie allen wichtigen politischen und gesellschaftlichen Streitthemen entgegengesetzte Wege gehen. Oft, so hat man den Eindruck, trifft der eine Staat eine bestimmte Entscheidung sogar nur, um dem anderen Staat zu zeigen, dass er es *anders* machen kann. Dinge, die in Washington State legal sind, der Konsum von Cannabis-Produkten, zum Beispiel, oder eine Abtreibung, stehen in Idaho unter Strafe. Dinge, die in Idaho legal sind, etwa der Kauf eines Sturmgewehrs ohne eine mehrtägige Überprüfung, sind in Washington State hingegen nicht möglich. Ähnlich sieht es bei zig anderen Themen aus – von Sterbehilfe bis zu den Zigarettenpreisen –, bei denen Washington State »hü« sagt und Idaho aus Trotz »hott« antwortet.

In Europa ist es undenkbar, dass es innerhalb eines Staates so große regionale Unterschiede in der Gesetzgebung gibt. Man müsste in der EU eine internationale Grenze überqueren, um beispielsweise die Erfahrung zu machen, dass es auf der einen Seite legal ist, einen Joint zu rauchen, für dessen Besitz man auf der anderen Seite prompt verhaftet würde. Doch genau so ist die Lage zwischen Washington State und Idaho. Aus der parteipolitischen Zweiteilung der USA in Demokraten und Republikaner ist mittlerweile nicht nur eine tiefe gesellschaftliche Spaltung in ein liberales und ein konservatives, ein blaues und ein rotes Amerika geworden. Sondern diese Teilung manifestiert sich inzwischen auch rechtlich – in Gesetzen, Erlassen, Verordnungen. Washington State und Idaho sind zwar formell lediglich zwei von fünfzig US-Bundesstaaten, gleichberechtigte Teile jenes größeren Gebildes namens Vereinigte Staaten von Amerika, dem die Grundschüler immer noch jeden Morgen beim Flaggeneid die Treue schwören. Was die Gesetze angeht, die den Alltag der Menschen regeln, könnten Washington State und Idaho jedoch genauso gut zwei unterschiedliche Länder sein, die nur zufällig nebeneinander auf einem Kontinent liegen.

Diese scharfe Trennung gilt auch für den Glauben und die Religion. Als ich damals entlang der Grenze zwischen Washington State und Idaho unterwegs war, habe ich zwei Männer getroffen: Steve Van Kuiken und Ben Zornes. Die beiden lebten nicht weit voneinander entfernt. Van Kuiken wohnte in einem Ort namens Pullman in Washington, Zornes etwa fünfzehn Kilometer weiter östlich, in dem Städtchen Moscow in Idaho. Sie waren fast Nachbarn. Sie hatten auch beide den gleichen Beruf: Van Kuiken war, als ich ihn besuchte, Pastor der Community Congregational United Church of Christ in Pullman. Zornes war – und ist – Pastor der Christ Church in Moscow. Sie waren beide Gottesmänner und gehörten beide protestantischen Gemeinden an. Man hätte daher auf die Idee kommen können, dass sie auch mehr oder weniger an den gleichen Gott glauben und zumindest halbwegs einer Meinung sein müssten, wie man diesem Gott richtig dient, wie man Gottes Wort interpretiert und was dieser Gott von den Menschen erwartet. In Wahrheit lebten die Pastoren Steve Van

Kuiken und Ben Zornes in zwei religiösen und politischen Universen, die nicht nur nichts miteinander zu tun hatten, sondern in harter, direkter Gegnerschaft zueinander standen. Van Kuiken hielt seinen Kollegen in Moscow für einen – und das waren seine Worte – »Theokraten« und dessen Gemeindemitglieder für »Faschisten«. Zornes war dagegen der Ansicht, dass in der Kirche in Pullman der Teufel zuhause sei und sein zerstörerisches Werk unter verwirrten, abtrünnigen Christen verrichte. Die beiden waren gebildete, studierte Menschen, sie sprachen leise und ruhig, als ich mich mit ihnen in ihren Kirchen unterhielt. Aber die Kluft, die zwischen ihnen lag, war unüberbrückbar. Und die Unversöhnlichkeit, mit der sie übereinander redeten, ließ auch keine nennenswerte Bereitschaft erkennen, dass sie es mit dem Brückenbauen überhaupt versuchen wollten.

Van Kuikens Gemeinde war wahrscheinlich die progressivste, die im Umkreis von einigen Hundert Meilen zu finden war. Die Kirche liegt auf dem Campus der Washington State University, an Sonntagen kamen vor allem ältere, akademisch gebildete, gutsituierte weiße Mitarbeiterinnen und Mitarbeiter der Universität zum Gottesdienst. Dieses demografische Segment gehört zur Kernklientel der Demokratischen Partei, und zwar zum linken Flügel. Die Symbole des linksliberalen Weltbilds, das diese Menschen und ihr Pastor teilten, sprangen einen Besucher vor und in der Kirche geradezu an. Da war das obligatorische schwarz-weiße »Black Lives Matter«-Schild auf dem Rasen vor dem Eingang. Da war die Regenbogenfahne über der Tür, die homosexuelle Gläubige begrüßte und sie wissen ließ, dass in diesem Gebäude auch gleichgeschlechtliche Ehen geschlossen wurden. Da waren die »Refugees welcome«-Plakate in der Eingangshalle, die Flüchtlinge willkommen hießen, und die Hinweiszettel, die darum baten, zum Schutz gegen Covid eine Maske zu tragen. Van Kuikens Kirche war damit ähnlich ausstaffiert wie die Vorgärten in meinem linken Washingtoner Vorort. Auch dort gehörte es zum guten Ton, die Nachbarn durch Schilder, Plakate und Fahnen am eigenen Haus wissen zu lassen, dass der Hass dort keine Heimstatt hat, dass man an Frauen- und Menschenrechte und die Wissenschaft glaubt, dass man solidarisch ist mit Schwarzen, Migranten oder dem von rechten Republikanern verfolgten Regierungsvirologen Dr. Anthony Fauci. Nach dem 24. Februar 2022 hingen vor vielen Häusern dann plötzlich ukrainische Flaggen – über Nacht bei Amazon bestellt und so neu, dass man die Faltkniffe im Stoff noch sehen konnte.

Diese Beschreibung mag etwas sarkastisch klingen. Ich versichere: Das ist nicht so gemeint. Ich mochte es, dass meine Nachbarn freundliche, mitfühlende, sozial engagierte Menschen waren; dass sie die gelb-blaue Fahne der Ukraine hissten, nicht die rot-blaue Südstaatenflagge mit den weißen Sternen auf den schräg gekreuzten Balken, wie das in anderen Landesteilen der USA üblich ist. Aber ich wurde auch nie ganz das Gefühl los, dass diese extrovertierte Art, Mitgefühl und Engagement zu demonstrieren, zuweilen ein bisschen arg plakativ und vor allem performativ war – das heißt: nicht immer unterfüttert durch ein entsprechendes politisches Verhalten. Denn wer lebte in meinem Washingtoner Vorort? Leute, die sich das sehr teure Leben dort leisten konnten: Ärzte, Anwälte, Akademiker, Lobbyisten, Diplomaten, Ministerialbeamte. In der Regel waren sie reich und weiß, und sie achteten scharf darauf, dass in ihrer Wohngegend nichts geschah, was die stetig steigenden Immobilienpreise – und damit ihr Vermögen – beeinträchtigt hätte. Von den Schwarzen, den lateinamerikanischen Immigranten oder gar den syrischen und ukrainischen Flüchtlingen, denen so inbrünstig Solidarität zugesichert wurde – von Häusern aus, die mindestens eine Million Dollar kosteten –, war wenig zu sehen. Die saßen höchstens in den Lieferfahrzeugen von Amazon oder UPS, die ständig durch meinen Vorort kreuzten. In Pastor Van Kuikens Kirche war das ähnlich. Die gesellschaftspolitischen Forderungen, zu denen er sich im Namen seiner Gemeinde bekannte, hatten mit dem Alltag der Leute, die tatsächlich in seine

Kirche kamen, allenfalls am Rande zu tun. So gut wie niemand, der dort am Sonntag saß, sang und betete, brauchte die Hilfe oder den Schutz der Kirche, um gut durchs Leben zu kommen.

Pastor Van Kuiken wusste das. Aber er fand, dass es seine Pflicht als Christenmensch sei, sich für jene einzusetzen, die es nicht so gut hatten wie er und seine Gemeindemitglieder. Und natürlich ist genau diese Bereitschaft, zu helfen, auch wenn man selbst von einem Problem nicht betroffen ist und von dieser Hilfe selbst nicht profitiert, ein nicht unwichtiger Teil der christlichen Lehre. Dennoch erschien es mir so, als verschwimme bei Pastor Van Kuiken gelegentlich die Grenze zwischen christlichen Überzeugungen und linksliberalem Aktivismus, als suche er gelegentlich theologische Argumente, um die Positionen der Demokratischen Partei, die er persönlich unterstützte, zu rechtfertigen. Zum Beispiel legte er mir in unserem Gespräch dar, warum er selbstverständlich das Recht einer Frau befürworte, eine ungewollte Schwangerschaft durch einen medizinischen Eingriff beenden zu lassen. Das ist eine politische Ansicht, die ich teile. Der Kreuzzug der Republikaner in den USA gegen dieses Recht ist absurd und hat für Hunderttausende Frauen desaströse soziale und gesundheitliche, manchmal lebensgefährliche Folgen. Aber ich bin mir nicht sicher, ob sich in den grundlegenden Texten des Christentums tatsächlich besonders viele Argumente finden lassen, mit denen man das Recht auf Abtreibung derart vehement verteidigen kann, wie Steve Van Kuiken das getan hat. Mir kam der Geistliche eher ein wenig so vor wie einer der Sheriffs, die anhand ihrer persönlichen parteipolitischen Meinungen darüber entscheiden wollen, welche Gesetze sie anwenden. Wenn man einen Pastor als eine Art spirituellen Sheriff seiner Gemeinde ansieht, der nicht menschengemachten Gesetzen zu folgen hat, sondern denen Gottes, dann ist dieser Vergleich vielleicht sogar gar nicht unpassend.

Van Kuiken, der, soviel ich weiß, seit unserem Treffen umgezogen und jetzt Pastor in Ohio ist, hat in unserem Gespräch recht offen zugegeben, dass seine Gemeinde eigentlich nur in dem politisch-gesellschaftlichen Umfeld existieren könne, in dem sie sich befindet: auf dem Campus einer liberalen, öffentlichen Universität, in einem mehrheitlich sehr linken Bundesstaat wie Washington State, mit Mitgliedern, die überwiegend dem woken Flügel der Demokraten nahestehen. »Drüben in Idaho könnten wir gar nicht überleben«, sagte er. Van Kuiken hat mir erzählt, dass er, bevor er die Stelle in Pullman angetreten hat, in einer anderen Gemeinde tätig war. Als er dort angefangen habe, homosexuelle Paare zu trauen, sei er aber rausgeflogen – das war dort offenbar zu progressiv. In Pullman sei es hingegen weder für seine kirchlichen Vorgesetzten noch für seine Gemeindemitglieder ein Problem, wenn er zwei Männern oder zwei Frauen den Segen für ein gemeinsames Leben gebe. Da die Bibel, an die Van Kuiken sich in Pullman gehalten hat, keine andere war als an seinem vorherigen Arbeitsort, muss es etwas anderes gegeben haben, das diese unterschiedlichen Reaktionen erklärt. Politik? Ich würde sagen: ja.

Wenn man die Vermischung von Politik und Religion am rechten Rand des politischen Spektrums illustrieren will, dann ist Ben Zornes ein brauchbares Beispiel, der Pastor der Christ Church in Moscow, Idaho. Er war, wenn man das so sagen kann, der heiterste Extremist, den ich je getroffen habe. Zornes ist kein verbiesterter Eiferer, sondern ein sympathischer junger Mann mit Vollbart, er ist Football-Fan, verheiratet, er hat Kinder und spielt in seiner Freizeit E-Gitarre. Man findet an ihm äußerlich nichts Extremes. Wenn man sich hingegen damit beschäftigt, was er denkt, sagt, schreibt und predigt, dann muss man wohl feststellen, dass Pastor Zornes ein betonharter christlich-konservativer Fundamentalist ist – ein Fanatiker. Könnte er einen Staat nach seinen Vorstellungen gestalten, dann sähe der vermutlich so aus wie die dystopische theokratische Diktatur Gilead aus dem Roman *Der Report der Magd*. Ich möchte jedenfalls lieber nicht in einer Welt leben, in der ein Mann wie Ben Zornes Macht über meine Familie oder mich hat.

So wie viele Fundamentalisten und Fanatiker sah auch Zornes sich und die Dinge, an die er glaubt, in einem Zustand ständiger Bedrohung und Belagerung durch allerlei Feinde. Er und seine Gemeinde waren seiner Überzeugung nach die guten Christen, die Aufrechten, die nach Gottes Regeln lebten. Doch sie waren umgeben von Abtrünnigen, die Gott verleugneten – sogar wenn sie so taten, als dienten sie ihm. So gut wie alles, wofür sich sein Kollege Van Kuiken in Pullman einsetzte, war für Zornes Blasphemie. Teufelszeug. Und zwar im Wortsinn: Homo- und Transsexualität, das Recht auf Abtreibung, die Gleichberechtigung von Mann und Frau, Klimaschutz, Waffenkontrolle – aus der gleichen Bibel, aus der Van Kuiken einen Auftrag herauslas, all diese Dinge als von Gott gewollt zu akzeptieren und zu unterstützen – Liebe deinen Nächsten!, Bewahre die Schöpfung! –, las Zornes heraus, dass Gott das alles verabscheut, dass es Sünde ist, das Werk des Satans; dass es ausgemerzt gehört und Gott diejenigen bestrafen wird, die nicht zu dieser Einsicht kommen. Ich habe Zornes gefragt, ob er der Meinung sei, dass die Menschen drüben in Washington State, die am Sonntag zu Steve Van Kuiken in die Kirche gehen und dort beten anstatt bei ihm, ein gottgefälliges Leben lebten. Seine Antwort war ziemlich eindeutig: nein.

Und wie bei Van Kuiken gab es bei Zornes eine enge Wechselwirkung zwischen seinen religiösen Ansichten und seinen politischen. Mit dem Unterschied allerdings, dass sein Glaube Zornes nicht zum linken Flügel der Demokraten führte, sondern zum rechten Flügel der Republikaner. Auch Zornes las die Texte des Christentums durch einen politischen Filter und kam zu den Schlüssen, die zu seinem Weltbild passten. Zornes konnte, zum Beispiel, erklären, warum der fast obsessive Widerwillen vieler Republikaner gegen das Tragen von Masken während der Covid-19-Pandemie oder gegen eine Impfung gegen das Virus in Wahrheit so etwas wie ein Gebot der Bibel sei; warum ein echter Christ sich geradezu weigern müsse, der Regierung Folge zu leisten, denn die habe keinerlei Recht, solche Vorschriften zu machen – Römerbrief, Kapitel 14, Vers 5: »Ein jeder sei seiner Meinung gewiss.« Ich gebe zu, dass auch ich manche Schutz- und Impfvorschriften, die während der Covid-19-Pandemie von den Demokraten propagiert wurden, für übertrieben hielt. Aber ich wäre nie auf die Idee gekommen, daraus einen quasi göttlichen Auftrag zum politischen Widerstand abzuleiten.

Das Schöne, vielleicht aber auch das Gefährliche an der Bibel ist, dass man für jeden Standpunkt ein passendes Zitat finden kann. Wer wie Zornes einen unerbittlichen, strafenden Gott sucht, der findet ihn in der Bibel, ebenso, wer wie Van Kuiken einen liebenden, vergebenden Gott sucht, der alle seine Kreaturen wertschätzt. Diese interpretatorische Flexibilität der Bibel macht es radikalen rechten Pastoren wie Zornes leicht, Religion für politische Zwecke zu nutzen oder auch zu missbrauchen. Aus einer Aufforderung im Römerbrief, tolerant und respektvoll gegenüber den Meinungen und Entscheidungen anderer Menschen zu sein, wird so eine Rechtfertigung oder gar ein Auftrag, den gottlosen Demokraten in Washington den Mittelfinger zu zeigen. Van Kuikens Interpretation der Bibel und die Handlungsanweisungen für den politischen Alltag, die er für sich daraus mitnahm, fand ich persönlich überzeugender. Aber das lag daran, dass mir seine politischen Ansichten bei den meisten Themen näher waren. Viele Amerikanerinnen und Amerikaner sind allerdings anderer Ansicht. Und es ist in diesem Zusammenhang kein besonders gutes Zeichen für das Land, dass Zornes' Gemeinde diejenige war, die gedieh und wuchs. Die Christ Church kaufte in Moscow ein neues Gebäude nach dem anderen, zu ihren Straßenfesten kamen Hunderte Menschen, darunter viele junge Familien. Van Kuikens Gemeinde hingegen alterte und schrumpfte.

Ich fand die Unerbittlichkeit, mit der diese beiden Gottesmänner vermeintlich religiös begründete Urteile übereinander fällten, die in Wahrheit eher politische waren, erschreckend. Auf der Washingtoner Seite stand ein linker Pastor, der seinen Kollegen in Idaho für eine Art christlichen Mullah hielt und dessen Gemeindemitglieder für faschistoide Kreuzzügler. Er sei der Meinung, dass es unmöglich ist, zugleich Christ und Republikaner zu sein, hat Van Kuiken gesagt. Auf der anderen Seite, in Idaho, stand ein rechter Pastor mit einem mittelalterlichen, totalitären Verständnis von Glauben, der die Bibel nicht nur ernst nahm, sondern wörtlich, und für den jeder, der das nicht mit gleicher Inbrunst tat – mithin so gut wie jeder Demokrat –, ein Diener Satans war. De facto sprachen also beide Pastoren einander ab, Christen zu sein.

Mir kam das alles, um ehrlich zu sein, nicht besonders christlich vor. Eher wie ein Rückfall in die Zeit der Reformation, als man derlei Meinungsverschiedenheiten mittels Inquisition und Scheiterhaufen ausgetragen hat. Und was sagt es über den Zustand einer Gesellschaft aus, in der Religion eine so wichtige Rolle spielt wie in der amerikanischen, wenn sich nicht einmal zwei protestantische Geistliche darauf verständigen können, dass jeder ein Christ ist, der am Sonntag das Vaterunser betet – egal wen er wählt? Wie sollen sich die Bewohner der Vereinigten Staaten, die so unterschiedliche Vorstellungen von ihrem Land haben, darauf einigen können, was Amerika ausmacht und wer ein echter Amerikaner ist, wenn sogar ihre spirituellen Anführer die Spaltung vorantreiben? Wenn nicht einmal Pastoren mehr Brücken über gesellschaftliche Gräben hinweg bauen wollen, wer dann?

Man sieht daran, wie weise Amerikas Gründerväter waren, als sie sich dazu entschieden, Mandatsträger und Beamte per Amtseid allein auf die säkularen Prinzipien der Verfassung zu verpflichten. Sie versuchten, auf diese Weise die zerstörerischen Religionsstreitigkeiten des Alten Europa aus der politischen und möglichst auch aus der gesellschaftlichen Sphäre ihres neuen Landes herauszuhalten. Leider, so fürchte ich, hatten sie keinen Erfolg.

Kapitel 8

Drogen

West Virginia

Sich zuzudröhnen, sich zu berauschen, sich für ein paar Stunden wegzuballern von der Welt und dabei Freiheit, Wahrheit und vielleicht auch sich selbst zu finden, gehört schon lange zu Amerika. Spätestens seit den Sechzigerjahren, als die Hippies sich Blumen in die Haare steckten und nach San Francisco pilgerten. Der Regisseur und Schauspieler Dennis Hopper hat dieser Zeit, die in Hunderten Büchern, Filmen und Liedern ihren Niederschlag gefunden hat, mit *Easy Rider* ein wuchtiges Denkmal gesetzt. Die Massendrogen der Wahl von damals muten allerdings im Vergleich zu dem mörderischen Stoff, der heute auf Amerikas Straßen verkauft wird und der jedes Jahr mehr als einhunderttausend Menschen umbringt, geradezu gemütlich an: ein bisschen LSD, vor allem aber Cannabis, Weed, Gras, Marihuana, Haschisch – oder wie immer man die Erzeugnisse nennen will, die aus der Hanfpflanze gewonnen werden können. Die jungen Leute aus der Boomer-Generation, die in jener Zeit mit einem Joint gegen das enge Leben und das elterliche Establishment protestierten, gegen den Krieg in Vietnam und gegen das Spießertum und den Rassenhass daheim, sind inzwischen selbst längst Großmütter und Großväter. Das mag erklären, warum es in Amerika nur noch wenig ernsthaften Widerstand gegen die Legalisierung von Cannabis gibt. Auf nationaler Ebene sind der Besitz, der Handel und der Konsum der Droge zwar nach wie vor verboten, sie werden als Straftaten verfolgt und geahndet. Aber ein Bundesstaat nach dem anderen gibt Cannabis frei, nicht selten nach Volksabstimmungen, in denen die Bürger das ausdrücklich fordern. Mit der parteipolitischen Ausrichtung hat das nicht zwangsläufig etwas zu tun, auch in einigen republikanischen Staaten wie North Dakota und South Dakota ist das Kiffen mittlerweile erlaubt. Vielleicht liegt das daran, dass die Freiheit des amerikanischen Westens sich auch auf Dinge wie den Konsum von Rauschmitteln erstreckt. Vielleicht aber wollen auch Konservative einfach gelegentlich high werden.

Manche Bundesstaaten wagen sich zunächst nur einen ersten Schritt voran und erlauben den Konsum von Cannabis für medizinische Zwecke. Konsumenten brauchen dann eine von einem Arzt ausgestellte Bescheinigung – eine bürokratische Hürde, die wohl noch nie einen entschlossenen Kiffer vor allzu große Probleme gestellt hat. In mehr und mehr US-Staaten jedoch ist Cannabis in allen möglichen Varianten inzwischen ein vollkommen legales Produkt, so einfach zu beschaffen wie Butter, Brot oder eine Flasche Coca-Cola. Das gilt für die gesamte Herstellungskette, die von staatlichen Behörden streng überwacht und zudem mit Steuern belegt wird: Der Rohstoff, die Hanfpflanzen der Arten *Cannabis sativa* und *Cannabis indica*, dürfen in diesen Bundesstaaten kommerziell und in großer Menge angebaut und verarbeitet, die Erzeugnisse transportiert und verkauft werden, die Käufer dürfen sie sich beschaffen, sie besitzen und natürlich konsumieren. Allenfalls gilt an bestimmten öffentlichen Orten ein Cannabis-Verbot, in städtischen Parks, zum Beispiel, oder vor Schulen. Ansonsten müssen Cannabis-Konsumenten in den Bundesstaaten, in denen das Rauschmittel legalisiert wurde, zumeist nur einundzwanzig Jahre alt sein, um die Droge kaufen zu dürfen. Das ist die gleiche Altersgrenze wie beim Alkohol und beim Glückspiel. Dass amerikanische Jugendliche schon mit sechzehn Jahren ein Auto fahren, mit siebzehn Jahren zur Armee – und in den Krieg – gehen und sich mit achtzehn Jahren ein Sturmgewehr kaufen können, ist eine andere Geschichte.

In juristischer Hinsicht unterscheidet sich der amerikanische Umgang mit Cannabis damit deutlich von jenem, für den sich einige europäische Länder aus rechtlichen Gründen entschieden haben und wo der Besitz und der Konsum von geringen Mengen Cannabis lediglich entkriminalisiert wurden, wo also die Polizei einfach wegschaut, wenn volljährige Menschen etwas tun, was sie eigentlich nicht tun dürften. In den amerikanischen Bundesstaaten, in denen Cannabis legal ist, wird die Droge hingegen nicht nur geduldet, sondern sie ist ein normales Konsumprodukt. Man kann in einen Cannabis-Laden gehen, so wie man in einen Laden geht, in dem traditionellere Rauschmittel wie Zigaretten, Wein, Bier, Gin und Whiskey verkauft werden.

Als ich in Washington State war, um die Geschichte über das sogenannte blaue und das rote Amerika zu recherchieren, war ich in einigen dieser Läden – eine sehr interessante Erfahrung, wenn man daran gewöhnt ist, dass Cannabis in schlecht beleuchteten Ecken im Park oder anonym per Internet gedealt wird. Bei MJ's Pot Shop in Pullman zum Beispiel hatte vor der Polizei niemand Angst. Warum auch? Nichts, was dort passierte, war illegal. MJ's war einer von vielen ähnlichen Läden in der Stadt – nach den Regeln der Markwirtschaft orientierte sich das Angebot an der Nachfrage: Die Kunden, die in Geschäften wie MJ's einkauften, waren zu einem Gutteil Studierende der Washington State University, auf deren Campus in Pullman um die zwanzigtausend junge Menschen leben. Es kamen aber auch jede Menge Leute aus Idaho über die Grenze gefahren, aus der bereits erwähnten Kleinstadt Moscow etwa, wo einerseits schon der Besitz einer leeren, blitzblanken Haschpfeife gegen das Gesetz verstieß, wo andererseits aber eben auch zehntausend Studenten und Studentinnen der University of Idaho versuchten, mit einem Alltag voller Langeweile, Heimweh, Liebeskummer und Prüfungsstress fertigzuwerden.

Für all diese Menschen, die für ein paar Stunden Ablenkung, Ruhe oder frische Energie suchten, hatte MJ's ein pralles, buntes Angebot an ess-, rauch-, auftrag-, inhalier- oder sonst wie konsumierbaren Cannabis-Produkten, die verlockend in Regalen und Vitrinen ausgebreitet waren. Es gab dort Kaubonbons, Schokolade (hell oder dunkel, mit Toffee- oder Erdnussbuttergeschmack), Fruchtgummis, Brausetabletten, Honig, Muffins, Brownies und Zucker – allesamt mit einem Extrakt des *Sativa*- oder des *Indica*-Hanfs versetzt, denn davon hing es ab, ob das Produkt nach dem Konsum eine anregende oder beruhigende Wirkung hatte. In einem Kühlschrank stand Limonade, die Cannabis enthielt. MJ's führte zudem Cannabis-Öl, Cannabis-Tropfen, Cannabis-Spray, Cannabis-Paste, Cannabis-Pulver, Cannabis-Sirup, Cannabis-Granulat, Cannabis-Wachs und Cannabis-Harz. Für Raucher gab es Kartuschen mit flüssigem Cannabis, die in E-Zigaretten eingesetzt werden konnten, sowie fertig gerollte Joints jeder Größe und Stärke. Und natürlich konnte man bei MJ's das naturbelassene Urprodukt kaufen, die Cannabis-Blüten: kleine grüne Bällchen, die den berauschenden Wirkstoff Tetrahydrocannabinol enthielten – THC. Auf den Tüten und Gläsern, in die sie verpackt waren, standen Namen, die wie ein Versprechen klangen und jedes Kifferherz höherschlagen ließen: »Orange Kush«, »Stinky Pinky«, »Hawaiian Haze«. Die Preise fingen bei zwanzig Dollar pro Unze für maschinell verarbeitete Massenware an. Aber der feinere Stoff, bei dem die Blüten sorgsam von Hand geerntet, sortiert und zurechtgeschnippelt worden waren, war fünf- oder sechsmal so teuer.

Die Verkäuferinnen und Verkäufer kannten alle Produkte, sie bekamen zehn Prozent Rabatt beim Einkauf, und, so erzählte es mir eine Managerin, es wurde erwartet, dass sie das Sortiment selbst durchprobierten, um die Kunden kenntnisreich beraten zu können. Man fühlte sich in MJ's Head Shop wie bei einem gediegenen, sehr gut sortierten Feinkosthändler. Und genau das war der Laden eigentlich auch, nur dass dort eben nicht Käse, frische Pasta und zig Sorten Tee verkauft wurden, sondern das Rauschmittel Cannabis in Dutzenden Varianten. Man konnte mit Kreditkarte, PayPal oder Apple Pay bezahlen. Ich habe damals nichts bei MJ's gekauft, aber das Geschäft hat mir gut gefallen.

MJ's Head Shop war, wenn das ein passender Begriff ist, der Himmel für Menschen, die weiche Drogen konsumieren: hell, sauber, sicher, freundlich. Ein Ort für kleine, temporäre Fluchten in die Euphorie oder die Entspannung. Den harten Stoff gab es – nur gegen Bargeld – in der Hölle, und der Ort in Amerika, der diesem Wort vielleicht am nächsten kommt, ist die Kensington Avenue in Philadelphia.

Die Kensington Avenue ist eine vierspurige Straße, die im Osten der Stadt unter einer Hochbahnstrecke durch ein gleichnamiges Wohnviertel verläuft. Links und rechts von ihr liegen Dutzende Straßenblocks, die mit schmalen, zwei- oder dreistöckigen Reihenhäusern bebaut sind. Viele dieser kleinen Häuser, in denen früher einmal polnische, irische oder italienische Einwanderer gelebt haben, sind nicht mehr bewohnt. Sie sind verfallen, mit Sperrholzplatten vernagelt, und in ihnen haben sich Drogenhändler eingenistet, die dort ihren Stoff verstecken und ihre Geschäfte machen. Wer einmal die großartige HBO-Fernsehserie *The Wire* über den Drogenhandel in den Elendsvierteln von Baltimore gesehen hat, kann sich ungefähr vorstellen, wie es an der Kensington Avenue in Philadelphia aussieht. Wenn man dort mit dem Auto durch eine der Seitenstraßen fährt, dauert es meistens nicht lange, bis ein Dealer einem von einer Vortreppe »Yo, yo, yo« zuruft. An der Kensington Avenue wird, so zumindest hat es mir ein Polizist erzählt, das reinste Heroin an der gesamten amerikanischen Ostküste gehandelt. Die Straße ist, salopp gesagt, auf einer Länge von zwei oder drei Kilometern ein einziger offener Markt für harte und härteste Drogen – Crystal Meth, Crack, Heroin, Opioid-Tabletten wie Oxycontin und, immer mehr, das synthetische Fentanyl, ein mörderisches Zeug, das mittlerweile jedes Jahr Zehntausende Amerikaner umbringt.

Ein wesentlicher Teil der Drogen, die an der Kensington Avenue ver- und gekauft werden, werden gleich an Ort und Stelle konsumiert. Entlang der Straße, in den Parks und Seitenstraßen, die sie säumen, sieht es aus wie in einer Kulisse für einen Film über die Zombie-Apokalypse. Das mag abfällig oder mitleidlos klingen. Aber mir fällt kein anderer Begriff ein, der plastisch und hart genug wäre, um die Zustände dort zu beschreiben, die bei Weitem alles übertreffen, was man aus Deutschland an offener Drogenszene gewöhnt ist.

An der Kensington Avenue stehen, hocken oder liegen zwischen Kot, schimmelndem Müll, alten Matratzen und schiefen Zelten Hunderte Drogensüchtige in allen Stadien des körperlichen und geistigen Verfalls. Manche torkeln über die Gehwege und schreien paranoid, manche haben sich gerade einen Schuss gesetzt und dösen vor sich hin, manche stochern mit einer Nadel in ihren Armen oder Füßen, um eine Vene zu finden, in die sie ihren Stoff injizieren können. Manche Junkies stehen einfach betäubt und high in der Gegend herum, leicht schwankend, weggetreten und tief nach vorne gebeugt, sodass der Kopf vor der Brust hängt und die Hände neben den Knien baumeln. Sie sehen aus, als habe eine gewaltige Faust sie im Nacken gepackt und drücke sie nieder. Man sieht, wenn man in den Vereinigten Staaten unterwegs ist, viel Armut, viel Verwahrlosung, viel Obdachlosigkeit und menschliches Leiden. Aber ich war nie an einem Ort, an dem eine so albtraumhafte Atmosphäre geherrscht hat wie an der Kensington Avenue. Die dumpfe Verzweiflung der Süchtigen und die mitleidlose Aggressivität der Dealer, denen die Abhängigen ausgeliefert sind, waren mit Händen zu greifen.

Das ist kein Urteil über die Menschen, die an der Kensington Avenue gestrandet sind und von denen – nimmt man die hohe Frequenz von Polizei- und Notarzteinsätzen als Maßstab, die entlang der Straße stattfinden, um Gewalt- und Überdosisopfer zu retten – zumindest einige ihren Aufenthalt in diesem Teil der »Stadt der brüderlichen Liebe« nicht überleben. Ich bin kein Anhänger der unter amerikanischen Konservativen immer noch erschreckend weitverbreiteten These, dass Drogensucht allein eine Folge falscher persönlicher Entscheidungen und mangelnder Selbstdisziplin ist. Wer ein bisschen Zeit mit Menschen verbringt, die sich um Süchtige kümmern, sieht ziemlich schnell, dass Drogenabhängige in erster Linie Kranke sind, nicht Kriminelle, die bestraft und verfolgt werden müssen. Keiner der Männer, keine der Frauen, die an der Kensington Avenue hausen oder dort ihre Tage mit der Jagd nach Drogen verbringen, hat dieses Schicksal verdient. Sie brauchen natürlich Hilfe, aber die ist in Amerika schwer zu bekommen, wenn man nicht sehr viel Geld hat. Die Stadtverwaltung von Philadelphia jedenfalls schien diese Leute weitgehend im Stich gelassen zu haben. Die einzigen Helfer, auf die ich damals traf, waren Mitglieder einer evangelikalen Kirchengemeinde, die Hotdogs verteilten. Sie hatten auch einen Duschcontainer aufgestellt und auf dem Gehweg einen improvisierten Friseursalon aufgebaut. In einem der Stühle saß ein junger Mann. Nachdem der Friseur ihm die verfilzten Haare und den wuchernden Bart gewaschen und gestutzt hatte, schaute er in den Spiegel – erst ungläubig lachend, dann traten ihm Tränen in die Augen. Es war, als sei er durch diesen kleinen Akt des Haareschneidens von einem finsteren Ort in die Zivilisation zurückgekehrt. Als sei er wieder ein Mensch, der zu einer Gemeinschaft anderer Menschen gehört, nicht nur ein verlorener Junkie. Das war eine hoffnungsvolle Szene. Trotzdem hatte ich nach zwei, drei Tagen an der Kensington Avenue genug von dem geballten Elend dort. Ich war froh, als ich wieder heimfahren konnte.

Drogen waren, ähnlich wie Waffengewalt, ein Thema, mit dem ich während meiner Zeit in Amerika immer wieder zu tun hatte. Und wie bei den Waffen hat es mich nicht nur beruflich beschäftigt. Die Drogenepidemie, die mit Opioid-Tabletten anfing, mit Heroin weiterging und inzwischen bei Fentanyl angelangt ist, hat sich so tief in die amerikanische Gesellschaft gefressen, dass kein Ort, keine Bevölkerungsgruppe und keine soziale Schicht mehr wirklich sicher ist. Auch mein Washingtoner Vorort nicht. Während wir dort wohnten, wurden drei Schüler von der Highschool meiner Söhne verhaftet. Sie wurden beschuldigt, einen Drogenhändler ermordet zu haben. Der Polizei zufolge hatten sie Weed kaufen wollen, der Deal ging schief, es wurden Messer gezogen, am Ende war ein Mensch tot. Wenig später starb an derselben Highschool – immerhin eine der besten öffentlichen Schulen der Vereinigten Staaten, gelegen in einem der wohlhabendsten Landkreise – ein Schüler an einer Überdosis. Der Junge hatte sich eine gefälschte Opioid-Pille gekauft, die Fentanyl enthielt. Er hatte die Tablette zerdrückt und die Krümel geschnupft. Sein Vater fand ihn ein paar Stunden später tot in seinem Bett.

Selbst in der Grundschule, auf die mein jüngstes Kind ging, hing im Zimmer der Krankenschwester ein orangefarbener Kasten an der Wand, in dem sich Naloxon-Injektoren befanden. Naloxon ist ein Medikament, das unter dem Markennamen Narcan verkauft wird und innerhalb sehr kurzer Zeit die Wirkung von Opioiden im Körper neutralisiert. Damit ist es ein Lebensretter für Menschen, die eine durch Heroin oder andere Opioide verursachte Überdosis erlitten haben und die an einem Herz- oder Atemstillstand zu sterben drohen. Man kann einem betroffenen Menschen das Naloxon dann entweder in einen Muskel spritzen oder in die Nase sprühen. Die Apparate, mit denen man das macht, sind leicht zu bedienen, selbst für medizinische Laien, die keine Ahnung von so was haben und nervös sind. Weil Narcan so einfach einzusetzen und dazu so wirksam ist, gibt es in den USA mittlerweile Bundesstaaten und Kommunen, die das Medikament praktisch flächendeckend und kostenlos verteilen – gerade auch an Drogenkonsumenten, damit diese sich im Fall einer Überdosis gegenseitig helfen können. Ich habe selbst gesehen, wie Sanitäter mit diesem Wundermittel röchelnde Junkies zurück ins Leben geholt haben, die vor Atemnot schon blau im Gesicht waren und kaum noch einen Puls hatten. Ich halte die Existenz von Naloxon für einen Segen. Aber im Krankenzimmer einer Grundschule, in der die ältesten Kinder zehn- oder elfjährige Fünftklässler sind? Das zu sehen, hat mich dann doch schockiert.

Andererseits: Ein Polizist hat mir einmal Statistiken gezeigt, aus denen man ablesen konnte, dass ein nicht unwesentlicher Teil der jugendlichen Süchtigen, mit denen sein Department jeden Tag zu tun hat, bei Befragungen angegeben hatten, sie seien ungefähr im Alter von zwölf Jahren zum ersten Mal mit harten Drogen wie Heroin in Kontakt gekommen. Und es gibt bestimmt auch genügend Lehrerinnen und Lehrer, die drogenabhängig sind. Die Anweisung der Schulbehörde in meinem Landkreis, dass in jeder Schule ein Naloxon-Kasten hängen muss, so wie dort ein Defibrillator hängt oder ein Verbandskasten, hat also schon ihren Grund.

Der Polizist, der mir das mit den zwölfjährigen Erstkonsumenten erzählt hat, arbeitete im Police Department der Stadt Huntington im Bundesstaat West Virginia. Ich war im Winter 2016 dort, kurz vor Weihnachten und nur ein paar Wochen nach der Präsidentschaftswahl, die Donald Trump gewonnen hatte. Huntington, eine vergammelte Industriestadt am Ohio River, und der umliegende Landkreis, Cabell County, waren damals eines der Epizentren der Drogenepidemie in den USA. Die Polizei schätzte, dass vierzehn Prozent der etwa einhunderttausend Menschen, die dort lebten, süchtig nach illegalen Drogen waren. In Huntington kippten damals links und rechts Menschen wegen einer Überdosis um – buchstäblich: im Stadtpark, im Supermarkt, an der Tankstelle, im Auto an der roten Ampel, bei McDonald's auf der Toilette. Im Durchschnitt gab es 2016, dem Jahr, in dem ich in Huntington war, in der Stadt alle sieben Stunden eine Überdosis. Im Jahr darauf stieg die Zahl auf eine Überdosis alle fünf Stunden. 220 Menschen starben 2017 in Cabell County an Drogen. Das Heroin, so sagte es einer der Polizisten, die ich traf, sei überall, jeder in der Stadt kenne jemanden, der abhängig sei – jeder, vom Bürgermeister bis zu den Obdachlosen, die am Ufer des Ohio in Zelten campierten.

Huntington liegt im Rust Belt, jener Region, die sich von der nordöstlichen Ecke der USA um die Great Lakes herum bis in den Mittleren Westen zieht und in der früher einmal das Herz der Schwer- und Rohstoffindustrie des Landes schlug. Dort wurden Autos, Motorräder und Maschinen gebaut, es wurde Eisen gegossen, Chemie gemixt und Stahl gerollt, Kohle gefördert und Erz abgebaut. Es ist erstaunlich, heute zurückzuschauen und zu sehen, wie viele Dinge des täglichen Gebrauchs früher einmal in großen Mengen und in hoher Qualität in Amerika produziert wurden, bevor das Land anfing, so gut wie alles billiger aus China zu importieren. Kleidung, Wäsche, Möbel, Computer, Telefone, Musikinstrumente, Küchengeräte, Geschirr, Glaswaren, Werkzeuge, Fahrräder, Baseball-Handschuhe, Baseball-Schläger, Baseball-Bälle, Fußbälle, Schuhe, Füllfederhalter – all das gab es einst mit der Aufschrift »Made in USA« zu kaufen. Heute sind diese Sachen, wenn sie noch aus amerikanischer Herstellung stammen, teure Luxusartikel. Oder man findet sie gebraucht in Trödel- und Antiquitätenläden. Sehr viele der Fabriken, die den Menschen einst Lohn und Brot – und damit Würde – gegeben haben, stehen still. Die Arbeitsplätze wurden nach Mexiko oder China verlagert, die verlassenen Produktionsanlagen rosten vor sich hin. Daher der Name: Rust Belt – Rostgürtel.

Der Countrymusiker, Jäger und Waffenkenner James McMurtry, der in vorangegangenen Kapiteln schon vorgekommen ist, hat einmal ein Lied über diesen Rust Belt geschrieben. Der Song heißt »We Can't Make It Here« und ist eine Art Abgesang auf die amerikanische Arbeiterschaft. McMurtry erzählt darin von geschlossenen Fabriken, bankrotten, vernagelten Läden,

Scherben und Heroinspritzen im Rinnstein – so wie es in Tausenden Ortschaften und Städten von Maine bis Pennsylvania, von Ohio bis Missouri, von Michigan bis Indiana aussieht, in denen früher einfache Leute mit einfachen Schulabschlüssen – de facto eine ganze sozioökonomische Gesellschaftsschicht: die untere weiße Mittelklasse –ein vernünftiges Leben führen konnten, die aber jetzt von Hoffnungslosigkeit und Verfall geprägt sind. Vom Verfall der Wirtschaft und vom Verfall der Menschen. Von Bruce Springsteen gibt es ein ähnliches Lied, das »Youngstown« heißt und das langsame Sterben der Stahlstadt gleichen Namens in Ohio beschreibt: »Seven hundred tons of metal a day, now, Sir, you tell me the world's changed«, heißt es darin. »Once I made you rich enough, rich enough to forget my name.« Siebenhundert Tonnen Metall am Tag, aber jetzt, Sir, sagen Sie mir, dass die Welt sich verändert hat. Ich habe Sie einst reich gemacht, so reich, dass Sie meinen Namen vergessen konnten. Auch andere Musiker, die aus den ehemaligen Kohlegebieten der Appalachen oder dem Rust Belt stammen, erzählen vom Niedergang dieser alten industriellen Welt. Und eines der Wörter, das in ihren Texten immer wieder vorkommt, um zu beschreiben, was die Jobs ersetzt hat, ist »pills« – Tabletten, genauer: Oxys. Es lohnt sich, diese Musik zu hören – dazu in einem späteren Kapitel noch mehr –, denn sie beschreibt eine amerikanische Wahrheit, die weit entfernt ist von glitzernden und märchenhaft reichen Orten wie Manhattan, dem Silicon Valley oder Miami Beach, die aber genauso echt ist. Wenn man mal ein paar hundert Meilen in den Vereinigten Staaten über die Dörfer gefahren ist, weiß man ziemlich genau, wie das alles aussieht.

Dass Sucht, Suizide und andere individuelle selbstzerstörerische Praktiken in so einem Umfeld des Zerfalls blühen, ebenso wie gesellschaftlich destruktive politische Radikalität und Populismus, ist eigentlich nicht verwunderlich. Ich war im Sommer 2016 in Youngstown, und für mich war schon nach ein paar Stunden und einigen Gesprächen offensichtlich, warum Donald

Trump dort so beliebt war. Hätten die Wahlkampfleute der Demokratin Hillary Clinton sich die Mühe gemacht, einen Nachmittag in der Stadt zu verbringen und die einst prachtvolle, lebendige, heute aber ausgestorbene und von Pfandleihern und Schnapsläden gesäumte Market Street auf und ab zu laufen, wären sie von Trumps Erfolg wohl nicht so überrascht gewesen. Natürlich war Trump, der große Zerstörer jedweder etablierten Ordnung, ein Lügner, der an die niedersten Instinkte der Menschen appellierte, an ihren Rassismus und ihre Fremdenfeindlichkeit. Aber er versprach den Menschen im Rust Belt, die an einem zerbrochenen Leben litten und denen diese etablierte Ordnung nichts mehr gab, etwas, woran sie glauben und auf das sie hoffen konnten – egal wie falsch und erfunden es war. Vor allem gab er ihnen Sündenböcke: Immigranten und den vermeintlich so korrupten Washingtoner Politikersumpf. Auf diese Ziele konnten die Abgehängten ihren Hass und ihre Wut richten, damit sie sich weniger schlecht fühlten.

Trump hatte damit in politischer Hinsicht eine ähnliche Wirkung, wie Drogen sie in körperlicher und seelischer Hinsicht haben: Sie gaukeln für eine gewisse Zeit eine bessere Welt vor, einen vermeintlichen Ausweg aus dem unerträglichen Dasein. Sie betäuben den Schmerz. Aber irgendwann beenden sie ihn für immer. Die Städte im Rust Belt sterben, und die Menschen darin sterben dann auch – an jenen Ursachen, die in Amerika viel zu poetisch als »diseases of despair« bezeichnet werden, als die Krankheiten der Verzweiflung: Sie saufen sich zu Tode, sie schießen sich eine Kugel in den Kopf, oder sie spritzen sich, wie in Huntington, eine Überdosis Heroin. Anfang des Jahrtausends starben Amerikanerinnen und Amerikaner im Alter zwischen achtzehn und 44 Jahren noch vor allem an drei Ursachen: Verkehrsunfällen, Krebs und Herz-Kreislauf-Erkrankungen. Zwanzig Jahre später, in den Jahren 2020 und 2021, waren die führenden Todesursachen für Menschen in dieser Altersgruppe hingegen Selbstmord und Drogenmissbrauch. Das ist ein wesentlicher

Grund dafür, warum die Vereinigten Staaten das einzige westliche Industrieland sind, in dem die Lebenserwartung der Bewohner in den vergangenen Jahren gesunken ist, anstatt parallel zum wachsenden Wohlstand und medizinischen Fortschritt zu steigen.

Es gibt inzwischen etliche ausgezeichnete Bücher und Dokumentationen darüber, wie die amerikanische Drogenepidemie entstanden ist, die längst noch kein Ende erreicht hat, sondern immer schlimmer wird. Ich muss das hier nicht alles wiederholen. Wen die Einzelheiten interessieren, kann sie bei Sam Quinones nachlesen, der die Standardwerke zu dem Thema geschrieben hat, *Dreamlands* und *The Least of Us*. Grob gesagt, war es so: Die Epidemie begann mit der Gier von Pharmakonzernen. Diese brachten in der zweiten Hälfte der Neunzigerjahre durch massive Marketingkampagnen Ärzte dazu, Hunderttausenden, wenn nicht Millionen Menschen starke Schmerzmittel zu verschreiben, die Opioide enthielten – allen voran das berüchtigte Medikament Oxycontin, in dem der Wirkstoff Oxycodon steckt. Oft hatten die Patienten, die diese Tabletten erhielten, tatsächlich schmerzhafte Erkrankungen oder Verletzungen: einen verdrehten Knöchel nach einem Sportunfall, einen zerschundenen Rücken nach jahrelanger Schufterei in einem Kohlebergwerk, einen geschwollenen, pochenden Kiefer nach einer Wurzelbehandlung. Die amerikanische Gesellschaft ist aber nicht besonders schmerztolerant. Wenn etwas weh tut, wird eine Pille geschluckt. Das hat oft sehr handfeste wirtschaftliche Gründe: Viele Menschen können sich keine Schmerzen leisten, die ihre tägliche Funktionsfähigkeit einschränken. Arbeitnehmer in Amerika haben, wenn überhaupt, nur eine geringe Anzahl von bezahlten Krankheitstagen. In vielen Jobs riskiert, wer nicht zur Arbeit erscheint, die Kündigung. Mehr oder weniger krank zur Arbeit zu gehen, ist in den USA deswegen normal. Für sehr viele Amerikaner ist es finanziell schlicht unmöglich, zwei, drei Tage oder gar eine Woche im Bett zu bleiben, wenn – oder, gemäß der Logik der Pharmabranche: nur weil – sie Schmerzen haben, die sich mit einer Tablette beheben ließen. Angestellte in den USA bekommen auch keine Kuraufenthalte von ihrer Krankenkasse bezahlt, um eine schmerzende Verletzung in Ruhe ausheilen zu lassen. Im Notfall wird der Schmerz daher eben mit Chemie so weit gedämpft, dass man bei der Arbeit durchhält. Das ist einer der Gründe, warum man Schmerzmedikamente wie Ibuprofen oder Paracetamol, die in Deutschland apothekenpflichtig sind, in den Vereinigten Staaten in jeder Drogerie ohne Probleme eimerweise kaufen kann. »Pain? What pain?«, lautete der Spruch in einem Werbespot für eines dieser in Hunderterpackungen verfügbaren Mittel, den ich während meiner Zeit in Amerika jeden Abend mehrmals im Fernsehen gesehen habe. Schmerz? Welcher Schmerz? Dazu wurden Bilder von fröhlichen Rentnern gezeigt, die trotz arthritischer Schultern ihre lachenden Enkel in die Höhe warfen.

Es hätte der Wahrheit eher entsprochen, wenn es Bilder von einer Kellnerin mit steifen Knien oder einem Bauarbeiter mit kaputter Wirbelsäule gewesen wären, die sich zur Schicht schleppen. »Daddy worked hard, mama worked harder, propped up on pain pills and pride«, singt Jason Isbell in einem seiner Lieder. Papa hat hart gearbeitet, Mama hat härter gearbeitet, auf den Beinen gehalten von Schmerztabletten und Stolz. Das ist für viele Amerikanerinnen und Amerikaner, die von Gehaltsscheck zu Gehaltsscheck leben, die Realität.

Oxys sind, was Wirksamkeit und Gefährlichkeit angeht, allerdings noch einmal eine ganz andere Liga als Ibus. In Deutschland werden solche Opioide nur selten und in sehr schweren Fällen verabreicht, bei Krebspatienten im Endstadium zum Beispiel, deren Schmerzen sonst nicht mehr auszuhalten wären und bei denen eine mögliche Abhängigkeit kein wirkliches Problem mehr ist. In den USA wurden und werden Oxycontin und ähnliche Medikamente wie Percocet oder Vicodin hingegen massenweise, in viel zu hohen Dosen und über viel zu lange Zeiträume verschrieben. Für die Art von Schmerzen, die sie bekämpfen sollten, sind sie oft deutlich zu stark und auch gar nicht entwickelt worden. Ich habe mir einmal an einem Silvesterabend die Finger an einem heißen Pfannenstiel verbrannt. Nach zwei Stunden in der Notaufnahme eines Washingtoner Krankenhauses wurde ich mit einer Hand im Mullverband und einem Rezept für zwanzig Opioid-Tabletten heimgeschickt, obwohl die Schmerzen recht erträglich waren. Das wurde eben so gemacht, die diensthabende Notärztin ging völlig selbstverständlich davon aus, dass ich trotz der Brandblasen am 2. Januar wieder in der Lage sein musste, ein Lenkrad zu halten und auf einer Tastatur zu tippen. Deswegen bekam ich einen Sieben-Tage-Vorrat Percocet. Hätte ich das Rezept eingelöst und die Tabletten genommen, hätte ich eine Woche lang zwischen rosa Wolken schwebend in La La Land verbracht.

Von einem Problem zu einer Katastrophe wurde diese übertriebene – und, um es noch einmal zu betonen, von den Pharmaunternehmen kräftig angetriebene – Verschreibungspraxis, weil vollkommen unterschätzt, oft auch ignoriert oder verschwiegen wurde, wie schnell diese Opioide Konsumenten abhängig machen können. Oxycodon, Hydrocodon oder Codein sind zwar Wirkstoffe, die Schmerzen lindern. Aber vor allem machen sie high. Und sie verursachen die gleichen Entzugserscheinungen, wenn man sie nicht mehr nimmt. Insofern war es keine wirkliche Überraschung, dass sich neben dem legalen Markt mit diesen Schmerzmitteln sehr schnell ein paralleler, illegaler Markt entwickelt hat für Leute, deren Absicht es nicht unbedingt war, die Pillen so einzunehmen, wie es auf dem Beipackzettel stand, sondern die sie zerbröselten und schnupften oder auflösten und spritzten. Dieser illegale Markt wurde zum Teil von den gleichen Medikamentenherstellern, Pharmagroßhändlern, Schmerzkliniken und Ärzten bedient wie der legale, denn das Produkt, das da gehandelt wurde, war ja nicht verboten. Es waren offiziell zugelassene Arzneimittel, hergestellt von renommierten Unternehmen. Eines davon war Purdue Pharma, dessen Besitzer – die

Familie Sackler – im ganzen Land als großzügige Kunstmäzene und Philanthropen bekannt waren. Der Schwarzmarkt mit den Pillen war deswegen allenfalls ein grauer Markt: Junkies konnten sich gegen Schmiergeld von einem korrupten Arzt ein Rezept für Oxys ausstellen lassen, dieses bei einer Apotheke einreichen und die Pillen dann entweder konsumieren oder weiterverkaufen. Als den Behörden schließlich auffiel, was da los war, dass zum Beispiel Drogerien in abgelegenen Bergdörfern in Kentucky oder West Virginia, in denen nur eine Handvoll Familien wohnten, jeden Monat Hunderttausende Opioid-Tabletten an »Patienten« ausgaben, die alle mit Rezepten vom gleichen Arzt angefahren kamen, war es zu spät: Millionen Menschen waren abhängig, Amerika hatte sich ein Heer an Drogensüchtigen herangezogen. Und diese Süchtigen verschwanden nicht einfach, als die Justiz endlich begann, gegen die »pill mills« vorzugehen – die Apotheken, über die die Tabletten vertrieben wurden – oder gegen die Dealer auf der Straße. Diese Verknappung des Angebots bei gleichbleibender Nachfrage trieb zunächst einmal nur die Preise für den Stoff in die Höhe. Deswegen stieg ein Großteil der Süchtigen um: von Opioid-Pillen auf Heroin, das ein ähnliches High auslöst und das die mexikanischen Drogenkartelle in scheinbar unbegrenzter Menge über die Grenze schafften. Es war, um einen Polizisten zu zitieren, »billig wie Scheiße und stark wie ein Hieb mit dem Vorschlaghammer«.

Im Herbst 2016 wurde Amerika unter einer Lawine von diesem mexikanischen Heroin begraben, und Huntington, West Virgina, war Ground Zero. Ich war nur zwei oder drei Tage und Nächte dort, ich habe einige Schichten mit der örtlichen Feuerwehr und der Polizei mitgemacht, aber ich habe in dieser kurzen Zeit mindestens ein Dutzend Einsätze erlebt, bei denen Drogensüchtige vor dem Tod durch eine Überdosis gerettet werden mussten. Am ersten Abend hatten sich die Feuerwehrleute, die mich sehr gastfreundlich aufgenommen hatten, gerade Hackbraten, Kartoffeln und Erbsen auf die Teller geladen und zum

Essen hingesetzt, als der Alarm losging. »Herzstillstand, wahrscheinlich wegen Überdosis«, teilte eine knarzige Stimme aus der Leitstelle der Wache in der Innenstadt von Huntington mit, dazu sagte sie eine Adresse. Drei Männer standen auf, kämpften sich in ihre dicken, feuerfesten Jacken und Hosen, stiegen in ihre Stiefel, setzten ihre Helme auf und rückten aus. Wir fuhren zu einer Wohnanlage, die eigentlich recht gepflegt aussah. Das Treppenhaus war sauber und roch nach dem uramerikanischen Bodenputzmittel Pine-Sol. Auf dem Weg hinauf in den ersten Stock kam uns eine Frau entgegen, die offensichtlich schnell wegwollte. In einer Wohnung in der ersten Etage lag ein Mann auf dem Boden. Er war kaum bei Bewusstsein, seine Lippen und sein Gesicht waren bläulich angelaufen, sein Atem rasselte. Um ihn herum lagen die typischen Utensilien eines Junkies – ein gebogener Löffel zum Aufkochen von Heroin, ein Feuerzeug, ein Wattebausch als Filter, ein Gummiband zum Abbinden des Arms. Nur die Spritze fehlte. Die Feuerwehrleute vermuteten, dass die Frau aus dem Treppenhaus in der Wohnung gewesen war, als der Süchtige sich seinen Schuss gesetzt hatte. Sie habe wohl den Rettungsdienst gerufen, sich die Spritze gegriffen, weil noch ein Rest Heroin darin gewesen sei, und sei dann abgehauen. Außerdem hatte sie offenbar noch einen Stapel Weihnachtspäckchen durchsucht. Jedenfalls lag in der Wohnung auch jede Menge zerrissenes Geschenkpapier.

Die Feuerwehrmänner rollten den Patienten in eine stabile Lage, sie pumpten mit einem Plastikbeutel Sauerstoff in seine Lunge und hielten ihn halbwegs wach, indem sie mit den Knöcheln scharf auf seinem Brustbein herumrubbelten, bis zwei Sanitäter ankamen. Diese hatten das Naloxon dabei – wie gesagt: ein Wundermittel. Eine Spritze, eine Minute, und der Mann kam zu sich, setzte sich lallend auf, atmete ohne Hilfe und war nicht mehr blau im Gesicht, sondern immerhin grau. Ein Polizist, der inzwischen auch eingetroffen war, stellte ihm einen Strafzettel aus, 125 Dollar wegen Drogenmissbrauchs, dann verfrachteten die Sanitäter den Patienten in ihren Krankenwagen und fuhren ihn ins Hospital. Die drei Feuerwehrmänner fuhren zurück zu ihrer Wache und wärmten sich ihren Hackbraten auf, den sie stehen gelassen hatten, als der Notruf kam.

So ging das die ganze Zeit, in der ich bei der Feuerwehr und der Polizei in Huntington war. Aus dem Lautsprecher in der Wache schrillte ein Warnton, dem man auch im tiefsten Schlaf nicht entkommen konnte. Dann folgte die knarzende Stimme aus der Leitstelle, die den Einsatzort und den Einsatzgrund mitteilte. In neun von zehn Fällen war das eine Überdosis. Manchmal waren die Behausungen, in denen die Opfer lagen, kaum mehr als schiefe Bruchbuden, in denen es nach Schimmel, altem Fett und kaltem Zigarettenqualm roch. Aber manchmal waren auch Menschen betroffen, die in ordentlichen Wohnungen lebten. Drogen waren in Huntington zu diesem Zeitpunkt längst kein Problem mehr, mit dem es nur die Armen und Abgehängten zu tun hatten. Es gibt in der Stadt eine große öffentliche Universität, die Marshall University, und das Heroin wütete genauso unter deren Dozenten, Studenten und Studentinnen wie unter dem Rest der Einwohner. In der letzten Nacht, die sternenklar und bitterkalt war, retteten die Feuerwehrleute eine junge Frau aus einem verlassenen Haus. Sie lag dort halb nackt zwischen Schutt und gefrorenen Kothaufen, schlaff, bleich, fast ohne Pulsschlag und mit verdrehten Augen. Ihr Freund, auch er ein Junkie, hatte die Feuerwehr gerufen – gerade noch rechtzeitig. Sehr viel länger hätte die Frau wohl nicht mehr gelebt. Eine Sanitäterin spritzte ihr drei Dosen Narcan, bevor sie zu sich kam und ins Krankenhaus gefahren werden konnte. Es war die erste Nacht in Amerika, in der ich dieses giftige, eklige, grelle lila Licht gesehen habe, das entsteht, wenn sich in der Dunkelheit die blauen und roten Blitzlichter auf den Polizei- und Feuerwehrautos vermischen. »Es ist ein Albtraum«, sagte damals der Polizist zu mir, den ich bei seiner Nachtschicht begleitete, als wir zu seinem Streifenwagen zurückgingen.

In diesem Mahlstrom aus Elend und Leid – und oft genug auch Tod – stand wie ein Fels Jan Rader. Die kleine blonde Frau war 2016 die stellvertretende Feuerwehrchefin von Huntington, etwas später übernahm sie die Führung – die erste Frau an der Spitze eines städtischen Fire Department in der Geschichte West Virginias. Daneben arbeitete Rader als Krankenschwester im Emergency Room einer Klinik in der Stadt. Vielleicht war es Zufall, aber Rader sagte zu mir, als wir uns damals unterhielten, den gleichen Satz, den auch Dr. Raquel Forsythe zu mir gesagt hatte, die Notfallchirurgin aus Pittsburgh: »I am built to help people.« Ich bin dazu geschaffen, Menschen zu helfen. Rader hat auch in dem gleichen ruhigen, freundlichen, professionellen Ton wie Forsythe von ihrer Arbeit erzählt, als sie mit mir durch eine vergammelte Sozialsiedlung in Huntington gelaufen ist, um mir die Plätze zu zeigen, an denen normalerweise besonders viele Spritzen liegen. Helfen – das war Jan Raders Berufung und Überzeugung, und es gibt sehr viele Menschen in Huntington, die deswegen noch am Leben sind.

Nur deswegen. Denn das Mitgefühl, das Rader für die Opfer der Drogenepidemie empfand und das ihre Arbeit prägte, war in dieser Ecke von Amerika längst nicht selbstverständlich. West Virginia ist eine konservative Gegend, tiefstes Trump-Land. Die Ansicht, dass Drogensucht in erster Linie eine Krankheit ist und erst in zweiter Linie mit kriminellem Verhalten einhergeht, wird dort, vorsichtig formuliert, nicht überall akzeptiert. Für viele Feuerwehrleute, die diesen Beruf gewählt hatten, weil sie Brände löschen wollten, war der tägliche, sogar stündliche Umgang mit Junkies keine erfüllende Tätigkeit, nichts, was sie gerne machten. Einige der Männer haben mir offen erzählt, dass sich ihr Mitleid mit den Süchtigen in sehr engen Grenzen hielt. Das hört sich vielleicht hartherzig an. Aber ich würde mir nicht anmaßen, so ein Urteil zu fällen. Es ist eine Sache, Menschen beizustehen, die ohne eigene Schuld verletzt wurden, die einen Autounfall hatten, gestürzt oder in einem brennenden Haus gefangen sind. Es ist etwas anderes, wenn man als Retter Leuten aus einer lebensbedrohlichen Lage helfen muss, die ziemlich genau wissen, was sie riskieren – und es trotzdem tun. Die meisten Junkies, die ich in Huntington gesehen habe, waren offensichtlich erfahrene Drogenkonsumenten. Sie kannten ihre Toleranzschwelle für Heroin oder andere Opioide, sie wussten, wie viel sie sich spritzen konnten. Und sie sind mit jedem Schuss, den sie sich gesetzt haben, absichtlich – wenn vielleicht auch nicht freiwillig – so knapp wie möglich an den Rand des Todes gegangen, weil dort das höchste High ist. Jedes Mal, wenn ein Feuerwehrauto und ein Rettungswagen ausrückten, um einem Süchtigen mit Überdosis zu helfen, waren diese Einsatzfahrzeuge zwei, drei Stunden lang blockiert, die Feuerwehrleute und Sanitäter waren beschäftigt. Sie fehlten dann, um die Opfer eines Verkehrsunfalls zu versorgen oder jemanden zu retten, dessen Herzinfarkt nicht von einem zu starken Schuss Heroin verursacht worden war.

Es ist in Huntington vorgekommen, dass Feuerwehrmänner den gleichen Abhängigen binnen einiger Monate vier, fünf Mal oder noch öfter beatmen und mit Narcan retten mussten, weil er sich immer wieder eine Überdosis gespritzt hatte. Sie wurden von der knarzenden Stimme aus dem Lautsprecher in der Wache wieder und wieder zur gleichen Adresse gerufen und mussten dort wieder und wieder auf einem versifften Teppich einen Vater oder eine Mutter zurück ins Leben holen, vor den Augen der erstarrten Kinder. Manchmal wachten die Süchtigen auf und beschimpften die Retter. Schließlich hatten die sie gerade mit Naloxon von einem High heruntergeholt, das sie viel Geld gekostet hatte. Dass es sie beinahe auch das Leben gekostet hätte, war weniger wichtig. Wenn man das eine Weile mitmacht, verhärtet man als Helfer innerlich vielleicht. Dem Polizisten, mit dem ich eine Nacht Streife gefahren bin, war jedenfalls die Abscheu anzuhören, die er gegenüber den Drogensüchtigen empfand, um die er sich alle paar Stunden kümmern musste.

Hinzu kam, dass die ständige Konfrontation mit Sterbenden oder Toten psychisch äußerst belastend für die Polizisten und Feuerwehrleute war. Sie waren traumatisiert, so wie Soldaten, die zu lange an der Front gewesen waren und zu viel Furchtbares gesehen und erlebt hatten. »Mir macht das nichts mehr aus«, sagte Rader damals, »ich bin schon lange in dem Geschäft. Aber die jungen Berufsanfänger macht es fertig. Früher haben die vielleicht drei oder vier Tote im Jahr gesehen, die bei Feuern starben. Heute sammeln sie jedes Jahr dreißig oder vierzig Leichen ein.« Ich weiß nicht, wie die Feuerwehrmänner in Huntington diese Flut von Schrecklichem ausgehalten und verarbeitet haben, die über sie und ihre Stadt gekommen ist. Manche – das klang aus dem durch, was sie mir erzählt haben, während wir in der Garage neben dem Feuerwehrwagen auf den nächsten Einsatz warteten – haben bestimmt versucht, es wegzusaufen. Andere haben sich wohl bemüht, es, so gut es ging, zu verdrängen oder zu vergessen. Aber ich will mir kaum vorstellen, wie es drinnen im Seelenleben von vielen dieser Leute ausgesehen hat, was die Drogen auch ihnen und ihren Familien angetan haben, selbst wenn sie nur mittelbar betroffen waren.

Jan Rader hat sich ihre Empathie bewahrt. Sie hat ihre Feuerwehrmänner dazu angehalten, jedem Süchtigen zu helfen, egal, wie oft sie ihn vorher schon gerettet hatten oder wie zuwider es ihnen war, dass ein Mensch so seiner Sucht verfallen kann. Rader hat auch mit der Stadtverwaltung, den Gerichten und der Polizei zusammengearbeitet, um Entzugs- und Therapieplätze für Drogenabhängige zu finden oder überhaupt erst einzurichten, damit sie – hoffentlich – zurück in ein halbwegs normales Leben finden können. Bei Netflix gibt es eine einige Jahre alte Dokumentation über drei Frauen in Huntington, die sich auf verschiedene Weise gegen die Drogenepidemie in ihrer Stadt stemmen. Der Film heißt *Heroin(e)*, ein Wortspiel mit den englischen Begriffen für Heroin und Heldin, und war 2017 für einen Oscar nominiert. Eine der porträtierten Frauen ist Jan Rader.

Die Dokumentation hat damals den Oscar nicht gewonnen, aber Rader war zur Verleihungsfeier nach Hollywood eingeladen worden und lief dort in ihrer Feuerwehruniform über den roten Teppich. Ein paar Jahre nach meinem Besuch in Huntington hat Rader die Leitung des Fire Department abgegeben, sie arbeitet heute für eine Organisation in der Stadt, die Feuerwehrleuten, Polizisten und deren Familien hilft, mit dem Stress und der seelischen Belastung fertigzuwerden, die ihre Arbeit mit sich bringt. Die Helfer müssen manchmal eben auch einander helfen, die Retter müssen sich zuweilen gegenseitig retten. Daran, dass Jan Rader eine Heldin ist, gibt es meiner Meinung nach aber nicht den geringsten Zweifel.

West Virginia ist nach wie vor der amerikanische Bundesstaat, in dem die Drogenepidemie am schlimmsten wütet. 2021 gab es dort fast 91 Drogentote je hunderttausend Einwohner. Zum Vergleich: In Deutschland lag die Rate im gleichen Jahr bei weniger als zwei Drogentoten pro hunderttausend Einwohner. So einen niedrigen Wert erreicht kein einziger US-Bundesstaat. Am besten schnitt 2021 Nebraska ab, doch selbst da war die Todesrate mit mehr als elf Opfern pro hunderttausend Einwohner gut fünfmal so hoch wie in Deutschland. In fast allen anderen Bundesstaaten sind Raten zwischen zwanzig und siebzig Drogentoten pro hunderttausend Einwohner die Regel. Das zeigt die Dimension dieser modernen Pest, von der Amerika verheert wird, so wie einst Europa vom Schwarzen Tod, der ganze Landstriche entvölkert hat. Und es ist kein Ende abzusehen. Im Gegenteil: Jedes Jahr, so scheint es, kommt eine noch härtere, noch tödlichere Droge auf den Markt. Die Opioid-Tabletten aus legaler Produktion waren für die Süchtigen zumindest berechenbar. In jede Pille war eingestempelt, wie viel Milligramm Wirkstoff in ihr steckte. Die Süchtigen konnten daher abschätzen, welche Menge sie rauchen, schnupfen oder spritzen konnten, ohne zu sterben. Inzwischen sind praktisch alle Drogen, die in Amerika illegal gehandelt werden, mit Fentanyl versetzt, zumindest besteht immer das Risiko. Und niemand weiß, wie viel Fentanyl in dem Stoff steckt, den man gerade gekauft hat. Jeder Drogentrip ist deswegen eine Wette mit dem Tod. Junge Bankangestellte in New York City, die sich am Wochenende ein bisschen Koks kaufen, um zu feiern, sterben genauso an Fentanyl-Überdosen wie hartgesottene Junkies in vergessenen Appalachen-Dörfern, die sich verseuchtes Heroin injizieren. Oder wie der Junge an der Highschool meiner Söhne, der dachte, er schnupfe eine Percocet, der sich in Wahrheit aber pures Gift in die Nase gezogen hat, das ihn binnen weniger Minuten umbrachte. Fentanyl ist derart verbreitet, dass es inzwischen Bundesstaaten gibt, in denen Dealer wegen Mordes angeklagt werden, wenn ein Kunde an einer Überdosis stirbt, nicht mehr nur wegen eines Verstoßes gegen die Drogengesetze. Ich bin skeptisch, ob härtere Strafen angesichts der enormen Gewinnmargen, die der Drogenhandel den Kartellen und Händlern einbringt, viel Erfolg haben. Eher steigt mit den Strafen der Preis, oder die Dealer weichen auf anderen Stoff aus, irgendein neues synthetisches Zeug. Andererseits – was ist es, wenn nicht Mord oder Totschlag, wenn jemand einem Schüler eine gefälschte Schmerztablette voller Fentanyl verkauft, die das Kind tötet? Ich finde es gerechtfertigt, wenn sich das auch in der strafrechtlichen Bewertung des Falls niederschlägt.

Ein anderer Weg, um Überdosen durch Fentanyl zu verhindern, ist das, was in den USA als *»harm reduction«* bezeichnet wird: der Versuch, zumindest die negativen gesundheitlichen Folgen von Drogenkonsum zu verringern, wenn sich schon der Konsum an sich nicht unterbinden lässt. Ich habe in amerikanischen Städten immer wieder Nächte mit Suchthelfern verbracht, die an Straßenecken standen und saubere Spritzen, Desinfektionsmittel und steriles Wasser an Drogenabhängige verteilt haben, damit diese wenigstens keine Infektionen bekommen, wenn sie sich die Arme und Füße zerstechen. Da kamen alle möglichen Leute angelaufen und angefahren, um sich mit diesen Utensilien zu versorgen – abgemagerte Gestalten, die wie

Geister aus der Dunkelheit auftauchten, gut gekleidete Pärchen, die in einem teuren Geländewagen saßen, eine Mutter, die sehr dankbar war, dass sie nicht nur ein Dutzend Spritzen, sondern auch noch drei Müsliriegel bekam. Das sei das Frühstück für ihre Kinder, sagte sie. Besonders gefragt waren an diesen Verteilstellen in den letzten Jahren immer die Teststreifen, mit denen man Drogen darauf prüfen konnte, ob sie Fentanyl enthielten. Sie waren, so erschien es mir, eine sehr praktische Lebensversicherung - leicht zu verteilen, einfach zu handhaben, verlässlich und billig. Es gibt in konservativen, republikanisch regierten Bundesstaaten großen politischen Widerstand gegen solche Harm-Reduction-Programme. Sie machten es für Menschen leichter, Drogen zu nehmen, und förderten die Sucht, lautet das Argument der Gegner. Ich vermute allerdings, dass sie mehr Leben gerettet haben als alle Gesetzesnovellen zusammen, durch die Strafen verschärft wurden.

Für mich als politischen Korrespondenten, der in erster Linie über das alltägliche Hin und Her in Washington zwischen Weißem Haus, Kongress und Verfassungsgericht berichten musste, waren Recherchen wie die in Philadelphia oder Huntington immer so etwas wie Reisen in ein anderes, vielleicht - wenn man das Adjektiv steigern kann - das echtere Amerika. Man konnte während einer Nachtschicht auf einer Feuerwache sehr viel über das Land und die Leute erfahren, mehr als bei den Abendempfängen der Botschaften oder den Diskussionsrunden bei Denkfabriken in der Hauptstadt. Ich habe in Städtchen wie Huntington, wie man auf Englisch sagen würde, »the worst and the best of America« gesehen - das Schlimmste, das Amerika ausmacht, aber auch das Beste.

Das Schlimmste: Ich habe Menschen, Städte, ganze Landesteile gesehen, die durch die vollkommen gleichgültige und gnadenlose Profitgier von Konzernen ausgelaugt, ruiniert und am Ende zerstört worden waren. Es ist leicht, den einen Dealer für das Elend eines Junkies verantwortlich zu machen, der ihm eine Pille, eine Ampulle mit Crystal Meth oder ein Beutelchen Heroin in die Hand drückt. Aber dieser Dealer ist ja nur das Ende einer langen Produktions- und Vertriebskette, in die längst nicht nur illegal arbeitende Akteure eingebunden sind. Wie gesagt: Die Oxys, von denen zig Millionen in kleine Rust-Belt-Kommunen gepumpt wurden, waren ein legales Produkt. Für einen Kommentar, den ich einmal in der *Süddeutschen Zeitung* über die amerikanische Drogenepidemie geschrieben habe, bekam ich einen Journalistenpreis, dessen Preisgeld unter anderem von der Investmentbank Goldman Sachs gespendet worden war. Die Verleihung fand in deren Hauptquartier in New York City statt, irgendwo hoch oben im tausendsten Stockwerk mit Blick auf Manhattan, bei Drinks und Filetsteak. Nach dem Essen sollte ich eine kurze Rede halten, was sich ja gehört. Ich habe mich also artig bedankt. Allerdings ärgere ich mich bis heute, dass ich in dieser Kathedrale des Kapitalismus nicht wenigstens zwei, drei kritische Sätze über die Rolle von Banken gesagt habe, die das Geschäft der Pharmaindustrie mit den tödlichen Pillen schließlich finanzieren, die mit den Aktien dieser Unternehmen handeln und daran gut verdienen. Nicht dass sich irgendwer darum gekümmert hätte, was ich dazu zu sagen gehabt hätte. Aber es wäre, finde ich, angebracht gewesen, die Verantwortung der Spitzen der amerikanischen Wirtschaft für das, was unten am Boden passiert, einmal an einem Ort anzusprechen, der so weit entfernt ist von den Feuerwachen in Huntington, dass das menschliche Elend sich bequem ignorieren lässt und man nur noch die vermeintlich unschuldige Rendite sieht.

Das Beste: Ich habe Menschen getroffen, die so viel Kraft, Pflichtgefühl, Verantwortungsbewusstsein, Mitleid oder Nächstenliebe in sich hatten, dass sie sich unermüdlich gegen die Zerstörung stemmen, die die Drogen anrichten. Für jeden Drogendealer, der an einer Straßenecke seinen Stoff anbot, gab – und gibt – es in den betroffenen Städten und Gemeinden einen Feuerwehrmann, eine Polizistin, einen Bürgermeister, eine Sozialarbeiterin, einen Pastor, eine Krankenschwester, einen Richter, eine Ärztin, einen Lokalpolitiker, eine Lehrerin, einen Football-Coach, einen Schuldirektor und ungezählte Privatpersonen, die versucht haben, ihre Mitmenschen vor diesem Gift zu retten. Jan Rader ist so ein Mensch. Alle Feuerwehrleute in Huntington sind solche Menschen. Selbst der Polizist, der mich eine Nacht lang herumgefahren und der so abfällig über die Drogensüchtigen gesprochen hat, ist so ein Mensch. Er hat jeden Tag sein Leben, seine physische und psychische Gesundheit riskiert, weil es sein Beruf war, Menschen vor der Drogenpest zu schützen, die ihm persönlich eigentlich wenig bedeutet haben. Mir war Jan Raders Einstellung gegenüber den Abhängigen und ihrer Krankheit sympathischer. Aber ich kann die Sicht des Polizisten respektieren.

Pam und Joe Kaehler sind auch solche Menschen – Retter. Ich habe einmal im Sommer 2017 einen Nachmittag in ihrem Haus am Stadtrand von Morgantown, West Virginia, verbracht. Das Ehepaar konnte keine eigenen Kinder bekommen, aber sie hatten viel Platz in ihrem großen Haus und in ihren großen Herzen, also machten sie es sich zur Aufgabe, Kindern von Eltern ein Zuhause zu geben, die drogensüchtig sind. Im Lauf der Jahre nahmen Pam und Joe Kaehler zehn Kinder zur Pflege zu sich, acht von ihnen haben sie adoptiert. Ich übertreibe nur ein bisschen, wenn ich sage, dass das eine Tat war, wie Heilige sie tun. Die Verhältnisse, aus denen diese zehn Kinder kamen, waren grauenhaft. Angesichts des schieren Ausmaßes an Drogensucht in einem Bundesstaat wie West Virginia muss die Situation in einem Haushalt schon sehr weit eskalieren, muss das Familienleben schon sehr zerrüttet und das Kindeswohl sehr akut gefährdet sein, bis das Jugendamt einschreitet, die Kinder von den Eltern trennt und in einer Pflegefamilie unterbringt. Die größeren Kinder, die bei den Kaehlers untergekommen waren, hatte alle mehrere Jahre voller Misshandlungen, Missbrauch, Lügen, Chaos, Gewalt, Hunger und Verwahrlosung hinter sich. Vor allem hatten sie nie kennengelernt, was Kinder so dringend brauchen: ein Gefühl der Sicherheit, der Geborgenheit, des Vertrauens. Einige der Kleinkinder, die Pam und Joe Kaehler zu sich genommen hatten, waren mit Entzugserscheinungen auf die Welt gekommen, weil ihre Mütter während der Schwangerschaft Drogen genommen hatten. Sie zitterten, schrien ständig und schliefen monatelang nicht mehr als ein, zwei Stunden am Stück.

Die Kaehlers haben diesen verlorenen Kindern und Jugendlichen eine Chance auf ein neues Leben gegeben. Vielleicht werden nicht alle acht es schaffen. Einige der älteren Kinder waren innerlich gebrochen, sie kämpften mit ihren Traumata, sie waren aggressiv und unfähig, liebevolle Beziehungen zuzulassen oder einzugehen. Sie balancierten wie ihre leiblichen Eltern immer nah am Rand zur Selbstzerstörung – ständig in Gefahr, abzustürzen. Aber sie hatten eben auch jemanden, der ihnen Halt gab: Pam und Joe.

Wie es den Kaehler-Kindern heute geht, weiß ich nicht. Ich habe, als ich jetzt, sechseinhalb Jahre nach meinem Besuch, dieses Kapitel geschrieben habe, nicht viel im Internet über sie finden können. Aber damals, als sie mich in ihr Haus in Morgantown einluden, mir von ihrem Burger-King-Mittagessen abgaben und ihre Lebensgeschichten erzählten, erst etwas verschämt und einsilbig, dann immer freier und flüssiger, da ging es ihnen allen gut. Die kleinen Kinder schliefen nachts. Die größeren gingen zur Schule oder arbeiteten. Sie nahmen keine Drogen – und sie hatten Träume. Dass das so war, verdankten sie einem Ehepaar, das beschlossen hatte, seine Zeit und sein Geld nicht für Kreuzfahrten oder Golfspielen auszugeben, sondern dafür, Kinder zu retten. Vielleicht sollte Goldman Sachs lieber so einer Familie ein paar Tausender zukommen lassen, anstatt den x-ten Journalistenpreis zu finanzieren.

Ich hätte dieses Kapitel gerne mit einem Satz abgeschlossen, der etwas Hoffnung enthält. Irgendwas in dieser Art: Solange es Menschen wie Jan Rader und die Kaehlers in Amerika gibt, haben die Drogen nicht gesiegt. Sie hätten es verdient, dass dieser traurige Teil des Buchs mit ein wenig Zuversicht endet. Schließlich geben sie auch nicht auf. Aber wenn ich ganz ehrlich bin, glaube ich nicht wirklich daran, dass es bei diesem Thema viel Grund zur Hoffnung gibt. Vor Jahrzehnten schon haben die USA den »War on Drugs« ausgerufen, den Krieg gegen die Drogen. Und seit Jahrzehnten gewinnen die Drogen so gut wie jede neue Schlacht in diesem Krieg. Menschen wie Rader und die Kaehlers lindern das Leid, das die Drogen über Amerika bringen. Aber gegen die Macht und Skrupellosigkeit der mexikanischen Kartelle und ihrer Verbündeten in den USA, gegen die unersättliche Gier derer, die mit Drogen Milliarden Dollar verdienen, und gegen die Sucht der Konsumenten kommen sie, fürchte ich, nicht an. Aus dem amerikanischen Mythos von Rausch und Freiheit ist längst eine amerikanische Horrorgeschichte geworden. Ich sehe nicht, dass sie ein gutes Ende nehmen wird.

Kapitel 9

Grenze

Texas, Kalifornien

Im Hafen von New York City steht auf einem Felsbrocken, der den klangvollen Namen Liberty Island trägt, die Freiheitsstatue: 46 Meter hoch, 204 Tonnen schwer, zusammengenietet aus Stahlträgern und Kupferblech. Sie wurde 1886 eingeweiht – ein Geschenk der französischen Nation an die amerikanische, anlässlich des hundertsten Jahrestags der Unabhängigkeitserklärung, den die Vereinigten Staaten zehn Jahre zuvor gefeiert hatten. Im Sockel der Statue hing lange Zeit eine Bronzeplatte mit dem Sonett »The New Colossus« der Dichterin Emma Lazarus. Es enthält die berühmte Aufforderung an die Welt, Amerika »eure Müden, eure Armen, eure geknechteten Massen« zu schicken, auf dass diese dort frei atmen können: »Give me your tired, your poor, your huddled masses, yearning to breathe free.«

Nicht weit entfernt von Liberty Island liegt eine zweite Insel: Ellis Island. Für zig Millionen Menschen, die ihre Heimat verlassen haben und nach Amerika ausgewandert sind, um dort ihr – wie es in der Declaration of Independence geschrieben steht – gottgegebenes und unveräußerliches Recht auf »Leben, Freiheit und das Streben nach Glück« wahrzunehmen, waren diese beiden Inselchen die ersten Berührungspunkte mit ihrem neuen Leben in der Neuen Welt. Die Freiheitsstatue begrüßte diese Immigranten, die von den Decks der Auswandererdampfer herüberschauten, mit ihrer in die Höhe gereckten Fackel.

Lady Liberty war nicht nur das Symbol für eine Hoffnung, die die Neuankömmlinge auf den Schiffen in sich trugen, sondern zugleich ein Versprechen, das der Ort, an dem diese Menschen ankamen, ihnen gab – dass die Zukunft besser sein wird als die Vergangenheit, dass das Land, dessen Küste sie erreicht hatten, ihnen und ihren Kindern mehr geben wird als das Land, das sie hinter sich gelassen hatten. Das ist, wenn man so will, die poetische Seite des Mythos vom Einwanderungsland Amerika.

Auf Ellis Island ging es dann prosaischer zu, dort herrschte die Bürokratie: Grenzbeamte prüften die Papiere der Migranten, Ärzte untersuchten sie, damit keine Tuberkulosekranken ins Land kamen. Manche alte Namen, die zu lang oder zu kompliziert für das neue Leben waren, wurden per Federstrich in den Listen an eine amerikanische Schreibweise und Aussprache angepasst. So zumindest behauptet es die Legende, von der allerdings nicht ganz klar ist, ob sie wirklich stimmt. Erst dann ging es per Fähre aufs Festland, nach Brooklyn, Philadelphia, Chicago oder gleich weit hinaus in den Wilden Westen. Beides zusammen – die Poesie und die Prosa, die Hoffnung und das Versprechen, aber auch die bürokratische Nüchternheit – hat dazu geführt, dass die Vereinigten Staaten in der Zeit von der ersten Hälfte des 19. bis zur zweiten Hälfte des 20. Jahrhunderts de facto zur Definition dessen geworden sind, was man unter einem modernen Einwanderungsland versteht, zu dem berühmten »melting pot«, dem Schmelztiegel, in dem sich Menschen aus der ganzen Welt zu einer neuen Nation verbunden haben. Diese Art der Immigration war ein Geschäft auf Gegenseitigkeit: Amerika hat die Einwanderer empfangen und ihnen eine neue Heimat gegeben. Zugleich haben die Immigranten das Land aufgebaut, erweitert, geprägt. Ohne Einwanderer gäbe es das heutige Amerika nicht.

Amerika ist immer noch ein Einwanderungsland. Doch die Menschen kommen längst nicht mehr als Dritte-Klasse-Passagiere auf Dampfern, die an einer Pier im Hafen von New York festmachen. Die Kaianlagen, Wohnbaracken und Verwaltungsgebäude auf Ellis Island sind kein Ort mehr, um Immigranten aufzunehmen, zu sortieren und weiterzuleiten, sondern sie wurden zu einem Museum umgebaut. Liberty Island ist eine Touristenattraktion geworden, man kann mit einem Ausflugsboot von Manhattan oder New Jersey aus hinfahren. An sonnigen, windstillen Tagen, wenn keine allzu raue Überfahrt zu befürchten ist, kriegt man dort kaum einen Fuß auf den Boden. Wer das Gedränge vermeiden und Geld sparen will, kann sich die Freiheitsstatue auch von der Staten Island Ferry aus ansehen. Die kostet nichts. Doch die ausländischen Amerika-Besucher, die heute von der Fackel der Statue of Liberty begrüßt werden oder auf Ellis Island die Schautafeln lesen, sind in der Regel ohnehin keine armen Schlucker mehr, die vor Hunger, Arbeitslosigkeit und Unterdrückung – oder auch der Polizei – über den Atlantik geflohen sind. Nach New York kommen heute vornehmlich Touristen, die sich die unverschämten Hotelpreise leisten können und mit dem Flugzeug anreisen. Die Armen, Müden und Beladenen, die geknechteten Massen der Welt, die in Amerika Freiheit atmen wollen, kommen inzwischen an einem anderen Ort an: im Südwesten der USA, irgendwo zwischen Brownsville, Texas, und San Diego, Kalifornien – an der mexikanisch-amerikanischen Grenze.

Der Fluss, der zwischen Texas und Mexiko die Grenze markiert, hat einen hochtrabenden Namen, dem er nicht wirklich gerecht wird. Rio Grande heißt das Gewässer, als sei es besonders großartig oder imponierend. Aber wenn man an seinem Ufer steht, schaut man eher auf ein schlammiges Flüsschen, weder sehr breit noch sehr tief, das sich in Hunderten Windungen und Schleifen durch die Landschaft schlängelt – kein Vergleich zum Mississippi oder zum Ohio River, die mächtig dahinströmen und auf denen Lastkähne und Frachter fahren. An manchen Stellen ist vom Rio Grande sogar nicht viel mehr übrig geblieben als ein schmaler Kanal mit steilen Böschungen aus Beton. Ich war während meiner Jahre in den USA immer wieder an diesem Grenzfluss unterwegs, denn Immigration – genauer: die Frage, wie das Einwanderungsland Amerika mit Menschen umgehen soll, die einwandern, ohne die dafür gesetzlich vorgeschriebenen Papiere zu besitzen – ist ein Thema, das das Land wie kaum ein anderes bewegt, aufregt und spaltet. Das ist schon seit mehreren Jahrzehnten so, doch in den vergangenen Jahren hat der Streit über die richtige Einwanderungspolitik eine ganz neue Dimension von Schärfe, politischer Wucht und Widerwärtigkeit erreicht. Donald Trump gewann 2016 die Präsidentschaftswahl nicht obwohl, sondern *weil* er versprach, dass er – auf Kosten Mexikos – eine Mauer an der Grenze bauen werde, die all die angeblichen Drogenhändler, Vergewaltiger, Verbrecher und Hungerleider draußen hält, die das Nachbarland »zu uns schickt«. Das war der entscheidende Satz in der Ansprache, die er in der Lobby des Trump Tower in Manhattan hielt, als er 2015 seine Kandidatur ankündigte. In den Monaten danach war dieses rassistische Geschrei bei Trumps Wahlkampfauftritten stets die Stelle, an der er am überzeugtesten klang – der Rest bestand zumeist aus Lügen und Geschwafel – und bei der der Jubel seiner Zuhörer am lautesten war. Trump hat dann zwar keine Mauer an der Grenze gebaut, aber zumindest an einigen Stellen einen Zaun aus hohen, kantigen Stahlstelen, die ihren Zweck, Menschen den Zutritt in die Vereinigten Staaten zu versperren, ebenso erfüllen.

Heute, ein knappes Jahrzehnt später, reicht selbst das vielen Republikanern nicht mehr. Je näher die nächste Präsidentschaftswahl rückt, desto radikaler werden die Forderungen im Kampf gegen illegale Migration. Es gibt in der Republikanischen Partei mittlerweile Leute – längst nicht nur Hinterbänkler, sondern einflussreiche Politiker, die man ernst nehmen muss –, die offen darüber reden, dass die USA militärisch in Mexiko intervenieren sollten, um den Schmuggel von Drogen und Menschen über die Grenze zu stoppen. Statt »Build the wall!« lautet der neue Schlachtruf jetzt »Bomb the cartels!«, nicht mehr »Baut die Mauer!«, sondern »Bombardiert die Kartelle!«. Wer einmal von El Paso über den Rio Grande hinüber auf die mexikanische Stadt Ciudad Juárez geschaut hat, in der zwar tatsächlich diese verbrecherischen Kartelle sitzen, aber eben auch mehr als zwei Millionen Zivilisten leben, der weiß, was das für ein Desaster wäre. Aber das interessiert die Republikaner, die nach Bomben schreien, nicht. Krieg gegen Mexiko als Wahlversprechen – der Irrsinn, den Trump in diese einst so stolze Partei getragen hat, breitet sich aus und scheint nicht mehr zu stoppen zu sein.

Die Menschen, die ich im Frühjahr 2021 in Texas am Rio Grande getroffen habe, kamen an einer Stelle über den Fluss, wo es keine Zäune oder Mauern gab. Nicht einmal einen Draht oder irgendeine andere Art von sichtbarer Markierung. Am Ufer saßen einige gelangweilte Nationalgardisten auf Jeeps, die die texanische Regierung als Grenzschützer mobilisiert hatte. Die Soldaten beobachteten den Fluss durch Nachtsichtgeräte, die sie auf eigene Kosten in Jagdgeschäften gekauft hatten, weil die Apparate der Army nicht funktionierten. Doch die Gardisten waren ohnehin nicht befugt, Migranten zu stoppen. Wenn sie illegale Einwanderer auf dem Rio Grande entdeckten, gaben sie der Border Patrol Bescheid, der US-Grenzpolizei, die dann ihre Beamten schickte. Es war eine warme Nacht nach einem heißen Tag, tropisch und mondlos. Als ich in der Dunkelheit zum Fluss fuhr, lief eine Tarantel vor meinem Auto über die Straße. Die Scheinwerfer leuchteten sie schräg an, so dass ihr Schatten verzerrt wurde und sie gigantisch aussah. Ein Monster auf dem Asphalt, groß und schwarz wie eine Gusseisenpfanne.

Die Lage an dieser Stelle der Grenze war sehr simpel: Das eine Ufer des Rio Grande gehörte zu Mexiko, das andere zu den Vereinigten Staaten. Auf der mexikanischen Seite lag ein Nest namens Ciudad Miguel Alemán. Dort sammelten die kriminellen Kartelle, die nicht nur mit Drogen und Waffen handeln, sondern auch mit Menschen, die illegalen Migranten. Sie kennzeichneten sie mit bunten Armbändern, um sehen zu können, wer schon für den Transport bezahlt hatte, wer wo übergesetzt werden sollte, wer in die Hände der US-Grenzpolizei fallen durfte und wer nicht, wer eventuell schon einmal drüben in den Vereinigten Staaten gewesen und wieder abgeschoben worden war. Die Schlepper verstecken die Leute tagsüber in Schuppen und Hütten, damit die Border Patrol sie nicht sehen konnte. Sobald die Sonne untergangen war, führten sie die Menschen ans Ufer, luden sie in kleine Schlauchboote, wie man sie von Besuchen am Baggersee her kennt, und paddelten mit ihnen über den Fluss. Der Rio Grande war an dieser Stelle etwa dreißig Meter breit, da Frühling war, führte er ziemlich viel Wasser und floss flott dahin. Auf der amerikanischen Seite lag die heruntergekommene Kleinstadt Roma. An einem sandigen, unbebauten Uferabschnitt voller Gestrüpp und Mesquitebäumen wurden die Migranten auf einigen flachen Steinen ausgeladen, die aus dem Fluss ragten. Sie stolperten die letzten Schritte durchs Wasser, bis sie mit dreckverschmierten Schuhen und nassen Hosenbeinen auf amerikanischem Staatsgebiet standen. Mit den Schlauchbooten paddelten die Schlepper zurück zur mexikanischen Flussseite, um die nächste Fuhre Menschen zu holen.

Nach dem Abladen am amerikanischen Ufer mussten die Migranten noch etwa einen halben Kilometer durch die Nacht einen Hang hinauf bis zu einem Parkplatz laufen. Dort warteten die US-Grenzer auf sie, die natürlich genau darüber informiert waren, wo und wann die Schlepper ihre Fracht übersetzten und abluden. Der Transport geschah zwar im Dunkeln, aber er war alles andere als geheim. Jeder in der Gegend wusste Bescheid – es war ja jede Nacht das Gleiche. Doch die Grenzpolizisten durften erst eingreifen, wenn die illegalen Einwanderer auf amerikanischem Boden waren. Direkt am Flussufer hätte das nur zu wildem Gerenne und Verfolgungsjagden im finsteren Busch geführt, womöglich zu Verletzten. Das sparten sich die Beamten, stattdessen empfingen sie die Migranten auf dem übersichtlichen, gut beleuchteten Parkplatz. Die Grenzer lehnten in aller Ruhe an ihren weißen Pick-up-Trucks mit dem schrägen grünen

Streifen, bis es Zeit war, sich an die Arbeit zu machen. Die Menschen, die vom Fluss hochmarschiert kamen, ließen sich lammfromm festnehmen und registrieren, sie saßen geduldig auf dem staubigen Boden, bis Busse kamen, die sie zum nächsten Sammellager transportieren. Kein einziger Migrant wehrte sich, kein einziger rannte weg. Das war, wie mir Grenzer erzählt haben, nicht immer so. Aber in dieser Nacht blieb alles friedlich. Die meisten Migranten waren entweder minderjährige Jugendliche oder Familien mit kleinen Kindern. Sie durften in der Regel in den USA bleiben. Die meisten Erwachsenen, die allein unterwegs waren, wurden dagegen ein paar Stunden später über die Rio-Grande-Brücke in Roma nach Mexiko zurückgebracht – sie versuchten es dann eben einige Tage nach dem gescheiterten Versuch wieder.

Das Beeindruckendste an diesem Treck, der vom Flussufer den Hang hoch zum Parkplatz zog, war die fast gespenstische Stille, mit der er sich bewegte. Die Sterne gaben gerade genug Licht, dass ich die Menschen genauer erkennen konnte, die nur noch einen oder zwei Meter von mir entfernt waren. Alle anderen verschluckte die Dunkelheit. Und man hörte auch kaum etwas – kein Gespräch, kein Kinderquengeln, kein Weinen, keine halblauten Rufe nach irgendjemandem, der in der Finsternis nicht zu sehen war, nicht einmal ein Husten. Der Sandboden dämpfte die Schritte der Migranten. Die kleinen Kinder hingen schlafend auf den Schultern ihrer Eltern, die Erwachsenen schlurften erschöpft durch das Gestrüpp. Ein Vater und eine Mutter führten zwischen sich ihren behinderten Sohn, der stumm zu den Sternen hinaufschaute. Die einzigen Geräusche waren das sägende Zirpen der Grillen – die Symphonie einer warmen Südstaatennacht – und das Atmen der laufenden Männer und Frauen. Hunderte Menschen, die leise keuchten.

Fast alle illegalen Migranten, die in dieser Nacht in Roma den Fluss überquerten, stammten aus den von Gewalt, Armut und Korruption zerrütteten Ländern Mittelamerikas: Honduras, El

Salvador, Guatemala. Die Geschichten, die diese Menschen mit ein paar Worten Englisch erzählten, klangen so, wie vermutlich auch die Geschichten der hungernden Iren, der von Pogromen bedrohten galizischen Juden oder der verarmten deutschen, italienischen oder finnischen Bauern und Handwerker geklungen hatten, die vor hundert oder hundertfünfzig Jahren auf Ellis Island angekommen waren: Daheim gibt es nichts, in Amerika ist es besser. Ich weiß, dass der Begriff »Völkerwanderung« in diesem Zusammenhang nicht ungefährlich ist. Rechtspopulisten benutzen ihn, um Angst zu verbreiten und aus Menschen, die nur ein besseres Leben suchen, eine Bedrohung zu machen. Es ist dann nicht mehr weit bis zu dem bösen, irreführenden Wort »Invasion«, das auch Trump oft verwendet, wenn er über Migranten spricht – als stünden bewaffnete Aggressoren an der Grenze und nicht müde, abgekämpfte Leute, die drei-, vier- oder fünftausend Dollar bezahlt haben, um sich nachts mit ein paar Habseligkeiten über den Rio Grande bringen zu lassen. Als seien das dreijährige Mädchen mit den Zöpfen und ihr fünfjähriger Bruder mit den Stoppelhaaren, die die gefährliche Reise nach Norden allein gemacht hatten und in Roma erschöpft neben den Autos der US-Grenzer saßen, Angreifer, die Amerika schaden wollten. Aber wie, wenn nicht Völkerwanderung, soll man das sonst nennen, was in dieser Nacht in Roma, Texas, passierte und in zig Nächten davor und danach an zig anderen Stellen entlang des Rio Grande passiert ist und immer noch jede Nacht passiert? Allein an diesem einen Uferstreifen, allein in diesen paar Stunden zwischen zehn Uhr am Abend und ein Uhr in der Früh setzten mindestens dreihundert Männer, Frauen und Kinder über den Grenzfluss und kamen in die Vereinigten Staaten. Ein nennenswerter Teil der Bevölkerung Zentralamerikas war – und ist – da auf Wanderschaft. Tausende jeden Tag, Zehntausende jeden Monat, Hunderttausende jedes Jahr. Die Vereinigten Staaten haben in den vergangenen Jahren an ihrer Südgrenze jährlich um die zwei Millionen illegale Einwanderer festgenommen, manchmal etwas weniger, manchmal mehr. Ein großer Teil dieser Leute wird aus humanitären Gründen nicht abgeschoben, sondern kann einen Asylantrag stellen und dann so lange bei Verwandten oder Freunden in den USA unterkommen, bis einige Monate oder auch Jahre später ein Gericht über ihren Aufenthaltsstatus entscheidet. Wie viele Leute es zusätzlich an der Border Patrol vorbei ins Land schaffen, ist offen.

Es mag in gewissen linksliberalen Kreisen in Amerika Mode geworden sein, die USA als unverbesserliches Höllenloch zu sehen, in dem jeder Winkel des Staates, der Wirtschaft und der Gesellschaft von systemischem Rassismus und weißem Herrenmenschendenken verseucht ist. Das gibt es sicher beides, man sollte es nicht kleinreden. Trotzdem habe ich dieses dystopische Urteil über Amerika, das keine Hoffnung auf Verbesserung zulässt und keine tatsächliche Verbesserung anerkennt, immer für maßlos übertrieben gehalten – genauso falsch wie die Überzeugung gewisser rechtsnationaler Kreise, das »echte« Amerika sei nur jenes, das weiß und christlich ist, das einen europäischen Stammbaum und einen entsprechenden Nachnamen hat. Am Rio Grande kann man die Realität sehen: Zigtausende Menschen aus Lateinamerika riskierten dort jede Nacht ihr Leben, um in die angeblich so fürchterlichen USA zu gelangen. Für sie sind die Vereinigten Staaten das gelobte Land, der Ort, an dem Milch und Honig fließen. Und sie kommen, um zu bleiben. Um nach Glück für sich, vor allem aber für ihre Kinder, zu streben und um ihre neue Heimat zu prägen, egal, ob es manchen Reaktionären passt. Keine Freiheitsstatue reckt ihnen ihre Fackel zum Gruß hin, kein Boot bringt sie nach Ellis Island, damit ihre Lungen untersucht und ihre Pässe gestempelt werden können. Aber sie tragen die gleichen Hoffnungen, Wünsche und Träume mit sich wie die Millionen und Abermillionen Immigranten, die vor ihnen nach Amerika gekommen sind.

Bruce Springsteen hat diesen Menschen, die dem *American Dream* oft hartnäckiger nachjagen als viele Amerikaner, deren

Familien seit Generationen im Land sind, einmal ein ganzes Album gewidmet. Es heißt *The Ghost of Tom Joad*, eine Verbeugung vor John Steinbecks Jahrhundertroman *Früchte des Zorns*, in dem dieser von der Großen Depression und den Hunderttausenden verarmten Farmerfamilien erzählt, die zu jener Zeit aus den von Staub- und Sandstürmen zugeschütteten Bundesstaaten Kansas, Arkansas und Oklahoma nach Kalifornien gewandert sind. Auf diesem Album gibt es ein leises, wunderbar optimistisches Lied: »Across the Border«. Ein Mann verspricht darin seiner Liebsten, dass er den Rio Grande überqueren und sie auf der anderen Seite in den USA treffen wird. Dass er ihr ein Haus bauen wird auf den goldenen Feldern, dass dann alles Leid und alle Schmerzen vergessen und sie zusammen glücklich sein werden – da drüben irgendwo, jenseits der Grenze. Das Lied ist, wenn man so will, ein musikalisches Pendant zu »The New Colossus«, dem Gedicht im Sockel der Freiheitsstatue, das den Armen und Müden der Welt verspricht, in Amerika frei atmen zu können: »For what are we, without hope in our hearts, that someday we'll drink from God's blessed waters and eat the fruit from the vine«, singt Springsteen. Was sind wir, wenn wir im Herzen nicht die Hoffnung tragen, dass wir eines Tages von Gottes gesegnetem Wasser trinken und die Früchte von den Reben essen? »I know love and fortune will be mine, somewhere across the border.« Ich weiß, dass ich Liebe und Reichtum finden werde, irgendwo auf der anderen Seite der Grenze.

Für die Menschen, die ich in Roma über den Fluss kommen sah, endete die Reise zunächst einmal im Gewahrsam der Border Patrol. Das war nicht unbedingt, was sie sich erträumt hatten. Doch genau dort – auf dem Parkplatz am Fluss, in den Auffanglagern an der Grenze, sogar in den Haftanstalten, in denen Migranten auf ihre Rückführung warteten – konnte man auch sehen, wie eng die verschiedenen Einwanderergenerationen in den USA beieinanderliegen, wie zufällig die Trennlinie zwischen ihnen manchmal ist in einem Land, das ohne Immigranten gar nicht existieren würde. Im Herbst 2020, ein paar Wochen vor der Präsidentschaftswahl, war ich ebenfalls in Texas, damals in El Paso. Ich recherchierte für eine Reportage über die Lage an der Grenze und bekam nach langem Hin und Her vom Department of Homeland Security die Erlaubnis, ein Abschiebegefängnis der gefürchteten Immigrationspolizei ICE – ausgeschrieben: U.S. Immigration and Customs Enforcement – zu besuchen. Die Aufgabe der Behörde ist es, illegale Einwanderer überall in den Vereinigten Staaten zu finden, zu verhaften und außer Landes zu bringen. Wie brachial das ICE dabei vorgeht, ob zum Beispiel auch Einwanderer verhaftet werden, die trotz fehlender Visa und Aufenthaltsgenehmigungen seit Jahren unbescholten in den USA leben und arbeiten, hängt vor den Vorgaben aus Washington ab, letztlich also davon, wer Präsident ist. Unter Trump wurde der Truppe äußerste Härte vorgeschrieben, sie veranstaltete regelrechte Jagden und Greifaktionen, um ihr Soll an Festnahmen zu erfüllen. Die Gefängnisse des ICE waren damals immer voll. Neben den Zellen für die Häftlinge gab es in diesen Einrichtungen auch Gerichtsräume, in denen die Abschiebeprozesse stattfanden. Ein Richter stellte dabei ein paar Fragen, die Beschuldigten antworteten, per Telefon war ein Anwalt zugeschaltet. Nach ein paar Minuten fiel das Urteil. In der Regel lautete es: Abschiebung.

Die Richter, die diese Entscheidung trafen – sogenannte »Immigration Judges«, die für das Justizministerium arbeiteten –, waren in der Regel weiße Amerikaner. Der, in dessen Gerichtssaal in El Paso ich einen Nachmittag verbrachte, hieß William Lee Abbott – ein alter schottisch-irischer Nachname. Judge Abbott hatte in Texas und Oklahoma studiert und war dann in den Staatsdienst getreten. Er hatte Deutschland besucht und wollte wissen, für wen ich arbeite. Die *Süddeutsche Zeitung* sagte ihm nichts, aber er kannte den *Spiegel*. Ich habe Abbott nicht nach seinem Stammbaum gefragt, aber man liegt wohl nicht ganz falsch, wenn man annimmt, dass seine Familie schon seit etlichen Generationen in den USA lebt. Zwar war auch William Lee Abbott auf gewisse Art ein Abkömmling von Einwanderern, so wie es praktisch alle Amerikanerinnen und Amerikaner sind. Gut möglich, dass seine Vorfahren Mitte des 19. Jahrhunderts nach Amerika geflüchtet sind, als die Kartoffelfäule in Irland die Ernten vernichtete und die Menschen hungerten. Trotzdem reichte Abbotts Migrationsgeschichte aber wohl doch deutlich weiter in die Vergangenheit zurück als die der papierlosen Grenzgänger, die er in seinem Saal aburteilte.

Das ist allerdings längst nicht überall dort der Fall, wo in den USA illegale Immigranten abgefangen, aufgespürt, eingesperrt und gegebenenfalls deportiert werden. Im Gegenteil: In vielen dieser Bereiche arbeiten nicht selten Leute, deren Grenzübertritt gar nicht so arg viel länger zurückliegt als der jener Menschen, denen sie den Aufenthalt in Amerika verwehren sollen. Mir ist das bei den Wachen aufgefallen, die am Eingang des Abschiebegefängnisses in El Paso meinen Ausweis kontrollierten. Ich nehme an, dass sie alle im Besitz der amerikanischen Staatsbürgerschaft waren, sei es, weil sie in den USA geboren waren, sei es, weil sie später eingebürgert wurden. Aber vom Wachpersonal hieß niemand William Lee Abbott, niemand hatte helle Haut und rotblonde Haare, niemand sah so aus oder hörte sich so an, als stamme er aus einer alten irischen Familie. Die Männer, die im Gefängnis von El Paso Dienst taten, hatten durchweg spanische Nachnamen. Mit mir sprachen sie Englisch mit spanischem Akzent, untereinander sprachen sie eine Mischung aus Englisch und Spanisch. Sie arbeiteten für eine private Sicherheitsfirma, an die das Heimatschutzministerium den Wachdienst ausgelagert hatte. Und wie viele Privatunternehmen, die in dieser Branche tätig sind, zahlte wohl auch dieses nicht besonders gut und heuerte vor allem Niedriglohnkräfte mit einfacher Schulbildung an. Es war ja auch kein besonders anspruchsvoller Job. Die Angestellten bekamen eine Uniform, in der sie ungefähr wie

Polizisten aussahen. Dann saßen sie den ganzen Tag in einem Torhäuschen und machten Schlagbäume auf und zu. Oder sie warteten an der Eingangsschleuse zu einem Zellenblock hinter einer Scheibe aus trübem Panzerglas. Wenn ein Besucher kam, den sie reinlassen durften, trugen sie dessen Namen in ein Buch ein, drückten auf einen Knopf und öffneten die Tür. Sie machten eine Arbeit, wie sie überall in den Vereinigten Staaten von Menschen gemacht wird, die erst seit Kurzem im Land sind – Immigranten. Nur dass in diesem Fall die Arbeit eben darin bestand, andere Immigranten, die das Land verlassen mussten, zu bewachen.

Ich habe mich, als ich in einem der trostlosen Gänge des Gefängnisses in El Paso eine halbe Stunde warten musste, mit einem der Wächter unterhalten, einem Mann, ungefähr fünfzig Jahre alt. Eigentlich hätte ich nicht mit ihm reden sollen, und eigentlich durfte er natürlich unter keinen Umständen mit einem Journalisten sprechen. Aber wir waren allein, er hat sich gelangweilt, also hat er mir berichtet, wie es dazu gekommen ist, dass er in diesem scheußlichen, in kränklichem Grün gestrichenen Flur Wache schiebt. Sein Vater sei mit der Familie vor einigen Jahrzehnten aus Mexiko in die USA gekommen, erzählte mir der Mann, er selbst sei damals ein kleines Kind gewesen. Zu jener Zeit war die Grenze noch durchlässiger, man fuhr einfach von einem Land rüber ins andere. Es gab keine Stahlbarrieren, keine Zäune, keine Kameras, keine Bewegungsmelder, keine Horch- und Nachtsichtgeräte, keine Helikopter, keine Flugzeuge und keine Zeppeline – nichts von der ganzen Hochtechnologie, mit der die Border Patrol heute die Grenze sichert. Es gab auch das ICE noch nicht. Stattdessen gab es damals, vor vierzig, dreißig und auch noch vor zwanzig Jahren in der amerikanischen Politik und Gesellschaft die Bereitschaft, auch illegalen Einwanderern aus Lateinamerika, sofern sie in den USA arbeiteten und sich an die Gesetze hielten, alle paar Jahre durch Amnestien einen Weg zur Legalisierung ihres Aufenthalts oder sogar zur

Staatsbürgerschaft zu eröffnen. Diese Leute waren zwar ohne Erlaubnis ins Land gekommen, aber das Land vergab ihnen diese Transgression.

Auch der Wächter im Gefängnis in El Paso hat von dieser Großzügigkeit profitiert, die in dem politischen Klima, das heute in Amerika herrscht, völlig undenkbar wäre. Er ging in den Vereinigten Staaten zur Schule, danach zur Armee. Er wurde Amerikaner. Als Soldat gehörte er einer Panzereinheit an, einen Teil seiner Dienstzeit habe er in Bayern verbracht – eine großartige Zeit, sagte er mir. Nach der Entlassung aus der Army sei er dann nach El Paso gezogen, erzählte er, dort habe er den Job bei der Wachfirma gefunden. Das Unternehmen wiederum war froh, einen Veteranen anstellen zu können, das sparte der Firma Zeit und Geld bei der Sicherheitsüberprüfung und verbesserte ihren Ruf bei der US-Bundesregierung, um deren Aufträge sie sich bewarb. Seit ein paar Jahren arbeitete dieser Mann nun in dem Gefängnis. Er hatte eine Frau, eine Familie, ein Haus. Wer weiß, welche Papiere sein Vater an dem Tag in der Tasche trug, als er mit seiner Frau und seinen Kindern die Grenze überquerte. Fest steht, dass sein Sohn sich den amerikanischen Traum erfüllt hat. Hinter den Stahltüren, die von dem Flur abgingen, in dem er Wache schob, saßen Männer und Frauen, die den gleichen Traum träumten.

Man könnte eine ähnliche Geschichte vermutlich auch über sehr viele Beamte der Border Patrol und andere Behördenangestellte erzählen. Die Grenzregion im amerikanischen Südwesten ist in wirtschaftlicher Hinsicht zu einem wesentlichen Teil das, was man strukturschwach nennt. Der gigantische Apparat, der rund um die Uhr damit beschäftigt ist, diese Grenze zu überwachen, bietet hingegen gut bezahlte, sichere, angesehene Arbeitsplätze, die für Immigranten der zweiten oder dritten Generation höchst attraktiv sind. Auf dem Parkplatz in Roma sprachen viele Grenzer fließend Spanisch mit den Migranten – sie hatten es als Kinder daheim von ihren eingewanderten Eltern oder Großeltern gelernt. Ich glaube, dass viele Demokraten in Washington, die das übermäßig harte, oft absichtlich grausame Vorgehen der Trump-Regierung gegen Einwanderer völlig zu Recht kritisierten, dieses Phänomen zu ihrem eigenen politischen Schaden übersehen haben. Sie haben die Border Patrol, die wie jede staatliche Behörde an Weisungen der Politik gebunden ist, dämonisiert, sie haben ihre Mitarbeiterinnen und Mitarbeiter als finsteres, faschistisches Gesindel dargestellt und behauptet, dass die Beamten an der Grenze – wortwörtlich – »Konzentrationslager« für Migranten betrieben. Die Demokraten sind dabei ganz selbstverständlich von der identitätspolitisch begründeten Annahme ausgegangen, dass die große Mehrheit der Latinos in den USA – der »Latinx«, wie diese Bevölkerungsgruppe genderneutral in politisch korrekten Kreisen genannt wird – diese Sicht fast zwangsläufig teilen musste und eigentlich gar nicht anders konnte, als wegen der rassistischen Untaten Trumps und der Republikaner bei der nächsten Wahl den demokratischen Kandidatinnen und Kandidaten ihre Stimmen zu geben.

In manchen Gegenden des Landes ist es auch so gekommen. In Arizona zum Beispiel gewann Joe Biden bei der Präsidentschaftswahl wohl auch, weil der xenophobe Hetzer Trump den vielen Latino-Wählern dort nicht zu vermitteln war. Gerade im texanischen Rio Grande Valley allerdings, in den Wahlkreisen entlang des Flusses, die bis 2020 sehr zuverlässig und stets mit deutlicher Mehrheit für die Demokraten gestimmt haben, ist die Stimmung in Richtung Trump und der Republikaner gekippt. Das war eine der größten Überraschungen dieser Wahl. Den gesamten Unterlauf des Rio Grande entlang, in Maverick County, Webb County, Starr County, Hidalgo County – überall gewannen die Republikaner hinzu, überall sank der Stimmenvorsprung der Demokraten um zehn, zuweilen fünfzehn oder sogar mehr Prozentpunkte. Alle diese Landkreise sind durch und durch hispanisch geprägt, in allen liegt der Anteil von Latinos an der Bevölkerung bei mehr als 95 Prozent. In Zapata County, etwas nordwestlich von Roma, wo seit mehr als zwei Generationen kein republikanischer Präsidentschaftskandidat mehr gesiegt und Donald Trump 2016 nur 33 Prozent der Stimmen bekommen hatte, wählten ihn vier Jahre später mehr als die Hälfte der Menschen, genau: 52,5 Prozent – ein Sprung um fast zwanzig Prozentpunkte nach oben. Anders gesagt: In einer Gegend, in der 94 von 100 Bewohnern lateinamerikanische Wurzeln haben, stimmte mehr als jeder zweite Wähler für einen Kandidaten, der aus seiner Verachtung für Latinos keinen Hehl und der die Familienangehörigen und Vorfahren seiner Wähler für alle Verbrechen verantwortlich machte, die das Land plagten.

Es gab vermutlich ein ganzes Bündel von Gründen für diese unerwartete Verschiebung der Wählergunst, darunter republikanische Angstmacherei und Lügenpropaganda, aber einer war bestimmt ein politisch-kultureller: Die Demokraten hatten ignoriert, dass viele Menschen auf der US-Seite des Rio Grande trotz ihrer vielfältigen familiären Verbindungen über die Grenze hinweg nach Mexiko und Lateinamerika eben auch – wie das bei Einwanderern und ihren Nachkommen ja oft der Fall ist – stolze amerikanische Patrioten waren; dass sie ihre neue Heimat nicht für verachtenswert und hoffnungslos rassistisch hielten, sondern für ein Land unbegrenzter Möglichkeiten, dem sie dienen wollten; dass sie Freunde und Familienmitglieder hatten, die für die Border Patrol arbeiteten, für den Zoll, für das ICE, für die Drogenfahndung, für die Texas State Police oder irgendeine andere der vielen Behörden, die für den Grenzschutz zuständig sind, vielleicht auch für eine geizige Sicherheitsfirma, die Abschiebegefängnisse bewacht; und dass diese Menschen es nicht mochten, wenn man sie in die Nähe von Nazis rückte, nur weil sie taten, was die gewählte Regierung der USA und die geltenden Gesetze ihnen zu tun vorgaben. Umfragen zeigen immer wieder, dass Patriotismus unter den Latinos in den USA sehr weit verbreitet ist, in der Regel nicht ganz so stark wie unter weißen Amerikanern, aber zumeist deutlich stärker als zum Beispiel unter Schwarzen. Das Wahlergebnis aus Texas zeigt, wie gefährlich es für die Demokratische Partei ist, dass in der Öffentlichkeit der Eindruck entstanden ist, es mangle ihr an Patriotismus. Das stimmt zwar für Millionen Demokraten nicht, zumal dann nicht, wenn man Patriotismus für mehr hält als die kitschige Geschichtsverklärung und das rot-weiß-blaue Fahnenschwenken, mit dem Trump hausieren geht. Und der Vorwurf wird gerade Joe Biden, dessen an Krebs verstorbener Sohn Beau im Irak gedient hat, in keiner Weise gerecht. Aber Eindrücke sind zuweilen sehr langlebig und resistent gegen Fakten. Dieses spezielle Imageproblem der Demokraten wird sich jedenfalls wohl kaum dadurch wirksam kontern lassen, dass Biden jede Rede mit dem Satz beendet, Gott möge Amerikas Soldaten segnen.

Ich habe damals in El Paso einen Mann getroffen, der allen Grund gehabt hätte, Donald Trump zu hassen. Ihn nicht nur nicht zu mögen oder politisch oder charakterlich widerlich zu finden, sondern ihn wirklich aus tiefem Herzen zu hassen. Luis Calvillo, Sohn mexikanischer Immigranten, war Trainer einer Mädchen-Fußballmannschaft und hatte im August 2019 die Massenschießerei in einem Walmart in der Stadt überlebt. Sein Vater war bei dem Anschlag getötet worden, ebenso zweiundzwanzig andere Menschen. Calvillo wurde angeschossen und schwer verwundet, er lag wochenlang im Krankenhaus. Der Täter, ein weißer texanischer Rechtsextremist, hatte sich für seinen Angriff absichtlich diesen Supermarkt ausgesucht, weil er wusste, dass dort besonders viele amerikanische Latinos und Besucher aus Mexiko unterwegs sein würden, die zum Einkaufen über die Grenze gekommen waren. Er wollte, so sagte der Schütze nach der Festnahme aus, Amerika gegen die »Invasoren« aus dem Süden verteidigen. Das war eins zu eins aus dem rassistischen Phrasenbuch des damals amtierenden Präsidenten Donald Trump abgekupfert, der in seinen Reden immer wieder vor einer »Invasion« durch illegale Einwanderer gesprochen hatte. In El Paso wurde aus der hasserfüllten Sprache eine hasserfüllte Tat – der blutigste Anschlag, der die Latinos in den USA je getroffen hat. Wenn man es sehr zugespitzt ausdrücken möchte, könnte man sagen, dass Donald Trump den Mörder von Luis Calvillos Vater zu der Tat angestiftet, dass er ihm zumindest eine vermeintliche Rechtfertigung geliefert hat.

Das Treffen mit Luis Calvillo fand an einem heißen Spätsommerabend im September 2020 am Rand eines Fußballplatzes in El Paso statt. Calvillo konnte seine Mannschaft, den EP Fusion Soccer Club, damals schon wieder trainieren, aber er musste sich dabei immer wieder auf einen Stuhl setzen. Seit der Schießerei war er ein Invalide, er war arbeitsunfähig, in seinem Bein steckten noch Kugelsplitter. Seine ganze Kraft und Zeit widmete er dem Team. Ich habe mit Calvillo über viele Dinge gesprochen – den Tag des Attentats natürlich, aber auch über Fußball und Politik. Er hat mir erzählt, dass Vereine aus der ganzen Welt den Mädchen in seiner Mannschaft nach dem Anschlag geholfen hätten, auch der FC Bayern München. Die Deutschen hätten signierte Trikots geschickt, sagte er. Es war offensichtlich, dass Calvillo wütend darüber war, wie Trump über Latinos redete. Diese Art, zu reden, hatte seinem Vater den Tod gebracht und ihn selbst die Gesundheit gekostet. Aber die Wut auf Trump und die Republikaner führte nicht wirklich dazu, dass Calvillo Biden und die Demokraten unterstützte. Auf meine Fragen, ob und wie das Attentat seine Wahlentscheidung im November beeinflussen werde, antwortete er eher ausweichend. Das klingt vielleicht seltsam, aber ich glaube, die Erklärung ist recht einfach: In den Augen des Attentäters war Luis Calvillo nur ein Einwanderer mit dunkler Haut, dunklen Augen und schwarzen Haaren, ein Immigrant zweiter Generation zwar, aber trotzdem ein fremder Eindringling, der eigentlich nicht nach und zu Amerika gehörte. So wie Calvillo es selbst sah – so wie er *sich* sah –, war er Amerikaner und Patriot. Er hatte nach der Schule in der Armee gedient, er war mit der 101. Luftlandedivision in Bagdad stationiert gewesen. Normalerweise sei er immer bewaffnet, hat Calvillo mir erzählt, und wenn er seine Pistole am Tag des Attentats dabeigehabt hätte, dann hätte er den Angreifer kurzerhand erledigt, obwohl er getroffen und blutend auf dem Asphalt vor dem Walmart lag.

Luis Calvillo war ein Kriegsveteran, der sein Leben für sein Land riskiert hatte. Die Stimmen solcher Wähler bekommt man nicht, indem man ihnen erzählt, dass das Land, für das sie gekämpft und gelitten haben, unheilbar von Rassenhass infiziert sei, wie das auf dem linken Flügel der Demokraten heutzutage beliebt ist. Mit den zum Teil gewaltsamen Protesten der schwarzen Black-Lives-Matter-Bewegung, die in jenem Sommer die USA aufgewühlt hatten, konnte Calvillo nichts anfangen. Läden zu plündern und Dinge kaputt zu schlagen, helfe niemandem weiter, sagte er. Für Calvillo waren die Vereinigten Staaten kein morsches System der Diskriminierung und Unterdrückung, das man niederreißen muss, sondern der Ort, der ihm ein gutes Leben ermöglicht hat, ein besseres jedenfalls, als seine Eltern es gehabt hatten. Dass ausgerechnet an diesem Ort seinem Vater, der am Tag des Attentats zu Besuch aus Mexiko gekommen war, das Leben von einem amerikanischen Rassisten genommen wurde, ist Teil der politischen und gesellschaftlichen Tragödie, die neben allem menschlichen Leid in dem Massaker von El Paso steckt. Es erklärt, warum der Schock und der Horror, den der Anschlag unter den Latinos in Amerika ausgelöst hat, so brutal waren – sie konnten nicht glauben, dass das Land, das sie liebten, ihnen so etwas Furchtbares antat. Ich habe keine Ahnung, wem Calvillo einige Wochen nach unserem Treffen bei der Präsidentschaftswahl seine Stimme gegeben hat. Vermutlich nicht Donald Trump. Aber ich würde auch nicht darauf wetten, dass es Joe Biden war.

Wenn man von den Einwanderern erzählt, die es über die Grenze schaffen, dann muss man auch von denen erzählen, die es nicht schaffen. Von denen, die irgendwo auf der mexikanischen Seite loswandern, die aber auf der amerikanischen Seite nie dort ankommen, wo sie hinwollten und wo sie vielleicht erwartet wurden. Die meisten Reisen über die Grenze – Hunderttausende jedes Jahr – enden damit, dass für die Menschen, die die Wanderung auf sich nehmen, in den USA ein neues Leben beginnt – kein leichtes, kein bequemes, nicht unbedingt eines voller »Liebe und Reichtum«, wie Bruce Springsteen singt, aber ein neues. Für ein paar hundert Migranten endet der Weg über die Grenze hingegen mit dem Tod. Um sie, oder besser: um das, was von ihnen noch übrig ist, kümmern sich die Aguilas del Desierto, die Adler der Wüste.

Im Namen dieser Organisation, die es sich zur Aufgabe gemacht hat, nach den sterblichen Überresten von Migranten zu suchen, die auf dem Weg nach Norden umgekommen sind, findet man bereits den Grund für die Todesfälle: die Wüste. Wie schon erwähnt, ist der Teil der Vereinigten Staaten, der zwischen dem Golf von Mexiko und dem Pazifischen Ozean liegt, zwischen Texas und Kalifornien, überwiegend trocken. Es gibt dort wenig Wasser und wenig Vegetation, die so hoch wächst, dass sie Lebewesen Schatten spendet, die größer sind als eine Maus. Was es dort dagegen im Überfluss gibt, ist Wüste in allen denkbaren Variationen: Sandwüste, Steinwüste, Felswüste, Halb- und Hochwüste. Für mich waren die unterschiedlichen Wüsten Amerikas immer faszinierend. Es sind magische Landschaften – das Licht, die Schatten, die Farben, die fremdartigen Pflanzen, die schön und abweisend zugleich sind, die Hitze am Tag, die Kälte in der Nacht. Aber magisch sind Wüsten vor allem, wenn man in einem gut klimatisierten Auto durch sie hindurchfährt oder nicht allzu weit vom geparkten Wagen entfernt darin herumläuft. Wenn man ein Mobiltelefon hat, falls etwas schiefgeht, und etwas zu trinken. Wenn man weiß, wie man aus der Wüste, in die man hineinwandert, auch wieder heil herauskommt. Andernfalls können Wüsten sehr schnell zu mörderischen Landschaften werden, die selbst einen kräftigen, erwachsenen Menschen innerhalb von ein paar Stunden auslaugen und töten.

Die Grenze zwischen den USA und Mexiko, die 3145 Kilometer lang ist, zieht sich dort, wo sie nicht am Rand von Städten wie El Paso, Texas, oder Nogales, Arizona, entlangführt, über weite Strecken durch diese Wüstengebiete, durch die Chihuahuan Desert oder die Sonoran Desert. Entlang des Rio Grande, der Texas von Mexiko trennt, gibt es auf beiden Seiten der Grenze einen Streifen aus staubigem Grün, aber westlich von El Paso ist das Land braun und gelb, und vom Himmel hämmert eine erbarmungslose, weißglühende Sonne herunter. Hinter jedem Menschen, der dort zu Fuß unterwegs ist, schleicht der Tod her, vor allem in den Sommermonaten. Und jedes Jahr findet er unter den Zehntausenden Migranten, die von ihren Schleppern durch die Wüste über die Grenze geführt werden, einige hundert Opfer. Wie viele es genau sind, ist unklar, denn es gibt keine wirklich systematische Erfassung der Todeszahlen an der mexikanisch-amerikanischen Grenze. Die Border Patrol veröffentlicht jedes Jahr eine Statistik, in der die Toten aufgeführt werden, deren Leichen entweder vom US-Grenzschutz selbst oder von lokalen Polizeibehörden sichergestellt wurden. Die Zahlen sind meist veraltet und variieren je nach Quelle, aber sie geben einen Eindruck von der Dimension des Sterbens. Im Jahr 2021 zum Beispiel wurden von der Border Patrol 568 Tote gezählt. Die Internationale Organisation für Migration (IOM), eine Unterorganisation der Vereinten Nationen, kam für 2022 auf die Zahl von 686 Toten und Vermissten. Berichte amerikanischer Medien aus dem Grenzgebiet deuten darauf hin, dass die Todeszahlen im Jahr 2023 noch einmal deutlich gestiegen sind. Gemessen an den Hunderttausenden Migranten, die jährlich lebend in die USA gelangen, ist das keine besonders hohe Opferzahl; gemessen an der Zahl der Menschen, die jedes Jahr im Mittelmeer ertrinken, weil sie versuchen, in die Europäische Union zu gelangen, auch nicht. Dennoch stuft die IOM die mexikanisch-amerikanische Grenze als die tödlichste Landgrenze der Welt ein. Zudem sind diese Zahlen bestimmt zu niedrig, weil sie nur die gefundenen und von offiziellen Stellen bestätigten Todesfälle beinhaltet sowie, im Fall der IOM-Statistik, jene Vermissten, die bei einer Behörde gemeldet wurden. Daneben gibt es jedoch eine schwer abschätzbare Dunkelziffer an Menschen, die auf ihrem Weg über die Grenze einfach verschwinden, ohne dass irgendjemand eine Vermisstenanzeige macht. Diese Personen sind zwar mit ziemlicher Sicherheit tot – sei es, weil sie auf dem Weg von Mexiko in die USA Opfer eines Verbrechens wurden, sei es, weil die Wüste sie getötet hat –, ihre Überreste wurden aber nie gefunden. Wenn die Aguilas del Desierto von so einem Fall erfahren, ziehen sie los und versuchen, den Leichnam zu bergen.

Die Organisation wurde vor einigen Jahren in San Diego, Kalifornien, von lateinamerikanischen Immigranten gegründet. Sie wollten sich nicht damit abfinden, dass irgendwo da draußen in der Wüste zwischen Felsen, Geröll und Gestrüpp wie weggeworfen die Körper ihrer Landsleute lagen, den Tieren zum Fraß überlassen. Das Mindeste, so glaubten sie, was diese Menschen verdienten, waren ein anständiges Begräbnis, ein Kreuz mit ihrem Namen darauf und ein Gebet zum Abschied. Die Angehörigen sollten wissen, was mit ihren Vettern oder Nichten, Brüdern oder Onkeln passiert ist, und einen Ort haben, an dem sie trauern konnten. Und deswegen organisieren die Adler alle paar Wochen eine Suche nach verschwundenen Migranten. Ich war im März 2019 bei einem dieser Einsätze dabei. Er begann an einem Sonntag in aller Herrgottsfrühe auf dem Parkplatz einer gesichtslosen Mall am Stadtrand von San Diego. Die freiwilligen Helfer, die mitmachten, waren fast alle selbst Einwanderer, einfache Arbeiter und Handwerker, sie kamen in alten, verschrammten Autos angefahren und wärmten sich an Styroporbechern voll wässrigem Tankstellenkaffee. Ich traf mich auf dem Parkplatz mit Gerardo Campos Moreno, einem nicht sehr großen, drahtigen Mann Mitte fünfzig, der im Alltag einer eher zarten Beschäftigung nachging: Er war Florist. Auf seinem

Telefon zeigte er mir voller Stolz einige Bilder von den prachtvollen, bunten Blumengebinden, die er für Hochzeiten und andere Festlichkeiten anfertigte. Moreno war schon vor Jahrzehnten ebenfalls aus Mexiko in die USA eingewandert. »Man hat damals an der Grenze einfach nur gesagt, man sei Amerikaner, dann wurde man durchgewinkt«, erzählte er mir. Inzwischen war sein Aufenthalt in den Vereinigten Staaten längst legalisiert. An jedem Wochentag stand er früh auf, fuhr zum Großmarkt und kaufte Blumen für sein Geschäft. An diesem Sonntagmorgen aber war er unterwegs, um eine Leiche zu finden.

Das Gebiet, das die Adler absuchen wollten, lag etwa eine Stunde Fahrt entfernt, in einem Nationalpark in den Bergen östlich von San Diego, durch den sich viele illegale Migranten schlagen, um unentdeckt von der Grenze ins Landesinnere der USA zu gelangen. Die Wildnis, die sie dabei durchqueren müssen, bietet einerseits Schutz, weil sie für die Border Patrol schwieriger zu überwachen ist als die Straßen und Highways. Die meisten Grenzer, sagte Moreno, bevorzugten es, in ihren kühlen Autos zu sitzen. Aber das unwegsame Gelände birgt auch Gefahren. Es ist karg, schroff, lebensfeindlich. Die Adler wussten, nach wem sie suchten und wo sie ungefähr suchen mussten. Eine mexikanische Familie aus San Diego hatte sich bei der Organisation gemeldet, weil ein Cousin auf dem Weg von Zentralmexiko über die Grenze verschwunden war. Ein Mann, der mit diesem Cousin unterwegs gewesen war, hatte gesagt, dass er den Vermissten in einem kleinen Canyon in dem Nationalpark zum letzten Mal gesehen hatte. Die Adler hatten bei Google Maps Karten und Satellitenbilder von dem Gelände studiert, sie hatten Straßen für die Anfahrt ausgesucht und eine Route für den Fußmarsch zu dem Canyon ausgearbeitet. Als wir an dem Ort ankamen, an dem der Suchtrupp loslaufen sollte, war die Sonne gerade aufgegangen, und es war eiskalt. Auf dem Weg hatte Moreno mir erzählt, wie schwierig es ist, eine halbwegs frische Leiche in der Wüste zu finden. Ein Körper, der zum Zeitpunkt des Todes aus Muskeln, Gewebe, Sehnen, Blut und Haut besteht, ist nach drei, vier Wochen im Busch nur noch ein vertrocknetes, eingeschrumpeltes Bündel, das sich vom Aussehen nicht mehr allzu sehr von der Erde, den Kakteen und Wurzeln unterscheidet, auf und unter denen es liegt. Tiere kommen, sie nagen und reißen an den Leichen – Kojoten, Geier, Krähen, Bussarde, Käfer und Insekten aller Art. Sonne, Wind und Sand dörren das Fleisch aus, schleifen die Knochen blank und bleichen die Gebeine. Oft waren es dann diese Knochen, die die Adler in der Wüste fanden – verstreut von den Tieren und vom Regen. Kurze Fingerknochen lagen da im Sand, lange Arm- und Beinknochen, knubbelige Wirbelknochen. Und Schädel. Manche waren so klein, dass sie von Kindern stammen mussten. Manche waren zertrümmert, dann wusste Moreno, dass ein Verbrechen stattgefunden hatte. Aber die Gebeine sind meistens gut zu sehen, sie stechen blendend weiß aus all dem Braun, Gelb und Ocker um sie herum hervor. »Die Knochen leuchten«, hat Moreno damals zu mir gesagt – ein sehr poetischer Satz, um eine Tragödie zu beschreiben.

Man stellt sich die Orte, an denen Einwanderer sterben, vielleicht als besonders abgelegen, einsam und verlassen vor. Weit weg von aller Zivilisation und Hilfe. An manchen Abschnitten der amerikanisch-mexikanischen Grenze ist das auch so, in Arizona und New Mexiko zum Beispiel. Um an den Grenzanlagen und Border-Patrol-Patrouillen vorbeizukommen, werden die illegalen Migranten dort von den Schleppern gezwungen, weite Strecken durch die offene Wüste zu laufen. In diesem Gelände ist das Überleben auch an kühlen Tagen schwierig. Wenn sich ein Migrant beim Marsch verletzt oder erschöpft zusammenbricht, wird er zumeist zurückgelassen und ist verloren. Aber in der südwestlichen Ecke von Kalifornien, wo ich mit den Adlern unterwegs war, ist es nicht besonders einsam. Im Gegenteil: Der Nationalpark, in dem der Sucheinsatz stattfand, ist ein beliebtes Naherholungsgebiet für die Bewohner von San Diego. Sie kommen dorthin, um für einen halben Tag wandern zu gehen, um eine Nacht in der Natur zu zelten, um die Wüstenblumen zu bestaunen. Von dem Ort, an dem die Adler ihre Autos parkten, zu der Stelle, an der sie die Leiche vermuteten, waren es nur zwei, drei Meilen. Das Gelände dazwischen war steil, steinig und an einigen Stellen von hartem Dornengestrüpp überwachsen. Es war schwierig, sich dort zu bewegen. Aber es sah nicht unbedingt lebensgefährlich aus.

Doch dieser Eindruck täuschte. Der Unterschied zwischen den amerikanischen Besuchern und den lateinamerikanischen Migranten in dem Nationalpark ist die Ausrüstung. Die Amerikaner haben Hüte zum Schutz gegen die Sonne dabei, warme Fleecejacken zum Schutz gegen die Morgenkälte, feste Schuhe, die ihren Füßen einen guten Halt geben, und kniehohe Gamaschen, durch die keine Schlange beißen und kein Skorpion stechen kann. Die Migranten haben ein altes Hemd und Latschen, die aus Schnüren und Teppichresten zusammengeflickt sind. Die Adler konnten an den Resten dieser Schuhe, die in den Büschen hingen, sehen, auf welchen Wegen die illegalen Einwanderer durch den Nationalpark kamen. Vor allem aber haben die Amerikaner reichlich Wasser dabei, wenn sie in die Wüste gehen, oder bunte, isotonische Sportlerlimonaden wie Gatorade und dazu Protein- und Energieriegel. Die Migranten haben vielleicht ein Snickers im Rucksack. Wenn sie stürzen, sich den Knöchel verdrehen oder eine Rippe brechen, wenn sie dreckiges Wasser aus einer Pfütze trinken und Fieber bekommen, wenn ein Sonnenstich ihnen die Kraft und Orientierung raubt und sie zwingt, sich unter einem Busch im Schatten zu verkriechen, dann ist das in manchen Fällen ein Todesurteil. Dann bleiben sie liegen und verdursten – nur ein paar Meilen vom nächsten Parkplatz entfernt, auf dem sich Amerikaner die Wanderstiefel schnüren und Sonnencreme auf die Arme reiben. Freizeitvergnügen und Tod liegen an diesem Teil der Grenze sehr dicht beieinander. »Für manche Menschen geht es hier draußen darum, Spaß zu haben«, sagte Moreno, als wir während der Suche auf einem Felsen standen und über die wunderschöne, gnadenlose Wüstenlandschaft schauten. »Für andere Menschen geht es hier draußen ums nackte Überleben.«

Die Adler haben den Mann, den sie suchten, an diesem Tag nicht gefunden. Vielleicht liegen seine Knochen noch irgendwo da draußen im Sand und leuchten.

Kapitel 10

Veteranen

Georgia, Mississippi

Seit die Vereinigten Staaten existieren, haben sie Kriege geführt. Amerika wurde 1776 durch einen Krieg geboren, als neues Land und als neue Nation. Die USA entstanden in einem Akt revolutionärer Gewalt, durch den die Kolonien sich der Herrschaft der britischen Krone entledigen wollten, wogegen besagte britische Krone sich wiederum heftig zur Wehr setzte. In den fast zweieinhalb Jahrhunderten seither haben die Amerikaner nicht nur einen äußerst blutigen Bürgerkrieg gegen ihre eigenen Mitbürger ausgefochten, dessen politisches und kulturelles Echo bis heute nachhallt, sondern während der sogenannten Indianerkriege, die länger als einhundert Jahre dauerten, auch einen genozidalen Feldzug gegen die Urbevölkerung auf dem nordamerikanischen Kontinent geführt – oder, um es weniger akademisch auszudrücken: einen Völkermord an jenen Menschen verübt, die auf dem Gebiet des jungen Landes lebten, bevor die weißen Siedler es Stück um Stück in Besitz nahmen. Neben diesen Gewalttaten auf dem eigenen Territorium, die Millionen Todesopfer forderten, haben die USA in den fast 250 Jahren seit ihrer Unabhängigkeit so gut wie immer irgendwo auf der Welt in Kriegen oder anderen militärischen Interventionen gekämpft, von Lateinamerika bis Asien, von Europa bis Afrika. Amerika wurde einst gegründet mit dem Versprechen, besser zu sein als das zynische, vom Machthunger seiner Monarchen zerfressene

Europa, das die Auswanderer hinter sich ließen – freier und gleicher. Was die Brüderlichkeit anging, die gelegentlich zu Freiheit und Gleichheit hinzugerechnet wird, damit der berühmte idealistisch-aufklärerische Dreiklang daraus wird, galt dieser Anspruch aber offenbar nicht. Die Bereitschaft, Menschen im eigenen Land und in anderen Staaten oder Weltgegenden umzubringen, seien sie nah oder fern, war in der angeblich so neuen Welt jedenfalls nicht kleiner als in der vermeintlich überkommenen Alten Welt.

Nun werden allerdings Kriege höchstens in völkerrechtlicher Hinsicht von Ländern oder deren Regierungen geführt. In praktischer Hinsicht sind es Menschen, die zum Militär gehen, die in den Kampf ziehen, die töten und sterben, manchmal Frauen, meistens Männer – Soldaten. Wenn sie ihre Dienstzeit hinter sich haben und heimgekommen sind aus den Schlachten, sind sie Veteranen.

Ich habe während meiner Zeit in Amerika Veteranen aus allen großen Kriegen getroffen, die die USA seit der Mitte des 20. Jahrhunderts geführt haben. Manche waren hochbetagte Männer, deren Zeit an einer weit entfernten Front viele Jahrzehnte zurücklag und die den größten Teil ihres Lebens nach »ihrem« jeweiligen Krieg verbracht hatten – in Amerika, im Frieden, mit einer zivilen Arbeit und einer Familie. Andere Veteranen waren ziemlich jung, sie waren erst vor Kurzem in Übersee im Kampfeinsatz gewesen, im Irak oder in Afghanistan. Manche der Männer hatten in Kriegen gekämpft, die man, um den Titel des Buchs *»The Good War«* des Journalisten und Schriftstellers Studs Terkel zu zitieren, als »gute Kriege« bezeichnen könnte, auch wenn das ein schwieriger Begriff ist. Ich weiß, es gibt Menschen, die sehen jede amerikanische Militäraktion als Folge von imperialistischem Streben, rassistischer Menschenverachtung und Gier nach Rohstoffen. Aber einige dieser Veteranen hatten unter Einsatz ihres eigenen Lebens dabei geholfen, Franzosen, Belgier, Holländer, Italiener und nicht zuletzt die Deutschen selbst von den Nazis zu befreien. Oder die Südkoreaner gegen die Angreifer aus dem Norden zu verteidigen. Waren diese Kriege, die unterdrückten oder besetzten Völkern die Freiheit brachten, imperialistische, rassistische Eroberungsfeldzüge? Waren die Männer, die in ihnen kämpften und fielen, imperialistische Rassisten? Ich tue mich schwer damit, das so zu sehen. Andere ehemalige amerikanische Soldaten, die ich getroffen habe, waren dagegen von ihrer Regierung an Orte geschickt worden, an denen weniger glorreiche, sogar verbrecherische Kriege geführt wurden, nach Vietnam ins Mekong-Delta etwa oder in den Irak ins Sunnitische Dreieck. Über die Militärzeit dieser Männer mag man anders urteilen.

Was jedoch sehr vielen dieser Veteranen gemeinsam war: Sie sind die Dämonen, denen sie im Krieg begegnet sind und die sich in ihrem Inneren festgesetzt haben, nie wieder ganz losgeworden. Manche erzählten mir, dass sie auch fünf, sechs oder sieben Jahrzehnte nach ihrem Frontdienst noch an Albträumen litten. Und dass sie die wohl auch bis zu ihrem Lebensende nicht mehr loswerden würden. Manchmal saßen bei unseren Gesprächen Angehörige mit am Tisch, die mir hinterher sagten, sie hätten ihren Ehemann oder Vater noch nie so offen vom Krieg reden hören. Das Durchlebte war so schrecklich gewesen, dass die Veteranen es tief in sich versenkt und nie mit ihren Familien darüber gesprochen hatten. »Mein Enkel hat mich mal gefragt, ob ich Menschen getötet habe«, erzählte ein Veteran, der als Maschinengewehrschütze in Korea bestimmt Hunderte Gegner verwundet oder erschossen hatte. »Was sollte ich darauf denn antworten?« Lieber gab er dem Kind gar keine Antwort, als all das Grauen wieder an die Oberfläche kommen zu lassen, dem er in den vereisten Bergen am Yalu-Fluss begegnet war. Erst viel später haben sich diese Männer dann ausgerechnet mit einem fremden Journalisten ausführlich über ihre Kriegserlebnisse unterhalten, einige vielleicht zum ersten Mal überhaupt. Ich hatte bei diesen Treffen manchmal das Gefühl, einer Geschichte zuzuhören, die sich über eine lange Zeit aufgestaut und die der Erzähler mühsam in sich zurückgehalten hatte. Einer Geschichte, die endlich zu erzählen fast eine Art Therapie war – oder sogar eine Beichte.

Die ältesten Veteranen, die ich getroffen habe, waren Lincoln Harner und Henry Stawicki. Beide wurden in den Zwanzigerjahren geboren, beide waren über neunzig Jahre alt, als ich sie 2019 besuchte, den einen in seiner Wohnung in einer Seniorensiedlung bei Washington, den anderen in einem Pflegeheim in Virginia. Ich schrieb damals eine Geschichte zum 75. Jahrestag des D-Day, der Landung der Alliierten in der Normandie, und Harner und Stawicki gehörten zu der täglich kleiner werdenden Gruppe von Veteranen, die diese Landung mitgemacht hatten und siebeneinhalb Jahrzehnte später noch am Leben waren. Sie waren 1944 als junge Männer zur Armee eingezogen und nach England verschifft worden, im Juni jenes Jahres wateten sie in Frankreich ans Ufer des europäischen Festlands. Harner, der noch sehr klar erzählen konnte, hatte in einer Artillerieeinheit gedient. Stawicki, der nach einem Schlaganfall etwas verwirrt war und zuweilen Schwierigkeiten hatte, sich an Einzelheiten zu erinnern, war Pionier gewesen. Sie hatten im Sommer 1944 in der Normandie gekämpft und Paris befreit. Sie hatten Hunger und Angst erlebt, Granatfeuer, Tod und später die erbarmungslose Kälte während der Schlachten in den verschneiten Ardennen und im Hürtgenwald. Sie hatten die deutschen Truppen Kilometer um Kilometer zurückgedrängt. Die Artilleriegeschütze von Harners Regiment überquerten im Frühjahr 1945 den Rhein auf der legendären, halbzerschossenen Brücke in Remagen, die zuvor von Stawickis Pionieren notdürftig instandgesetzt worden war. Ein Stückchen Beton von einem Pfeiler dieser Brücke habe ich, wie im Vorwort beschrieben, im Herbst 2016 in einer Vitrine in der Mehrzweckhalle von Johnstown, Pennsylvania, gesehen, in der Donald Trump eine Rede hielt. Zwei Männer treffen zu können, die ein Dreivierteljahrhundert zuvor selbst über diese Brücke gegangen waren, fand ich berührend – die langen Fäden, aus denen Geschichte gewebt ist, verbinden zuweilen auf sehr überraschende Weise Orte und Leben miteinander, die scheinbar nichts miteinander zu tun haben.

Im Mai 1945 standen die Einheiten von Harner und Stawicki weit im Osten, in Bayern und Tschechien. Die beiden Männer hatten überlebt, für sie war der Krieg vorbei. Aber Tausende ihrer Kameraden, manche von ihnen gute Freunde, hatten auf dem langen Weg von den normannischen Stränden bis an die Elbe ihr Leben verloren. Trotzdem habe ich von Harner und Stawicki kein wütendes Wort über die Deutschen gehört, keine Verbitterung bei ihnen gespürt. Sie waren froh, ihre Geschichte erzählen zu können, der Hass auf den früheren Kriegsgegner, den sie vor langer Zeit vielleicht empfunden hatten, war längst vergangen. Wie könnte ich als Deutscher des Jahrgangs 1971, dessen Großväter einst der Wehrmacht angehört und als Soldaten Adolf Hitler gedient hatten, Amerikanern wie Lincoln Harner und Henry Stawicki nicht dankbar sein? Sie haben mir und meiner Generation unter enormen Opfern das große, unverdiente Glück geschenkt, unser Leben in einer Demokratie, in Freiheit und Wohlstand verbringen zu dürfen. Dieses bisschen Demut gegenüber Amerika und den Amerikanern, meine ich, sollte sich jeder Deutsche abringen können, selbst wenn man die Innen- oder Außenpolitik der USA noch so kritikwürdig findet.

Henry Stawicki starb einige Monate nach unserer Begegnung. Er war 97 Jahre alt, einer der immer weniger werdenden Angehörigen der mythischen »Greatest Generation«, die den Kampf gegen die Nazis geführt und gewonnen hatte. Vom Krieg in Europa waren ihm vor allem zwei Dinge in Erinnerung geblieben, die er in unserem Gespräch immer wieder erwähnte: die ständige Angst vor den Bomben und Granaten der Deutschen und die Liebe zu seiner Freundin Anne, die in Pittsburgh auf ihn wartete. Er hat sie nach seiner Heimkehr geheiratet, sie waren zusammen, bis sie einige Jahre vor ihm gestorben ist. Ich hoffe, Henry und Anne Stawicki ruhen in Frieden.

Richard Carter wurde 1931 geboren, er war zu jung, um im Zweiten Weltkrieg zu kämpfen. Aber die USA führten nicht einmal ein Jahrzehnt nach dem großen, weltweiten Sterben schon wieder Krieg, dieses Mal in Korea. Carter, der aus der kleinen Industriestadt Hagerstown in Maryland stammt, meldete sich freiwillig zur Armee, er wurde nach Asien verfrachtet und gleich an die Front geworfen, um gegen die Nordkoreaner und deren chinesische Verbündete zu kämpfen. Wir haben uns im Spätherbst 2017 in einem Veteranenlokal in Hagerstown getroffen, ich hatte einen alten Bildband mitgebracht, den wir uns zusammen anschauten – *This Is War!* von dem ehemaligen Marineinfanteristen und späteren Kriegsfotografen David Douglas Duncan. Der Titel – übersetzt: Das ist Krieg! – war eine Art trotziges Aufstampfen, ein Widerspruch gegen die in den Fünfzigerjahren in Amerika weitverbreitete Meinung, der Koreakrieg sei im Vergleich zu den gerade erst siegreich beendeten Kämpfen in Europa und im Pazifik eigentlich gar kein richtiger Krieg, sondern nur ein etwas aufgeblasener Polizeieinsatz, um ein paar frech gewordenen Roten eine Lektion zu erteilen. Die Bilder in Duncans Buch – grobkörnige Schwarz-Weiß-Aufnahmen von Leid, Zerstörung und Tod – erzählten freilich eine andere Geschichte. Die Erinnerung, die Carter an seine Zeit in Korea hatte, erst recht. Er saß in einem schwarzen T-Shirt, auf dem »Army« stand, an unserem Tisch, auf dem Kopf trug er eine Kappe mit der Aufschrift »Korea Veteran«. Er blätterte in dem Buch, schaute auf die Fotos, und es war, als starre seine eigene Vergangenheit zurück; als sehe er sich selbst in den verfrorenen, abgemagerten, stoppelbärtigen Gesichtern der GI, die ihn von den Seiten anschauten – junge Männer nach Jahren, aber mit den Augen von alten Kriegern. Carter hatte alles, was da auf den grauen Fotos abgebildet war, selbst gesehen, scharf und in Farbe. »Ja, so sah's dort aus«, murmelte er gelegentlich. Er blätterte um. »Ja, so war das dort«, sagte er. Carter, der 1950 und 1951 in einem Infanterieregiment Dienst getan hatte, hatte die meisten großen Schlachten in Korea mitgemacht, darunter die Winterkämpfe in der Eiswüste am Chosin Reservoir. Aber als er nach einem Jahr Krieg heimkam in die USA, kümmerte sich niemand darum, wo er gewesen war und was er durchlitten hatte. Er war zutiefst traumatisiert, doch Amerikas Gesellschaft hatte genug von Kriegen und Soldaten.

Das ist der Grund, warum die Korea-Veteranen ihren Krieg bis heute als »America's Forgotten War« bezeichnen, als Amerikas vergessenen Krieg. Für Korea und die Männer, die dort gekämpft hatten, hat sich ihr Heimatland nie besonders interessiert, schon gar nicht die Filmindustrie in Hollywood. Die hat entweder bombastische Heldenepen über den Zweiten Weltkrieg gedreht, *The Longest Day* und *Saving Private Ryan*, oder aber düstere Gemetzelstreifen über Vietnam, *Apocalypse Now*, *The Deer Hunter* und *Full Metal Jacket*. Der Krieg in Korea war nach den gängigen populärkulturellen Kriterien kein geeigneter Stoff, abgesehen vielleicht von dem Film und der Fernsehserie M*A*S*H, die zwar in Korea spielten, die aber, als sie in den Siebzigerjahren gedreht wurden, in Wahrheit ätzende Kommentare über den Vietnamkrieg waren. Nur einen Trost hatten die Korea-Veteranen: »Immerhin«, so hat es einer dieser alten Soldaten ausgedrückt, mit dem ich mich einmal unterhalten habe und der nach einem Jahr an der Front zuhause ebenso gleichgültig empfangen worden war wie Richard Carter, »wurden wir nicht bespuckt.«

Das ging jener Generation von Soldaten anders, die Amerika in den Sechziger- und Siebzigerjahren in den Krieg nach Vietnam schickte. Sie wurden nach ihrer Heimkehr bespuckt und als Babymörder beschimpft. Man kann darüber streiten, wie fair das war – diese jungen Männer waren zumeist Wehrpflichtige aus der unteren Mittel- oder der Unterschicht, die niemand gefragt hatte, ob und gegen wen sie kämpfen wollten. Unbestritten ist heute allerdings, dass der Krieg, in dem sie eingesetzt – oder besser: verheizt – wurden, ein zumindest in Teilen verbrecherischer Krieg war. Insofern traf es sich, dass der Vietnam-Veteran, mit dem ich über seinen Krieg geredet habe, ein – man muss es wohl so sagen – Kriegsverbrecher war, auch wenn er nie rechtskräftig für seine Taten verurteilt worden ist. Kenneth Hodges war zweiundzwanzig Jahre alt, als er zusammen mit einigen Dutzend anderen US-Soldaten am 16. März 1968 in Hubschraubern zu einem unbedeutenden vietnamesischen Dorf geflogen wurde, das auf den amerikanischen Militärkarten den Namen My Lai trug. Der Afroamerikaner diente als Stabsunteroffizier im 2nd Platoon, C Company, 1-20 Infantry – dem 1. Bataillon des 20. Infanterieregiments, das der 11. Infanteriebrigade unterstand, die wiederum zur berüchtigten 23. Infanteriedivision gehörte. Hodges stammte aus Georgia, aus einem Kaff in der Nähe von Atlanta, wo bis Mitte der Sechzigerjahre noch Rassentrennung herrschte. Er war einige Jahre zuvor zur Armee gegangen, um der Diskriminierung und der Armut daheim zu entkommen. Hodges hatte beim Militär zwei Dinge gelernt: Befehle auszuführen und Menschen umzubringen. An jenem Morgen, so hat er es mir fünfzig Jahre später an einem Tag im Februar 2018 in seinem Wohnzimmer erzählt, hatte seine Kompanie den Befehl, in My Lai alle und alles zu töten, das ihnen dort begegnete.

Und das taten Hodges und seine Männer am 16. März 1968. Sie landeten, sie stürmten das Dorf, sie feuerten auf Hühner, Schweine und Wasserbüffel. Sie trieben die Einwohner zusammen und exekutierten sie in Gruppen in einem Wassergraben am Dorfrand, sie erschossen sie vor oder in ihren Hütten, sie warfen Handgranaten in Kellerlöcher, in denen sich Familien vor den mordenden Amerikanern zu verstecken versuchten. Am Mittag waren um die fünfhundert Vietnamesen tot, die meisten von ihnen Frauen, Kinder und alte Männer. My Lai ist vermutlich das schwerste bekannte Kriegsverbrechen, das amerikanische Soldaten je verübt haben. Sergeant Kenneth Hodges war dabei. Er hat mitgemacht, mitgeschossen, mitgemordet, selbst dann noch, als längst klar war, dass nur Zivilisten im Dorf waren, keine Vietcong-Kämpfer. Befehl war Befehl, und der Befehl in My Lai sei klar gewesen, hat Hodges mir bei unserem Treffen erklärt: »Destroy and kill everything!« Die Vietnamesen, die seine Männer töteten, hätten ihm nicht viel bedeutet, sie seien Feinde gewesen, keine Menschen, nur »gooks« - Schlitzaugen.

Hodges wurde wegen des Massakers vor Gericht gestellt, aber aus Mangel an Beweisen nicht verurteilt. Nur ein einziger amerikanischer Soldat, der in My Lai war, Leutnant William Calley, wurde wegen der Bluttat schuldig gesprochen und bestraft - er bekam einige Monate Hausarrest. Ansonsten tat die Army so, als sei das Gemetzel ein im Grunde gerechtfertigter, militärisch sinnvoller und verhältnismäßiger Einsatz gewesen. Ein paar Monate später schrieb ein Offizier aus dem Stab der 23. Infanteriedivision, ein gewisser Major Colin Powell, einen Bericht, der sämtliche Gerüchte über einen angeblichen illegalen Massenmord an Zivilisten für unglaubwürdig erklärte. Powell brachte es später bis zum Generalstabschef und zum Außenminister. Und natürlich hat dieses Vertuschen von und Wegschauen bei Verbrechen der eigenen Truppe eine lange Tradition beim amerikanischen Militär. Man kann, wenn man will, eine Linie von My Lai zurück in die Vergangenheit ziehen, von Vietnam bis in den amerikanischen Westen, bis hin zu den zahllosen sogenannten Gefechten während der Indianerkriege, die in Wahrheit nur Schlachtereien auf der Prärie waren, in denen friedliche Biwaks voller Frauen und Kinder von der Armee zusammengeschossen wurden. Soldaten des 20. Infanterieregiments waren damals schon dabei, am Little Bighorn ebenso wie in Wounded Knee. Ich habe, als ich in South Dakota bei den Sioux im Cheyenne-River-Reservat war, das etwas nördlich von Wounded Knee liegt, Remi Bald Eagle von meinem Gespräch mit Kenneth Hodges erzählt. Er hat zugehört und wissend geschaut. Für ihn war My Lai kein fremder, weit entfernter tropischer Ort, sondern Teil der Geschichte seines Landes und seiner Vorfahren.

Was Kenneth Hodges wirklich über das Massaker dachte, das er und seine Kameraden verübt haben, ob ihm der Tod all dieser Menschen leidtat, weiß ich nicht. Ich habe ihn gefragt, aber er hat nicht geantwortet. »Das ist eine Sache zwischen mir und meinem Gott«, sagte er zu mir. Hodges saß während unseres Gesprächs auf einem Sofa in seinem bescheidenen, aber wohnlichen kleinen Haus, ein schwarzer Herr Mitte siebzig mit kahlem Kopf und immer noch kräftigem Bizeps. Seine Hose hatte eine kerzengerade Bügelfalte, sein Hemd war tadellos – offensichtlich steckte in ihm immer noch der einstige Unteroffizier, der auf Ordnung achtet. Er zeigte mir Fotos aus seiner Militärzeit, vergilbte Abzüge mit gewelltem Rand, auf denen er mit nacktem Oberkörper vor olivgrünen Sandsäcken stand oder stolz ein Gewehr hielt, den Kolben in die Hüfte gestemmt. Wir haben lange geredet, vier oder fünf Stunden mindestens. Ich habe bei Interviews dieser Art immer versucht, das Gespräch möglichst in die Länge zu ziehen. Meistens lohnt sich das, weil allein durch die zeitliche Dauer des Zusammensitzens und Redens zumindest ein bisschen Nähe und Vertrautheit entsteht. Eine Frage, die zu persönlich oder intim ist, als dass ein Gesprächspartner sie nach zwanzig Minuten schon beantworten würde – und was könnte intimer sein als Mord? –, beantwortet er vielleicht nach drei Stunden etwas bereitwilliger. Auf eine Frage, der er beim ersten Mal ausweicht, lässt er sich womöglich ein, wenn man sie zum vierten oder fünften Mal stellt. Denn oft wollen Menschen, die solche Gräuel erlebt oder verübt haben, darüber sprechen. Es dauert nur etwas, bis sie es tun.

Hodges hat damals sehr offen und sachlich vom 16. März 1968 erzählt. Vom Hinflug in den Hubschraubern an einem zauberhaften, sonnigen Morgen, vom Gang durch das Dorf, von den Toten, die überall herumlagen, vom Gestank von brennenden Hütten und brennendem Fleisch. Er hat nichts beschönigt oder geleugnet. Nur den Vorwurf, sich an einer Vietnamesin vergangen zu haben, der während seines Prozesses erhoben worden war, hat er zurückgewiesen. »Ich habe in My Lai zwei Männer erschossen, aber ich habe keine Frau vergewaltigt«, hat er sehr bestimmt zu mir gesagt. Reue oder Scham hat Hodges sich allerdings nicht anmerken lassen. Er hat auch fünf Jahrzehnte nach jenem blutigen Vormittag darauf beharrt, dass er Soldat gewesen sei und Befehle ausgeführt habe. Dass es so etwas wie illegale Befehle überhaupt gibt, die man als Untergebener nicht nur verweigern darf, sondern sogar verweigern muss, habe er nicht gewusst.

Man kennt dieses Verteidigungsargument – gerade als Enkel deutscher Großväter. Andererseits: Womöglich ist das auch ein Teil der Wahrheit im Krieg. Was Hodges auf dem Sofa von seiner Zeit als Infanterist in den Dschungeln, Bambuswäldern und Reisfeldern von Vietnam erzählt hat, während es draußen langsam dunkel wurde, klang nicht so, als sei es dazu angetan gewesen, den Respekt der amerikanischen Soldaten vor dem humanitären Kriegsvölkerrecht zu stärken. Die GI kämpften in einem Guerillakrieg gegen einen unsichtbaren Gegner, die Company C verlor Soldaten in Hinterhalten und Minenfeldern, jeder Vietnamese war ein Feind oder konnte jedenfalls einer sein. In My Lai entlud sich die Mischung aus Angst, Anspannung, Frustration, Wut, Hass, Misstrauen und Aggression – und wahrscheinlich auch Rassismus –, die sich über Wochen in den Männern angesammelt hatte, in einem Akt hemmungsloser Brutalität. Kann man das rechtfertigen? Niemals. Ist das entschuldbar? Sicher nicht. Ist es aber erklärbar? Vielleicht ja. Hätte Hodges dennoch für seine, wenn auch kleine Rolle bei dem Gemetzel bestraft werden sollen? Bestimmt.

Es gab an diesem Tag im März 1968 ja auch amerikanische Soldaten, die nicht mitmachten, weil sie genau wussten, dass ihre Landsleute in My Lai ein Verbrechen verübten. Ich habe Anfang 2018 noch einen zweiten Augenzeugen des Massakers getroffen, einen großen, hageren Mann namens Ronald Haeberle. Er wohnte in einem Vorort von Cleveland, das am Tag meines Besuchs in einen Schneesturm gehüllt wurde, ich schlitterte in einem Mietauto mit Sommerreifen über vereiste Straßen zu ihm. Haeberle hatte im März 1968 seinen Wehrdienst als Fotograf in der Army geleistet und war zufällig bei dem Einsatz in My Lai dabei, um darüber zu berichten. Von ihm stammen die einzigen Aufnahmen, die es von der Bluttat gibt, die einzigen unbestreitbaren Beweise dafür, was in dem Dorf tatsächlich passiert ist – ein Satz leicht verblasster Farbdias, ungefähr zwei Dutzend. Haeberle hatte sie mit seiner privaten Kamera aufgenommen, nicht mit der, die die Armee ihm gestellt hatte, deswegen hatte er die belichtete Filmrolle nach seiner Rückkehr aus My Lai nicht bei der Zensurstelle abgegeben. Die Bilder, die inzwischen tausendfach veröffentlicht wurden und weltbekannt sind, zeigen amerikanische Soldaten, die schießen und Hütten anzünden, dazu Berge von toten Vietnamesen. Schon als er die Fotos machte, war Haeberle die Dimension dessen klar, was sie dokumentierten. Man spürt das ungläubige Entsetzen des Fotografen, die Aufnahmen sind eher willkürliche Schnappschüsse als komponierte Fotografien. Aber auch Haeberle griff an jenem Tag nicht ein, er versuchte nicht, seine Kameraden am Töten zu hindern oder wenigstens einen Offizier dazu zu bewegen. Zwei Negative hat Haeberle, so erzählte er mir, sogar gleich nach dem Entwickeln des Films vernichtet. Auf ihnen waren feuernde GI zu sehen, so deutlich, dass man sie hätte identifizieren und belangen können. Sie waren seine Armeekameraden, er wollte sie nicht in Schwierigkeiten bringen. Haeberle hat die Bilder zunächst zurückgehalten, erst im November 1969, eineinhalb Jahre nach dem Massaker, veröffentlichte er sie in seiner Heimatzeitung, in *The Plain Dealer*. Und plötzlich sah die Welt, was in Vietnam aus den braven amerikanischen Jungs wurde, die man »nach drüben« geschickt hatte – Mörder.

Ronald Haeberle besucht My Lai bis heute jedes Jahr, um der Opfer zu gedenken. Kenneth Hodges war seit 1968 nie wieder dort. Vielleicht liegt das daran, dass der eine ein Zeuge war, der andere ein Täter. Aber vielleicht gehen unterschiedliche Menschen mit dem Grauen, an dem sie beteiligt waren, und mit der Schuld, die auf ihnen lastet, auch nur unterschiedlich um.

Die wohl – kann man dieses Adjektiv in diesem Zusammenhang benutzen? – originellste Methode, damit umzugehen, was der Krieg aus ihm gemacht hatte, hat meiner Ansicht nach Nico Walker gefunden. Nachdem er 2006 aus dem Irak heimgekehrt war, gequält von einer posttraumatischen Belastungsstörung, die so groß und schwer wie ein Panzer war und ihn dazu brachte, brennende Zigaretten auf seinen Armen auszudrücken, wurde er Bankräuber. Genauer: Aus dem ehemaligen Soldaten wurde zuerst ein Junkie, dann ein Bankräuber, dann ein Häftling, dann ein Schriftsteller. Im August 2018 veröffentlichte Walker einen Roman, den er in der Haft geschrieben hatte. Das Buch hieß *Cherry*, so nennt man beim Militär die jungen, unerfahrenen Rekruten, die nichts wissen, alles falsch machen und als Erste fallen. *Cherry* ist ein brutales Buch, voller Gewalt und Verzweiflung Es gibt auch Liebe darin, aber es ist eine zerstörerische, tragische Liebe, die nicht gut endet. Vor allem aber ist *Cherry* eine Art Schlüsselroman über einen bestimmten Teil der Millennial-Generation, also der Amerikanerinnen und Amerikaner, die in der Zeit von den frühen Achtzigerjahren bis Mitte der Neunzigerjahre geboren wurden. Walker gehört zu den älteren Millennials, er kam 1985 zur Welt. Er hatte eine gute Kindheit und Schulzeit in einer gehobenen Mittelklassefamilie in einem Vorort von Cleveland, Ohio. Aber als er sechzehn, siebzehn, achtzehn wurde, kippte etwas im Land. Man kann die Zäsur im Leben dieser Generation ziemlich genau festlegen, auf einen einzigen Tag, auf einen einzigen strahlenden, hellen, blauen, frischen Herbstmorgen. Das war der 11. September 2001, an dem in New York Flugzeuge ins World Trade Center und in Washington ins Pentagon krachten. Der Terror zertrümmerte nicht nur Gebäude und beendete Tausende Menschenleben. Sondern er erschütterte die USA, die damals so sorglos vor sich hinlebten – nicht zuletzt, weil sie es bevorzugten, die meisten innen- und außenpolitischen Probleme zu ignorieren, die sich vor ihnen auftürmten –, bis tief hinunter in die Fundamente. Als Jugendlicher lebte Walker plötzlich in einem Amerika, das von zwei sehr zerstörerischen Entwicklungen geprägt wurde: von den sogenannten »Forever Wars«, den nicht endenden Kriegen im Irak und in Afghanistan, die nach 9/11 begannen; und von der anrollenden Opioid- und Heroinepidemie. Ewiger Krieg und harte Drogen – das war die Geschichte Amerikas zu Beginn des 21. Jahrhunderts. Und Nico Walker steckte mittendrin in diesem Desaster.

Das erklärt die Stationen seines Lebens: Walker hatte nach der Highschool keine Lust, zu studieren. Er meldete sich freiwillig zum Militär, wurde zum Sanitäter ausgebildet und 2005 in den Irak geschickt, hinein ins Chaos von Invasion, Besatzung und Bürgerkrieg. Walker machte dort seinen Dienst, jeden Tag sammelte er tote oder verwundete Kameraden ein, die von Sprengfallen zerrissen worden waren. Nach einem knappen Jahr kam er zurück in die USA. Aber er hing nur herum, fand nicht ins zivile Leben zurück, litt unter Albträumen. Um Ruhe vor seinen Dämonen zu finden, fing Walker mit den Oxys an. Als die zu teuer wurden, stieg er um auf Heroin. Als er auch dafür kein Geld mehr hatte, begann Walker, Banken auszurauben. Es waren, das muss man vielleicht erwähnen, keine Überfälle, bei denen er körperliche Gewalt ausübte. Er schob den Kassierern einen Zettel über den Tresen, auf dem stand, dass er bewaffnet sei und Geld wolle. Er nahm das Geld, dann ging er wieder. »Ich lege großen Wert auf gute Manieren«, hat Walker mir erklärt, als ich ihn im Frühjahr 2020 in Oxford, Mississippi, für eine Porträtgeschichte besuchte. Trotzdem war das, was er tat, höchst illegal. Nach einem Dutzend Überfälle, bei denen er mehrere zehntausend Dollar erbeutete, wurde er verhaftet, vor Gericht gestellt und eingesperrt. Von den elf Jahren Haft, zu denen er verurteilt wurde, saß er neun Jahre ab.

Von diesem Punkt an wird die Geschichte von Nico Walker, die ohnehin schon eine sehr amerikanische Geschichte ist, noch amerikanischer: Ein Schallplattenproduzent aus Mississippi, Inhaber eines Labels mit dem fantastischen Namen Fat Possum Records, erfuhr über allerlei Ecken von Walkers bemerkenswerter Vita. Er sah in dem jungen Veteranen eine Art zweiten Jesse James, der seine Karriere als Outlaw und Bankräuber ebenfalls als Soldat während des amerikanischen Bürgerkriegs begonnen hatte. Der Produzent half Walker, im Gefängnis aus allem Erlebten einen Roman zu machen. »Ich verstehe von zwei Sachen was – vom Krieg und von Drogen«, hat Walker bei unserem Treffen gesagt. Das merkt man beim Lesen von *Cherry*. Das Buch wurde ein Bestseller, Walker verkaufte die Filmrechte für eine Million Dollar an zwei sehr prominente Hollywood-Regisseure. Zu dem Zeitpunkt, an dem ich ihn traf, war er gerade aus der Haft in eine Art Hausarrest entlassen worden. Er war nicht nur clean, sondern auch ein reicher Mann. Und er war in der Tat sehr höflich. Oxford ist eine hübsche Stadt, die University of Mississippi hat dort ihren Sitz, es gibt gute Buchläden, Coffee Shops, viele junge Leute. William Faulkner, der große Dichter des amerikanischen Südens, hat einst in Oxford gelebt. Von ihm stammt die politisch höchst aktuelle Einsicht, dass die Vergangenheit nie stirbt, dass sie genau genommen nicht einmal vergangen ist: »The past is never dead. It's not even past.« In Oxford, Mississippi, spürt man das. Die Stadt ist, um es vorsichtig zu sagen, in sozialer und politischer Hinsicht nicht eben die progressivste. Im Herbst 1962 schickte Präsident John F. Kennedy mehr als 30 000 Soldaten nach Oxford, um den ersten schwarzen Studenten an der Universität vor gewalttätigen Protesten seiner weißen Kommilitonen zu schützen, zu denen der Ku-Klux-Klan aufgestachelt hatte. Das hat sich alles gebessert, aber dem rassistischen Erbe der Sklaverei begegnet man in den US-Südstaaten doch immer noch sehr oft.

Walker chauffierte mich damals in einem neuen, glänzenden schwarzen E-Klasse-Mercedes herum, den er sich von seinem Filmhonorar gekauft hatte. Er mochte den Wagen sehr, allerdings störte es ihn als Raucher, dass kein vernünftiger Aschenbecher eingebaut war. Also fuhr er zur Walmart und kaufte sich für 4,99 Dollar einen tragbaren Autoaschenbecher, den er auf der Mittelkonsole festklemmte. Zum Abschied schenkte er mir ein Buch, eine Anthologie des persischen Dichters Rumi, der im 13. Jahrhundert gelebt hat. Walker verehrte dessen zarte Liebespoesie. Mir kam hingegen der Gedanke, dass ein junger, sensibler Mensch, der gerne mittelalterliche Lyrik liest, vielleicht lieber nicht an die Front im Irak hätte gehen sollen. Rumis romantischer Orient hatte mit dem brutalen Orient, den Walker kennenlernte, nur wenig zu tun. Aber wer soll sonst für die Nachwelt einen Roman darüber schreiben, wie es in diesem Krieg im Irak und in den ersten Jahren des neuen Jahrtausends in Amerika zuging, wenn nicht ein junger, sensibler Mensch, der weiß, was Literatur ist, und der nicht so abgestumpft ist, dass all das Elend und all der Tod einfach an ihm vorüberziehen? Walker erzählte mir, dass er an einem zweiten Buch arbeiten wolle, einem Roman über seine Gefängniszeit. Aber das ist meines Wissens bisher nicht erschienen.

Auf gewisse Weise hatte Nico Walker wohl Glück. Zum einen, weil seine Verhaftung ihn vermutlich gerettet hat. Er kam im Gefängnis weg vom Heroin. Hätte er weiterhin in Freiheit gelebt, hätte er weiterhin Banken überfallen, dann wäre die Chance sehr hoch gewesen, dass eine Überdosis oder eine Polizeikugel seinem Leben ein Ende bereitet hätte. Zum anderen kehrte er aus dem Krieg in ein Amerika zurück, das Soldaten und Veteranen nicht mehr als Babymörder beschimpft und verachtet, sondern, im Gegenteil, allesamt als Helden verklärt. Es ist keine Ausnahme, dass Soldaten in Amerika auf der Straße der Satz

»Thank you for your service!« zugerufen wird: Danke, dass du dienst. Das ist gewissermaßen eine Spätfolge von 9/11. Weil es an diesem Terrortag tatsächlich heldenhafte Polizisten, Feuerwehrleute und Sanitäter gab, die in die brennenden World-Trade-Center-Türme rannten, um Menschen zu helfen – und zu Dutzenden starben, als die Gebäude kollabierten –, hat sich in Amerika die etwas seltsame Praxis breitgemacht, durchweg jeden oder jede, der oder die eine Polizei-, Feuerwehr- oder Paramedic-Uniform trägt, zu einem Helden oder einer Heldin zu stilisieren. Das erweist sich immer dann als besonders fragwürdige Entwicklung, wenn einer dieser Helden-Polizisten einen unbewaffneten Verdächtigen erschießt. Aber zurückdrehen lässt sich das wohl nicht mehr.

Dieser pauschale Heldenstatus wurde während des sogenannten »Global War on Terror«, des von Präsident George W. Bush ausgerufenen weltweiten Antiterrorkriegs, unter dessen Banner die Amerikaner in Afghanistan und im Irak kämpften, dann auch auf das Militär übertragen. In den Augen einer Mehrheit der amerikanischen Gesellschaft führten diese Männer und Frauen einen ehrenvollen und gerechten Krieg. Vielleicht spielte bei dieser Bewertung auch schlechtes Gewissen eine gewisse Rolle, weil die Amerikaner natürlich wissen, dass sie die Vietnam-Soldaten wie Dreck behandelt haben. Jedenfalls fand im Fall der Antiterrorkämpfer eine Art Überkompensation in die andere Richtung statt, die zur Folge hatte, dass jetzt in Amerika jedem Soldaten allein aufgrund seiner Armeeangehörigkeit ein Heldenmäntelchen umgehängt wird. Das bringt im Alltag zuweilen bizarre Konsequenzen mit sich: Bis heute ist es zum Beispiel an Flughäfen in Amerika vollkommen gängig – und akzeptiert –, dass Soldaten am Gate als Erste in ein wartendes Flugzeug einsteigen dürfen. Thank you for your service! Einer meiner Nachbarn in meinem Washingtoner Vorort, ein sehr freundlicher und überhaupt nicht sarkastischer Mensch, trieb diese Uniform-ist-gleich-Held-Formel während der Coronapandemie dann auf die Spitze. Er fing eines Tages an, auch all den gehetzten UPS- oder FedEx-Boten »Thank you for your service!« hinterherzurufen, wenn sie in ihren braunen und blauen Hemden über seinen Rasen rannten, um Dinge abzuliefern, die mein Nachbar selbst sich aus Angst vor Covid-19 nicht mehr im Laden zu kaufen traute. Als kämpften diese Fahrer höchstpersönlich einen heldenhaften Abwehrkampf gegen das Virus und seien nicht nur überarbeitete Niedriglohndienstleister, die Leuten, die es sich leisten können, ihre Einkäufe hinterhertragen.

Bei Nico Walker trug diese allgemeine Heldenverehrung eventuell dazu bei, dass er mit einer halbwegs milden Strafe davonkam. Neun Jahre Haft in einem Gefängnis mittlerer Sicherheitsstufe waren, gemessen an der Art und dem Umfang seiner Straftaten, recht erträglich. Die Staatsanwaltschaft wollte einen Irak-Veteranen, der ehrenhaft gedient hatte und mit Orden dekoriert worden war, den sein Land dann aber mit seinen psychischen Problemen alleingelassen hatte, offenbar nicht zu hart anfassen.

Wenn man diesen kleinen staatlichen Gnadenakt abzieht, dann zeigt Walkers Biografie allerdings auch recht gut, dass alles Heldenpathos und Dankesgerede eben oft nur das ist – pathetisches Gerede. An helfenden Taten, wenn ein Veteran sie wirklich braucht, um nicht abzustürzen, mangelt es hingegen. Der herausragend gute Film *Hell or High Water* von 2016, der im Westen von Texas spielt und von zwei Brüdern handelt, die Banken überfallen, um die Familien-Ranch vor dem Bankrott und der Zwangsversteigerung durch eine gierige Bank zu retten, beginnt mit einer Szene, die genau diese Kluft beklagt: Die Brüder sind am frühen Morgen in einer Kleinstadt, die schon bessere Zeiten gesehen hat, auf dem Weg zu einer Bankfiliale, die Kamera filmt das fahrende Auto mit etwas Abstand von der Seite. Dann schiebt sich zwischen die Linse und den Wagen eine Hauswand, auf der ein Graffito steht: »3 tours in Iraq but no bailout for people like us«. Grob übersetzt: Drei Mal war ich an der Front im Irak, aber mich hat niemand aus den Schulden rausgehauen. Das ist eine seit der Finanzkrise 2008 in Amerika ziemlich weitverbreitete Meinung, die einen Teil der Verbitterung der Menschen in der unteren Mittelschicht erklärt: Banken und Großkonzerne, denen es finanziell schlecht geht, weil ihre Manager unfähig waren, werden von der Regierung mit milliardenschweren Rettungsprogrammen vor der Pleite bewahrt. Die kleinen Leute dagegen, die im Krieg ihre Knochen für Amerika hinhalten, gehen leer aus. Ganz falsch ist diese Sicht nicht. Ein Veteran, der unter seinen körperlichen oder seelischen Traumata leidet und ein Jahr auf einen Termin bei einem Arzt der Veterans Administration warten muss, sofern er überhaupt einen bekommt, hat ja nichts davon, dass ein anderer Soldat irgendwo am anderen Ende des Landes auf einem Flughafen ein paar Minuten früher einsteigen darf. Diese Bevorzugung dient mehr dem Image der Fluglinie als dem tatsächlichen Wohlbefinden eines Soldaten. In Wahrheit kümmert sich Amerika um die Leute, die es in seine ständigen, ewigen Kriege schickt, nicht wirklich. Ich habe in Waco, Texas, einmal eine Kreisvorsitzende der Demokraten kennengelernt: Mary Duty, eine bodenständige, energische, zupackende, gläubige und sehr patriotische Frau, deren Söhne in der Army und bei den Marines gedient und im Irak gekämpft haben. Sie sind heil nach Hause gekommen, zumindest körperlich. Aber sie haben daheim dann viel – zu viel – Zeit damit verbracht, zu den Beerdigungen von Kriegskameraden zu gehen, die sich umgebracht hatten, weil sie die psychischen Wunden nicht mehr ertragen konnten.

Der »Global War on Terror«, der mit dem Einmarsch der US-Truppen in Afghanistan im Herbst 2001 begann, mit der sträflich nachlässig geplanten und durchgeführten Besetzung des Irak weiterging und erst im Sommer 2021 mit dem hastigen Abzug der Amerikaner aus Kabul endete, hat ein Heer von Veteranen geschaffen. Die Zahl der GI, die in diesen zwanzig Kriegsjahren gefallen sind, ist im Vergleich zu früheren Kriegen zwar eher gering, wenn man das angesichts der Trauer und des Schmerzes, den jeder und jede einzelne Tote bedeutet, so sagen kann – um die 7000 amerikanische Soldatinnen und Soldaten starben. In den Weltkriegen, in Korea und Vietnam war die Zahl der tödlichen Verluste jeweils um ein Vielfaches höher. Schätzungen zufolge wurden seit 2001 zwischen zwei und drei Millionen Amerikaner an die Fronten im Nahen Osten und am Hindukusch geschickt. Zehntausende Soldaten wurden dort verwundet, Hunderttausende kamen traumatisiert zurück. Das ist schon eine massive Zahl und für eine Gesellschaft eine enorme Belastung, die man nicht dadurch loswird, dass man Militärangehörigen das Schlangestehen am Flughafen erspart oder Veteranen bei einem Baseball-Spiel in der Pause aufstehen lässt und ihnen applaudiert. Drogenkonsum, Armut, Arbeits- und Obdachlosigkeit, vor allem aber Selbstmorde – all das sind Probleme, die Amerikas Veteranen besonders hart treffen. Als Präsident Joe Biden im August 2021 den politisch längst gescheiterten Afghanistan-Einsatz beendete, nachdem sein Vorgänger Trump de facto bereits vor den Taliban kapituliert hatte, fand ich das daher richtig – trotz aller berechtigten Kritik an der Art und Weise, wie der Abzug verlief. Die Bilder von der dramatischen Flucht aus Kabul, vom Chaos in der Stadt und am Flughafen, von den flaggenbedeckten Zinksärgen der dreizehn amerikanischen Soldatinnen und Soldaten, die bei einem letzten Terrorakt getötet worden waren – die meisten von ihnen so jung, dass sie an 9/11, dem Tag, der den Krieg ausgelöst hatte, in dem sie fielen, gerade erst geboren waren –, waren zwar erschütternd und demütigend. Sie haben Bidens und Amerikas Ruf in der Welt stark und nachhaltig beschädigt. Aber ich konnte die Ratio hinter Bidens Schritt verstehen. Er beendete einen Krieg, der für die USA außer Toten und Verwundeten nur noch wenig Greifbares hervorbrachte – weil er nicht der vierte Präsident in Folge sein wollte, der sich nicht traut, das einzugestehen und die Konsequenzen zu ziehen.

Diese Entscheidung war nicht nur im Hinblick auf das menschliche Leiden gut, das die »Forever Wars« im Irak und in Afghanistan, aber auch in Amerika verursacht haben. Es gibt ein zweites, hochpolitisches und gefährliches Phänomen in den USA, das durch diese Kriege entstanden ist und durch sie genährt wurde: Zwanzig Jahre Antiterrorkampf haben den Krieg und die Instrumente, Methoden, Vorstellungen und Wertmaßstäbe, die mit ihm verbunden sind, der amerikanische Gesellschaft tief eingeimpft. Auch frühere Kriege haben Amerika geprägt und Kräfte mobilisiert, die die Verhältnisse im Land umgeworfen und umgekrempelt haben. Amerika war nach den beiden Weltkriegen jeweils ein anderes Land als davor, Gleiches gilt für die Zäsur, die der Krieg in Vietnam darstellte. Oft waren diese Veränderungen von sozialen Turbulenzen und Schmerzen begleitet, von so etwas wie den Geburtswehen einer neuen Zeit. Aber es waren Veränderungen, die die USA im Großen und Ganzen vorangebracht haben: mehr Rechte und Anerkennung für Frauen und Schwarze, breiterer wirtschaftlicher Wohlstand, mehr soziale Sicherheit, größere politische und gesellschaftliche Offenheit. Die Sozialprogramme und -reformen des »New Deal« und der »Great Society«, die Bürgerrechtsgesetzgebung – das waren nicht nur, aber auch Antworten auf die Erschütterungen durch die Konflikte in Europa und Asien, in denen die Vereinigten Staaten gekämpft hatten.

Die Kriege in Afghanistan und im Irak hatten dagegen, so habe ich es empfunden, eine weitgehend destruktive, regressive Wirkung. Die USA sind heute nach allen gängigen Kriterien kein besseres Land als 2001. Stattdessen ist Amerika bitterer, kälter, aggressiver, ungerechter und ungleicher geworden. Der Nihilismus, mit dem Politiker und Generäle in Washington diese Kriege immer weiterlaufen ließen, das Gespinst an Halb- und Unwahrheiten, mit dem alle Rückschläge und Misserfolge zugedeckt wurden, der Zynismus, mit dem die Einsätze trotzdem Jahr um Jahr verlängert wurden, schlug auf die Heimat zurück und zersetzte Amerikas politische Kultur wie Säure. Wenn selbst Präsidenten und Minister scham- und straflos lügen können, um verlorene Krieg weiterzuführen, warum sollen sich dann andere, unbedeutendere Politiker an die Wahrheit halten? Ganz zu schweigen von charakterlosen Gestalten wie Donald Trump. Wenn wichtige, ernste Begriffe wie »Demokratie« und »Freiheit« – zwei der Fundamentsteine, auf denen Amerika aufgebaut wurde – im Irak und in Afghanistan zu leeren Phrasen verkommen und nur eine Ausrede für noch mehr sinnlosen Krieg sind, warum sollte ihr Wert daheim in den Vereinigten Staaten dann höher sein?

An einer Sache kann man dieses schädliche Einsickern des Kriegs in den amerikanischen Alltag besonders deutlich erkennen: an der Militarisierung eines wesentlichen Teils der politischen Rechten. Ich habe das schon in einem anderen Kapitel erwähnt: Es ist meiner Meinung nach keineswegs Zufall, dass ausgerechnet das AR-15-Sturmgewehr in den vergangenen Jahren in den Augen eines bestimmten einflussreichen, eher jungen, dafür aber umso radikaleren Segments der amerikanischen Konservativen zu einem so zentralen Symbol und Zugehörigkeitszeichen geworden ist. Dieses Milieu hat den Trumpismus weitgehend fraglos als Ideologie übernommen und glaubt mit religiösem Eifer daran. Waffen sind in diesen Kreisen nichts Dunkles, Öliges, Archaisches oder Bedrohliches mehr, womit nur Hinterwäldler herumfuchteln, sondern Ausweise für die richtige politische Gesinnung, wenn nicht sogar konservativ-hippe Lifestyle-Accessoires. Es gibt rechte Instagram-Influencerinnen, die sich mit möglichst knappen Bikinis und möglichst großen Knarren fotografieren lassen. Und ein AR-15 ist eben, wie bereits geschildert, keine Jagdflinte und keine Waffe, die sich besonders gut zum Selbstschutz im eigenen Haus eignen würde, sondern die für den zivilen Verkauf etwas abgespeckte Version eines militärischen Infanteriegewehrs. Sie entspricht von der Konstruktion her weitgehend dem M4-Gewehr, mit dem Amerikas Soldaten – Amerikas Helden – in den Krieg gegen den Terror gezogen sind und das man nach 9/11 zwei Jahrzehnte lang so gut wie jeden Tag in den Abendnachrichten sehen konnte. Wie weitverbreitet das AR-15 inzwischen ist, lässt eine Statistik erahnen: Danach gab es im Jahr 2000 knapp dreißig Firmen, die das Gewehr hergestellt haben. 2015 taten das wegen der enormen Nachfrage ungefähr fünfhundert Unternehmen. Die geschätzte Zahl der in dieser Zeit an Privatpersonen verkauften AR-15-Gewehre liegt bei etwa fünfzehn Millionen Stück. Wo da die Kausalzusammenhänge zu den Kriegen in Afghanistan und im Irak liegen könnten, kann sich jeder selbst ausmalen.

Ähnliches gilt für die militärische Ausrüstung, mit der rechte Milizen inzwischen ausstaffiert sind, wenn sie irgendwo aufmarschieren: Helme, Splitterschutzwesten, Wüstenstiefel, Funk- und Nachtsichtgeräte, Waffen, die an speziellen Gurten vor der Brust hängen, Uniformen, Knie- und Ellenbogenpolster, Handschuhe mit Knöchelschutz aus Hartplastik – diese Amateurkrieger sehen mittlerweile aus wie die Infanteristen oder Special-Forces-Soldaten, die man jahrelang im Fernsehen bei Patrouillen in Falludscha oder Kandahar sehen konnte. Es gibt eine ganze Industrie, die viel Geld damit umsetzt, all diese Sachen herzustellen und zu verkaufen, nicht für und an die professionelle amerikanische Armee, sondern für und an private, zivile Bürger. »Costume play«, kurz: »Cosplay«, nennt man es, wenn Menschen sich wie ihre Vorbilder aus Film und Fernsehen verkleiden. Das ist genau das, was diese Milizionäre tun, nur dass sie sich nicht in selbst gebastelte Raumschiff Enterprise-Uniformen zwängen und Captain Kirk oder Mister Spock sein wollen, sondern Tarnklamotten anziehen und auf den Straßen irgendeiner Kleinstadt in Michigan so tun, als seien sie im Einsatz am Ufer des Tigris.

Man könnte sich darüber lustig machen. Haha, der Kerl, dem der Bierbauch unter der Kevlar-Weste hervorquillt, spielt Soldat. Aber das Thema ist bitterernst. Denn längst nicht alle, aber doch viele Veteranen sind aus dem Krieg mit der Überzeugung zurückgekehrt, sie müssten nun, da sie Amerikas äußere Feinde bekämpft haben, auch Amerikas innere Feinde bekämpfen. Gepaart mit der wachsenden Radikalisierung des rechten Rands des politischen Spektrums, der inzwischen beunruhigend weit in die Mitte reicht, ist das eine explosive Mischung. Dort hat sich die Ansicht festgesetzt, dass die Demokraten und alle anderen Linken Feinde und Verräter sind, die das wahre Amerika zerstören wollen. Unter den Demonstranten, die am 6. Januar 2021 das Kapitol in Washington stürmten, waren viele Veteranen. Die Frau, die an jenem Tag in dem Gebäude erschossen wurde, hatte in der Air Force gedient, sie war im Irak und in Afghanistan stationiert gewesen. Der Milizführer Stewart Rhodes, dessen Anhänger in militärischer Formation ins Kapitol einrückten, war zwar nie selbst in einem Krieg. Aber er und die Männer und Frauen, die er an diesem Tag befehligte, waren ehemalige Armeeangehörige – nach amerikanischer Definition mithin Veteranen. Einige Monate später, in den Tagen rund um den überstürzten Afghanistan-Abzug, konnte man auf der Internetplattform Twitter, die heute X heißt, eine Nachricht von einem Mann namens Robert O'Neill lesen: »Habt ihr gesehen, wie die Taliban durch die Straßen gefahren sind und sich ihr Land zurückgeholt haben?«, schrieb er. »Ich kenne ein paar Jungs, die zusammen mit mir sofort das Gleiche machen würden.« O'Neill war einst ein amerikanischer Elitesoldat, er gehörte dem legendären SEAL Team Six an, jener Kommandoeinheit der amerikanischen Marine, die im Mai 2011 das Haus von Osama bin Laden in Pakistan gestürmt hat. O'Neill war einer der Männer, die bis ins Schlafzimmer vordrangen und den Terroristenführer dort erschossen. Seither lebt er von diesem Ruhm, und er hätte es dabei belassen können. Doch zehn Jahre später hasste dieser Mann, der sich zweifellos für einen großen amerikanischen Patrioten hält und einen Eid geschworen hat, die Verfassung der USA zu verteidigen, den gemäß ebendieser Verfassung gewählten und rechtmäßig amtierenden Präsidenten seines Landes so abgrundtief, dass er den Sieg von Amerikas Feinden feierte und sie als Vorbilder bezeichnete.

Es sind Leute wie O'Neill und Rhodes, deren Namen immer wieder fallen, wenn von einem drohenden zweiten Bürgerkrieg in Amerika die Rede ist: Veteranen. Männer, die zumindest beim Militär waren, vielleicht sogar im Kampfeinsatz, die auf jeden Fall Erfahrung im Umgang mit Waffen haben. Aber keine ehemaligen Soldaten wie Lincoln Harner, Richard Carter oder selbst Kenneth Hodges, die ihren Krieg dort zurückgelassen haben, wo sie einst gekämpft haben, und ihn höchstens noch in ihren Albträumen weiterführen. Sondern Männer, deren politisches Koordinatensystem so verzerrt ist, die sich so tief in dem verwinkelten Kaninchenbau aus Verschwörungslügen, rechter Propaganda und nationalistischer Hetze verlaufen haben, dass sie tatsächlich glauben, sie müssten, nachdem sie im Irak und in Afghanistan al-Qaida besiegt, Saddam Hussein gefangen, Osama bin Laden getötet und 9/11 gerächt haben, jetzt zuhause die Vereinigten Staaten von dem angeblich pädophilen, sozialistischen Usurpator Joe Biden befreien, notfalls mit Gewalt. Der Begriff »Civil War«, Bürgerkrieg, ist mir während meiner Zeit in den USA ziemlich oft begegnet – desto öfter, je länger Donald Trumps zerstörerische Präsidentschaft dauerte. Er wurde in politischen Kommentaren herumgereicht, mal als Warnung, was passieren wird, wenn Trump Amerika weiter malträtiert, mal als Drohung, was passiert, wenn Trumps Gegner sich nicht endlich beugen. Auch nüchterne Akademiker haben das Wort mit erschreckender Regelmäßigkeit verwendet. Es gibt inzwischen eine erhebliche Anzahl von Studien und Büchern, die sich mit der Möglichkeit oder gar Wahrscheinlichkeit eines großen Gewaltausbruchs in den USA beschäftigen. Am Tag des Sturms auf das Kapitol, als zumindest ein Teil der amerikanischen Hauptstadt den Eindruck machte, als stünde das Land am Rand von so etwas Ähnlichem wie einem Bürgerkrieg, habe ich auf der National Mall in Washington Leute gesehen, die T-Shirts trugen, auf denen stand: »Civil War, January 6, 2021«. Die Träger müssen sich das ausgedacht und auf Hemden gedruckt haben, bevor sie nach Washington fuhren und zum Kongressgebäude marschierten.

War das nur ein dummer, geschmackloser Witz? War es Angeberei? Oder war es ernst gemeint? Wer weiß. Viele dieser Möchtegernkrieger sind vor allem Maulhelden. Aber ich wäre trotzdem vorsichtig, ihre Parolen vom Recht auf Widerstand nur als Gerede, das Nachdenken über großflächige politische Gewalt in Amerika – ob man diese dann im Ernstfall als Bürgerkrieg bezeichnen will oder nicht – nur als theoretische intellektuelle Übung abzutun. »War ruins everything it touches«, hat der Journalist Dexter Filkins, der lange für die *New York Times* aus Bagdad berichtet hat und mehrmals nur knapp dem Tod entronnen ist, in seinem Buch *THE FOREVER WAR* geschrieben. Der Krieg zerstört alles, was mit ihm in Berührung kommt. Ganz bestimmt zerstört er Menschen. Aber vielleicht zerstört er auch ganze Gesellschaften, selbst wenn sie weit weg sind von den Orten, an denen die Bomben und Granaten einschlagen. Vielleicht durchdringt und vergiftet er sie so sehr, dass die zivilen Normen und Werte absterben und jene Leute triumphieren, die den Krieg verinnerlicht haben. Amerika hat in den vergangenen zwanzig Jahren zu viel Krieg geführt und zu viele Veteranen produziert, als dass man diese Bedrohung einfach ignorieren könnte.

Kapitel 11

Country

On the road

Die Vereinigten Staaten von Amerika sind groß. Sie erstrecken sich über knapp zehn Millionen Quadratkilometer. Damit die mehr als 330 Millionen Menschen, die auf dieser Fläche leben, zuverlässig von A nach B gelangen können, gibt es ein Netz von mehr als 75 000 Kilometern Autobahn. Das sind die dicken gelbroten Linien auf der Landkarte, die das Kürzel »I« für Interstate tragen und dahinter eine Nummer – eine gerade, wenn sie in west-östlicher Richtung verlaufen, eine ungerade, wenn sie von Norden nach Süden führen. Hinzu kommen ungefähr eine Viertelmillion Kilometer an Bundesstraßen, sogenannten U.S. Routes – von denen die mit der Nummer 66, die von Chicago nach Los Angeles führt, wohl die bekannteste und am öftesten besungene ist – sowie mehrere Millionen Kilometer Staats-, County-, Stadt- und Dorfstraßen verschiedenster Breite, Länge und Oberflächenbeschaffenheit. Anders gesagt: Es gibt in Amerika sehr viel Land und sehr viel Straße.

Ich habe nie gezählt, wie viele Meilen ich während meiner Zeit in den USA auf all diesen Straßen gefahren bin. Aber es war vermutlich eine fünfstellige Zahl. Das lag zum einen daran, dass es Orte in Amerika gibt, vor allem in den Bundesstaaten im Westen, die schlicht drei, vier oder auch fünf Stunden Autofahrt vom nächsten halbwegs einfach erreichbaren Flughafen entfernt liegen. Wenn man dort hinwill, muss man lange,

lange, lange Auto fahren. Es lag zum anderen aber auch daran, dass ich in Amerika immer gern im Auto unterwegs gewesen bin und daher viele Strecken auf diese Weise zurückgelegt habe, sofern sich das in einem akzeptablen Zeitraum machen ließ. Für mich war das Fahren eine gute Methode, um auf dem Weg zu einem Ort, an dem ich eine Geschichte recherchieren wollte, noch mehr vom Land und den Menschen zu sehen. Wenn, wie ich glaube, die Umgebung die Menschen prägt, wenn Amerikaner aus Kansas auch deswegen anders sind als Amerikaner aus Kentucky, weil das offene, flache, weite Kansas völlig anders ist als das enge, bergige, begrenzte Kentucky, dann ist es zum Verständnis der Unterschiede schon hilfreich, einmal einige Stunden durch beide Bundesstaaten gefahren zu sein und gesehen zu haben, was links und rechts der Straße eigentlich los ist.

Allerdings kann so eine Kilometerfresserei auf einem Highway auch recht eintönig sein. Die Maisfelder, Schweinemastanlagen und Windturbinen in Iowa sehen rund um Storm Lake nicht viel anders aus als die Maisfelder, Schweinemastanlagen und Windturbinen rund um Des Moines. Dazwischen liegen 250 Kilometer Straße – die erste Hälfte davon bolzengerade auf der Route 20 nach Osten, die zweite Hälfte ebenso gerade auf der I-35 nach Süden –, an der sich ebenfalls Maisfelder, Schweinemastanlagen und Windturbinen reihen. Um in solchen Fällen etwas Abwechslung zu haben, habe ich während langer Autofahrten oft Radio gehört. Und nicht selten spielten die wenigen Stationen, die man dann dort draußen im Nirgendwo einigermaßen sauber reinbekam, die Musik, welche die Leute auf dem Land in den USA eben überwiegend hören: Country.

Für Menschen, die diese Musik nicht mögen, mag es wie eine Schreckensvision klingen, damit einen halben Tag oder länger in einem Auto eingesperrt zu sein. Draußen Mais, Schweine und Windräder, drinnen jammernde weiße Männer, die über kaltes Bier und ihre Pick-up-Trucks singen – ich gebe zu, das ist nicht jedermanns Sache. Mir ging es am Anfang ähnlich. Aber ich hatte ja auch keine Ahnung. Was ich zu Beginn meiner Zeit in Amerika über Country wusste, beschränkte sich im Wesentlichen auf das, was die Hamburger Band Truck Stop einst unter diesem Etikett hervorgebracht hat: banalen deutschen Schlager, der mit einem Fransenhemd und einem Cowboyhut verkleidet wurde, um nach Wildem Westen und Abenteuer auszusehen. Doch mit der Zeit ist zwischen mir und dem Country – oder um das Genre etwas weiter zu spannen: der Musik, die man Americana nennt und in der sich Country, Folk und Rock zu einer sehr amerikaspezifischen Mixtur vermischen – eine große Freundschaft gewachsen. Je mehr ich in den USA Auto gefahren bin und je länger ich dabei Radio gehört habe, desto mehr habe ich gemerkt, dass der nachgemachte norddeutsche Truck-Stop-Country zum Glück mit echtem amerikanischem Country nur sehr wenig zu tun hat. Der Musiker Harlan Howard hat in den Fünfzigerjahren auf die Frage, woraus ein guter Countrysong bestehe, einmal diese ebenso kurze wie legendäre Antwort gegeben: »Three chords and the truth.« Drei Akkorde und die Wahrheit. Und genau so ist es: Country ist Wahrheit.

Wobei – nicht immer. Es gibt auch Country-Lieder, die so verquast und mit dummen, leeren Phrasen vollgestopft sind, dass sie praktisch einer Lüge gleichkommen. Genau genommen ist leider mittlerweile ein großer Teil der kommerziell erfolgreichen Countrymusik so. Diese Lieder werden am Fließband in den Studios und Schreiberwerkstätten in Nashville hergestellt und dann von den großen Country-Radiostationen, die wiederum den führenden Musikkonzernen gehören, an die Kundschaft gebracht. Sie sind industrielle Massenware, ungefähr so individuell, authentisch und nahrhaft wie Tiefkühlpizzen, die mit Analogkäse und Klebefleisch belegt sind. Die Texte bestehen zumeist aus den immer gleichen Versatzstücken: Dosenbier, Bourbon-Whiskey, Trucks, Mädels – »pretty little things«, lautet die gängige Phrase, hübsche, kleine Dinger –, Gott, Amerikas Flagge, Amerikas Helden. Man könnte diese Liste beliebig fortsetzen mit allen Klischeebildern, die einem zum Kleinstadtleben in den USA einfallen: Omas Apfelkuchen, süßer Eistee, die Hängeschaukel auf der Veranda. In diesen Liedern wird ein patriotisches, ländliches, konservatives, weißes, christliches, heterosexuelles Dorf-Amerika besungen, in dem lauter bescheidene, ehrliche, hart arbeitende Farmer und ihre glücklichen Kleinfamilien leben, die vermutlich allesamt die Republikaner wählen. Höhepunkt der Woche ist für sie das Football-Spiel der Highschool am Freitagabend. Am Samstag geht es zum Angeln und in die Kneipe, wo man sich ordentlich volllaufen lässt, am Sonntag in die Kirche. Harte Drogen, Kriminalität, soziale Rebellion, Verfall – das existiert alles nur weit weg in den dekadenten, gesetzlosen Städten, wo die Demokraten regieren. In Oliver Stones berühmtem Antikriegsfilm *Platoon*, der fast vier Jahrzehnte alt ist und in Vietnam spielt, gibt es eine Szene, in der ein schwarzer Soldat diese Art von Country voller Verachtung als »reaktionären Farmerkitsch« bezeichnet. Das trifft es sehr gut, und dieses Urteil ist immer noch gültig. Wenn man einen Soundtrack mixen wollte, um die Präsidentschaft von Donald Trump zu vertonen, muss man sich nur ein paar Stunden lang diese Country-Musik anhören. Dann hätte man jede Menge brauchbares Material beisammen.

Wie so vielen anderen Alltagsdingen in Amerika, von denen man nie gedacht hätte, dass sie einmal in die zerstörerischen Mühlen des parteipolitischen Kulturkampfs geraten können, ist auch dem Country dieses elende Schicksal nicht erspart geblieben. Der Sänger Jason Aldean, einer der erfolgreichsten Country-Musiker, der bei seinen Konzerten Stadien füllt, hat die Politisierung seines Genres im Sommer 2023 auf die Spitze getrieben. Er veröffentlichte einen Song, in dem er den Gegensatz zwischen dem vermeintlich guten, echten und natürlich politisch rechten Amerika auf dem Land und dem angeblich verlotterten, linken Amerika in den Städten thematisierte. Das Lied ist allerdings keine bloße Beschreibung dieser toxischen Spaltung, sondern fast schon eine Art Lobeshymne – und eine Warnung. Es heißt »Try That in a Small Town«, übersetzt etwa: Mach so was mal in einer kleinen Stadt. Aldean zählt darin alle Untaten auf, echte wie eingebildete, die in größeren Städten seiner Ansicht nach Alltag sind: Überfälle, Diebstähle, Schlägereien. Ihr klaut alten Damen das Auto, spuckt Polizisten ins Gesicht, trampelt auf der amerikanischen Flagge herum und zündet sie an, singt Aldean. Dann gibt er einen Ratschlag: »Well, try that in a small town, see how far ya make it down the road.« Mach so was mal in einer kleinen Stadt und schau, wie weit du es danach noch die Straße runterschaffst. Auf dem Dorf, so heißt es in dem Lied, gebe es zum Glück noch genügend echte Kerle, die sich so ein Benehmen nicht gefallen ließen und notfalls selbst für Recht und Ordnung sorgen würden. Auch eine Drohung steckt in dem Song: »Got a gun that my granddad gave me«, lautet eine Zeile. Ich habe eine Waffe, die mein Opa mir geschenkt hat. Wer ihm die wegnehmen wolle, werde schon sehen, was dann passiert, versprach Aldean. Diese Tirade war etlichen Radiostationen dann doch etwas zu kernig und rechts, sie klang nach Selbstjustiz und Lynchmord – nichts fürs Massengeschäft. Das Lied wurde deswegen relativ schnell wieder abgesetzt.

Das ändert aber nichts daran, dass das Amerika aus Aldeans Lied und den Hunderten anderen, die ähnliche Klischees und Ansichten transportieren, genau das Amerika ist, zu dem Trumps Anhänger zurückwollen, weil es angeblich so gut war und verloren gegangen ist. Trumps Wahlkampfslogan »Make America Great Again« spricht diese vage Sehnsucht im letzten Wort sehr bewusst – und in politischer Hinsicht auch sehr erfolgreich – an: *wieder*. Amerika, so die Botschaft, sei einmal großartig gewesen und werde *wieder* großartig sein, wenn man Trump nur machen lässt. Populisten jeder Couleur und überall auf der Welt bedienen sich dieses rhetorischen Tricks: Früher war alles besser, wir sorgen dafür, dass es wieder so wird. Dass es dieses angeblich so viel bessere Amerika eigentlich nie gegeben hat – und wenn, dann vielleicht in den engstirnigen, sexistischen, rassistischen Fünfzigerjahren, in die man die USA wohl kaum zurückzerren kann –, wird ignoriert; ebenso, dass es heute selbst dort, wo die Trump-Wähler leben, bestimmt nicht so spießig-idyllisch aussieht, wie die Lieder es vormachen. Im Gegenteil: Es sind oft genug die Dörfer und Kleinstädte in den USA, die unter der Deindustrialisierung, den Drogen, dem Niedergang der öffentlichen Infrastruktur, der Schließung von Krankenhäusern und Schulen am schlimmsten leiden.

Doch allein wegen des soziopolitischen Erkenntnisgewinns, um zu erfahren, was Trumps Anhänger denken, welches Bild sie von einem idealen Amerika haben, fand ich es immer hilfreich, diesen Farmerkitsch-Country zu hören. Diese Musik, ob man sie nun mag oder nicht, war ein Mittel, um ein bestimmtes kulturelles Milieu kennenzulernen, dem ich als Europäer und temporärer Bewohner eines linksliberalen Washingtoner Vororts nicht angehörte, zu dem ich keinen selbstverständlichen Zugang hatte, das politisch während meiner Zeit in den USA aber höchst relevant war. »Politics is downstream from culture«, sagen manche Wahlstrategen in Amerika – übersetzt etwa: Die politischen Präferenzen eines Menschen entspringen seinem kulturellen Umfeld. Diese zugespitzte Formel stammt zwar von dem rechtskonservativen Publizisten (und erbitterten Kulturkämpfer) Andrew Breitbart – Gründer des berüchtigten Internetmagazins *Breitbart News* –, aber das macht sie nicht unbedingt falsch. Das heißt in der Praxis: Welches Amerika sich die Fans dieser Musik wünschen, hat direkte Auswirkungen darauf, wen sie wählen. Und sehr oft wählten sie Donald Trump.

Und trotzdem ist Country Wahrheit. Denn neben diesem verlogenen Kommerz-Country gibt es in der Branche jede Menge Künstlerinnen und Künstler, die das machen, was Country-Musik immer gemacht hat – vom Leben der einfachen Leute in Amerika zu erzählen, so wie es ist: manchmal schön, gelegentlich traurig, aber meistens schwierig, prekär, mit mehr Niederlagen als Siegen. Nur wenige von diesen Sängern schaffen es auf die großen Bühnen, selbst die, die halbwegs gut im Geschäft sind, verbringen viel Zeit damit, in einem Van mit einem Anhänger voller Instrumente und Verstärker von Kleinstadt zu Kleinstadt zu fahren und jeden Abend an einem anderen Ort vor ein paar Dutzend Leuten zu spielen. Aber es ist keineswegs Zufall, dass ich in diesem Buch immer wieder Country-Lieder zitiert habe, um zu beschreiben, wie es an manchen Orten aussieht und zugeht. Country ist die Musik Amerikas. Gute Country-Musiker wissen viel über das Land und die Menschen. Manche sind politisch rechts, manche sind politisch links. Aber das ist zweitrangig, denn wenn sie sich beim Schreiben an Harlan Howards alte Regel halten – »three chords and the truth« –, dann enthalten ihre Lieder eine Essenz dessen, was sie gesehen, erlebt oder gehört haben, verpackt in Verse – in Poesie. Ich bin kein Poet. Warum also sollte ich mir nicht die eine oder andere Zeile von jemandem ausleihen, der oder die mehr davon versteht?

Ein Country-Musiker, durch dessen Lieder ich viel über Amerika und die Amerikaner erfahren habe, zumindest über einen bestimmten Teil des Landes und seiner Bevölkerung, ist der Sänger Chris Knight. Ich habe ihn einmal in Chicago getroffen, vor einem Auftritt in einer düsteren Bar mit einer staubigen Holzbühne. Knight kam etwas zu spät, er war müde von einer langen Autofahrt durch den Regen. »Ich brauch erst mal ein Bier«, sagte er zur Begrüßung. Also habe ich ihm an der Theke eine Flasche Miller-Lite-Bier besorgt – die erste von drei oder vier, die er während unseres Gesprächs getrunken hat. Knight ist etwa Mitte sechzig, und er hat ein Leben hinter sich, das man seinem zerknitterten Gesicht ansieht und seiner rauen Stimme anhört. Nach der Schule hat Knight zunächst in Kohlebergwerken gearbeitet, bevor er erfolgreich genug war, um mit seiner Musik anständig Geld zu verdienen. Er hat in einem Trailer gewohnt, einem jener berüchtigten Arme-Leute-Wohnwagen aus Sperrholz und Plastik, die billig sind, aber auch dazu neigen, bei jedem stärkeren Gewitter in ihre Einzelteile zu zerfallen und ihre Bewohner zu erschlagen. Knight ist ein echter Hillbilly aus den Bergen von Kentucky, und er käme keinen Augenblick auf die Idee, sich deswegen zu schämen. »Er ernährt sich vorwiegend von dem, was die Miller-Brauerei in Flaschen abfüllt und was ihm daheim im Wald vors Jagdgewehr kommt«, habe ich damals in meiner Geschichte über Knight in der *Süddeutschen Zeitung* geschrieben. Ich habe das Zitat an seinen Manager geschickt, um ihn zu beruhigen, dass das zwar sehr nach »Redneck« klinge, aber eher ironisch gemeint sei. »Kein Problem«, schrieb der Manager zurück. »Für Chris ist das eher eine Auszeichnung.«

Ich war in Chicago mit Knight verabredet, um über die Rehjagd zu sprechen. Die sogenannte »deer season«, die Jagdsaison für Damwild im Spätherbst und Winter, ist eine wichtige Zeit im ländlichen Amerika. Loszugehen und ein Stück Wild zu schießen, hat dort eine lange Tradition, es ist ein bedeutender Teil des gesellschaftlichen Lebens. Das hat zum einen praktische Gründe: An einem Rehbock ist viel gutes Fleisch, das man nicht im Supermarkt kaufen muss, wenn man es sich aus dem Wald holt. Bei einer knappen Haushaltskasse ist das keine Kleinigkeit. Es hat aber auch kulturelle Gründe: Die Jagd gehört auf dem Land in Amerika einfach dazu, das war immer so, sie ist ein soziales Ritual. Manche Familien gehen seit Generationen gemeinsam jagen, für die Kinder ist es fast eine Art Initiationsritual, zum ersten Mal mit dabei zu sein und selbst das erste Tier zu erlegen. Man kann das unpassend finden oder archaisch und blutig. Aber man könnte auch argumentieren, dass es vielleicht nicht schadet, wenn Kinder lernen, wo Fleisch herkommt und dass es nicht in Plastikschalen im Kühlregal wächst. Der Country-Sänger und Jäger James McMurtry, der schon mehrmals in diesem Buch vorgekommen ist, beschreibt in seinem Lied »Copper Canteen«, wie ernst viele Amerikaner diese Wochen um die Jahreswende nehmen, in denen sie endlich wieder mit dem Gewehr losgehen dürfen. »Honey, don't you be yelling at me, when

I'm cleaning my gun«, singt McMurtry. »I'll wash the blood off the tailgate, when deer season's done.« Schatz, schrei mich nicht an, während ich mein Gewehr putze. Ich wasche das Blut von der Heckklappe ab, wenn die Jagdsaison vorbei ist. Aber, so geht das Lied weiter, ein letztes Wochenende dauert sie noch, und ein letztes Reh will ich noch erlegen.

Chris Knight, ebenfalls ein erfahrener Waidmann, der schon in seiner Kindheit mit seinem Vater auf die Jagd gegangen ist und das Jagen selbstverständlich auch seinem Sohn und seiner Tochter beigebracht hat, hat vor einigen Jahren ein wunderschönes kleines Lied mit dem Titel »Little Victories« geschrieben. Es geht darin um die kleinen Siege, die den harten Alltag etwas erträglicher machen. Er erzählt davon, dass das Moped wieder läuft und er damit zum Einkaufen fahren kann, anstatt laufen zu müssen; dass er bald den kaputten Ford-Truck reparieren wird und dann endlich Holzbalken zur Kohlegrube fahren kann, um sich ein paar Dollar dazuzuverdienen; und dass er ein selbst geschossenes Reh in der Tiefkühltruhe liegen hat und dazu genügend Feuerholz, um über den Winter zu kommen. »I got a deer and a half in the freezer«, singt Knight, und man hört, dass ihn das sehr zufrieden macht, fast glücklich. »I know I ain't setting the world on fire, but I think I got it pretty good.« Ich weiß schon, ich brenne hier kein Feuerwerk ab, aber ich finde, ich hab's eigentlich ziemlich gut.

Ein Reh in der Kühltruhe – in diesem einen Satz, in diesem einen Bild steckt eine ganze Welt, ein Teil von Amerika, der kulturell, materiell, sozial, mental – und deswegen auch politisch – sehr weit weg ist von dem Washingtoner Vorort, in dem meine Familie und ich gelebt haben, oder von anderen linksliberalen Metropolen, der aber ebenso real und wahr ist. Es ist das Amerika, in dem die Menschen keine Volvos oder Audis und schon gar keine Teslas fahren, sondern Chevys und Fords, die die Hälfte kosten. Es ist das Amerika, in dem die Leute noch echte Zigaretten rauchen, weil man an den Tankstellen noch echte

Zigaretten kaufen kann, und in dem Highschool-Footballspiele im Fernsehen übertragen werden. Es ist das Amerika, in dem 50 000 Dollar ein ganz ordentliches Jahreseinkommen für eine Familie sind, nicht die Gebühr, die manche Washingtoner Eltern pro Jahr und Kind für eine der feinen Privatschulen ausgeben, von denen es in der Umgebung der amerikanischen Hauptstadt ein ganzes Dutzend gibt. Es ist das Amerika, in dem es normal ist, bei Waffle House zu frühstücken und bei Burger King oder McDonald's zu Abend zu essen, und wo die Restaurantkette Cracker Barrel besonders beliebt ist, weil man da für zwölf Dollar ein Steak und zwei Beilagen bekommt. Donald Trump hat als Präsident einmal eine erfolgreiche Sportmannschaft im Weißen Haus empfangen und dort mit einem Büfett bewirtet, auf dem sich Fast-Food-Burger, Chicken Nuggets und Pommes türmten. Das war ein Meisterstück an gezielter Politik-PR. Der Aufschrei der besseren Washingtoner Gesellschaft, die feiner und teurer isst, war laut und schrill: Wie kann er nur? Aber für einen wesentlichen Teil der Amerikaner, und ganz bestimmt für viele Menschen, die in Trump-Gegenden leben, sah der Tisch voller bunter Papppackungen einfach aus, wie ein Tisch eben manchmal aussieht, wenn man viele Gäste zu Besuch hat. Sie fragten: Warum soll er denn nicht?

Dieses Amerika findet man auch in vielen anderen Songs, die Knight geschrieben hat. Und es ist kein zufriedenes Amerika. Längst nicht alle von Knights Liedern sind verbittert und deprimierend, er ist kein grantelnder alter Mann, der sich dauernd beklagt. Aber wenn man sich ein wenig durch sein Werk hört, erfährt man sehr viel über junge Männer, die große Träume haben, die aber dann doch in dem Kaff hängen bleiben, in dem sie aufgewachsen sind, und einen Lastwagen fahren, weil man eben nicht viel weiter kommt, wenn man nur einen High-School-Abschluss hat. So ist das Leben, was soll man machen? »You can't hang yourself, if you ain't got enough rope«, heißt es in einem Song. Du kannst dich nicht erhängen, wenn du nicht einmal genug Seil hast. Man erfährt bei Knight auch etwas über junge Frauen, die als Stripperinnen arbeiten, weil es sonst keine Jobs gibt in ihrer vergessenen Ecke des Rust Belt; über Farmer, die ihren Traktor versteigern müssen, damit sie ihre Schulden bezahlen können und ihnen der Hof nicht gepfändet wird; über häusliche Gewalt, über Armut, Suff und die Kinder, die zurückbleiben wie Treibholz am Strand, wenn die Heroinepidemie ihre Eltern mitgerissen hat. »He's just cold and hungry, and playin' ain't no fun, and if he ever grows up, he'll get him a gun«, singt Knight. Ihm ist kalt, er hat Hunger, es macht keinen Spaß zu spielen. Und wenn er groß ist, dann besorgt er sich eine Knarre.

Das Land und das Leben, von dem Chris Knight erzählt, sind nicht beschaulich, nicht idyllisch und ganz und gar nicht so künstlich, glatt, sauber und rot-weiß-blau beflaggt wie das Amerika aus der kommerziellen Country-Musik. Aber dafür ist das, was er singt, wahr. Das sieht man aus dem Fenster, wenn man durch den Rostgürtel oder die Appalachen fährt. Dort stehen die Trailer am Straßenrand, die auch in Knights Liedern vorkommen. Sie ähneln kariösen Zähnen, aber es wohnen Menschen darin – vor der Tür rosten Pick-ups, aus denen Motoröl tropft, aus dem Schornstein steigt Rauch, und aus den Einfahrten stürzen Hunde, die nach den Reifen vorbeifahrender Autos schnappen.

Chris Knight steht politisch eher rechts. Ich habe ihn bei unseren Treffen nicht gefragt, aber ich vermute, dass er für Donald Trump gestimmt hat, sofern er überhaupt wählt. Doch das spielt keine Rolle für den Wahrheitsgehalt der Geschichten, die er in seinen Liedern erzählt. Im Gegenteil: Es gibt auch linke Country-Musiker – womöglich mehr, als man denkt –, die von ihren Touren durch Amerika und den Begegnungen mit den Menschen entlang des Wegs genau die gleichen Eindrücke, Bilder und Erlebnisse mitbringen und daraus Strophen weben. Zu ihnen gehört James McMurtry, momentan vielleicht der profilierteste Chronist jenes Amerikas, das abseits der kulturellen Zentren liegt und im vorherrschenden gesellschaftlichen Diskurs oft vergessen oder ignoriert, wenn nicht gar verachtet wird, weil dort angeblich nur Hinterwäldler mit Knarren, Bibeln und Badewannen voller selbst gepantschtem Crystal Meth hausen. McMurtry würde eher seine Gitarren vor dem Rathaus in Lockhart, Texas, zu einem Scheiterhaufen aufstapeln und anzünden, als Trump zu wählen. Aber das macht seine gesungenen Beschreibungen von Amerika, die kaum anders klingen als die von Chris Knight, nicht weniger treffend.

Das gilt auch für Sturgill Simpson, der in einer kleinen, einst blühenden, heute verfallenden Bergarbeiterstadt in Kentucky aufgewachsen ist. Er ist ebenfalls ein Linker. Er weiß, dass an der Arbeit im Bergwerk nichts Romantisches war, dass der jahrzehntelange rücksichtslose Kohlebergbau in Kentucky die Natur dort vielerorts zerstört hat, dass die Kohlekumpel bei Unfällen starben, von Felsstürzen begraben und von Chemikalien vergiftet wurden oder elendig an Staublunge zugrunde gingen, der gefürchteten »Black Lung«. Trotzdem trauert er der Zeit nach, in der »Old King Coal«, König Kohle, den Menschen in seinem Heimatdorf Arbeit und bescheidenen Wohlstand gegeben hat. Denn jetzt, so singt er, gibt es dort nichts mehr außer Sozialhilfe und Pillen. »Now there ain't nothing but welfare and pills, and the wind never felt so cold.« Und der Wind hat sich noch nie so kalt angefühlt.

Auch die Lieder von Tyler Childers, der wie Simpson aus Kentucky stammt, sind voller Menschen, die sich durch ein hartes Leben kämpfen. Mal schaffen sie es, mal scheitern sie. Einfach ist es nie, sogar dann nicht, wenn es noch ein Kohlebergwerk gibt und ein paar Jobs übrig geblieben sind. »Whoever said you could raise you a family, just workin' your ass off knee deep in coal?«, singt Childers in dem Lied »Hard Times«. Wer hat eigentlich behauptet, man könne eine Familie durchbringen, indem man sich in der Kohlegrube den Arsch abarbeitet? Am Ende liegt der, der diese Frage in dem Song stellt, tot da, erschossen von einem Polizisten beim Versuch, eine Texaco-Tankstelle auszurauben. »They'll say I was desperate, they're probably right.« Sie werden sagen, dass ich verzweifelt gewesen bin, und vermutlich haben sie recht.

Childers hat einmal seine Karriere riskiert, weil er ein Musikvideo zu einem Lied mit dem Titel »In Your Love« veröffentlicht hat, in dem es um die Liebe zwischen zwei Männern geht – immer noch ein absolutes Tabu im Country-Milieu. Chris Knight würde nie das Thema Homosexualität in einem Song ansprechen. Es ist kulturell so weit weg von der Welt, in der er und seine Fans leben, dass weder der Sänger noch das Publikum damit viel anfangen könnten. Doch genau das fand ich interessant: Wenn in einer Gesellschaft, in der sich Linke und Rechte oft nicht einmal mehr darauf einigen können, ob draußen vor dem Fenster gerade die Sonne scheint oder der Regen prasselt, derart unterschiedliche Künstler alle von den gleichen Problemen erzählen, dann ist das vielleicht ein guter Grund, zuzuhören und etwas zu lernen.

Ein anderer Satz aus einem Countrysong, in dem meiner Meinung nach ein sehr wichtiges Stück Amerika steckt, ist dieser: »The country boys will do the fighting, now that fighting's all a country boy can do.« Die Jungs vom Land kümmern sich ums Kämpfen, weil Kämpfen das Einzige ist, was die Jungs vom Land heute noch machen können. Die Zeile stammt aus dem Lied »Operation Never Mind« von James McMurtry, das von den Kriegen und Militäreinsätzen erzählt, in welche die Vereinigten Staaten in den vergangenen Jahren vor allem im Nahen Osten und in Zentralasien verwickelt waren und für die sich das Pentagon immer pathetische, klangvolle Namen ausgedacht hat: »Operation Iraqi Freedom« für den Angriff auf den Irak, »Operation Enduring Freedom« für den Krieg in Afghanistan, Operation dies, Operation jenes. Gemeinsam hatten alle diese Einsätze, dass die meisten Amerikaner davon in ihrem Alltag nur sehr wenig mitbekommen und sich auch nur sehr begrenzt dafür interessiert haben – deswegen »never mind«: Ist doch egal was da passiert. Die USA haben eine Berufsarmee, in der Freiwillige und Zeitsoldaten Dienst tun. Anders als zu Zeiten des Kriegs in Vietnam gab es während des Kriegs gegen den Terror«, zu dem die von McMurtry besungenen »Operations« gehörten, keine Wehrpflicht. Kein junger Mensch wurde gegen seinen Willen oder den Willen seiner Eltern eingezogen, gedrillt und an die Front geschickt. Für einen nennenswerten Teil der amerikanischen Bevölkerung hatten deswegen diese Einsätze keine persönliche Bedeutung, zumal die Zahl der Gefallenen im Vergleich zu früheren Kriegen eher gering war. Die Kriege im Irak und in Afghanistan waren für die meisten Amerikaner weit weg, man erfuhr von ihnen nur in den Abendnachrichten, wenn mal wieder ein junger Mann oder eine junge Frau von einer Bombe am Straßenrand zerrissen worden war. Das führte zu der paradoxen Situation, dass der längste Krieg, den die Vereinigten Staaten je in ihrer Geschichte geführt haben – der Afghanistan-Einsatz, der von 2001 bis 2021 dauerte –, im Leben der überwiegenden Mehrheit der Amerikaner so gut wie keine Rolle spielte. Selbst in der Wahrnehmung des Washingtoner Politikbetriebs war dieser Krieg ab einem gewissen Zeitpunkt nur noch eine Abfolge von Anhörungen im Kongress, in denen Generäle und Regierungsvertreter erklärten, warum der Sieg angeblich greifbar nah sei.

Es gab allerdings eine Bevölkerungsgruppe, die in all den Jahren von dem allgemeinen Desinteresse an Amerikas Kriegen ausgenommen war – weil sie den Preis dafür bezahlt hat. Das waren jene Menschen, die in diesen Kriegen kämpften, die ihr Leben und ihre körperliche und seelische Gesundheit riskiert haben, die Verwundungen erlitten, deren Töchter, Söhne, Brüder, Schwestern, Ehemänner und Ehefrauen nach Übersee geschickt wurden und traumatisiert heimkehrten oder die Angehörige in einer dieser »Operations« verloren haben. Und man kann ziemlich gut eingrenzen, wer diese Menschen sind: Amerikas Armee sucht und findet ihre Soldatinnen und Soldaten vor allem in den Dörfern und Kleinstädten draußen auf dem Land und in den ärmeren Vierteln der großen Städte. Der typische amerikanische Militärangehörige im aktiven Dienst ist männlich, weiß, jünger als fünfundzwanzig Jahre alt und hat als Bildungsabschluss nur ein High-School-Diplom. In den Worten von McMurtry: Er ist ein »country boy«.

Man sieht das, wenn man in ländlichen, konservativen Gegenden unterwegs ist. Dort werden Brücken oft den gefallenen Soldaten aus der Gegend gewidmet. Am Straßenrand steht dann ein Schild: »In memory of«, heißt es darauf, dazu ein Name, ein Dienstrang, ein Todesdatum, ein Todesort. Im linksliberalen Speckgürtel von Washington, in dem der Vorort liegt, in dem ich wohnte, gab es solche Schilder nicht. Aber sobald man den Dunstkreis der Stadt verließ und raus aufs Land kam, sah man sie – braune Blechschilder, die die Vorbeifahrenden aufforderten, kurz in Gedanken einem Lance Corporal der Marines, einem Sanitäter der Navy oder einem Sergeant der Army Respekt zu zollen, die getötet worden waren. Nimmt man nun das demografische Segment, aus dem die Männer und Frauen stammen, die zur Armee gehen – grob gesagt: die ländliche und kleinstädtische untere Mittelschicht –, dann deckt es sich weitgehend mit dem Teil der Menschen in Amerika, die Country hören, für die diese Musik gemacht wird und von deren Leben sie erzählt.

Es ist deswegen meiner Meinung nach auch leicht erklärbar, warum die »Forever Wars« in keinem Musikgenre wirklich prominent und über eine lange Zeit thematisiert wurden *außer* im Country. Musik, so könnte man sagen, ist ein Spiegel sozialer, kultureller oder politischer Verhältnisse. In ihr kommen jene Themen vor und werden jene Dinge ver- und bearbeitet, die ein bestimmtes Publikum interessieren, bewegen, aufregen, erfreuen oder traurig machen. Für das gehoben-urbane, hochgebildete, eher wohlhabende, überwiegend linksliberale und postpatriotische Amerika, das Pop, Rock oder die aktuellen Top-

40-Hits hört, waren die Kriege in Afghanistan und im Irak trotz der Dauer und der Opfer nebensächlich. Deswegen kamen sie in dieser Musik nicht vor. Warum auch? Für wen? Die wenigsten Menschen aus diesem Ausschnitt der amerikanischen Gesellschaft haben im Militär gedient, kennen aktive Soldaten oder haben eine andere enge Verbindung zur Armee. Ein Beispiel: Als mein ältester Sohn im Sommer 2022 graduiert hat, fand auf dem Football-Feld seiner High School eine große Feier statt. Der Abschlussjahrgang meines Sohnes bestand aus ungefähr fünfhundert Schülerinnen und Schülern. Doch als während der Zeremonie jene Absolventen gebeten wurden aufzustehen, die sich beim Militär verpflichtet hatten, erhoben sich nur zwei oder drei. Sie wurden natürlich laut beklatscht, ihnen wurde für ihren Dienst fürs Vaterland gedankt. Aber der Applaus klang auch ein wenig hohl und pflichtschuldig – als seien die anwesenden Eltern und Großeltern in Wahrheit erleichtert, dass nicht ihre eigenen Kinder oder Enkel, sondern die von anderen Leuten die lästige, gefährliche Aufgabe übernehmen, in Amerikas Kriegen zu kämpfen. In dem Oberschichtmilieu, aus dem die meisten Schüler und Schülerinnen an der High School meiner Söhne kamen, in dem schon die Eltern auf guten Universitäten gewesen waren und genügend Geld hatten, um ihre Töchter und Söhne auf mindestens ebenso gute Universitäten zu schicken, war es weitgehend undenkbar, dass jemand sich freiwillig zur Armee meldet. Zu prollig, zu dumpfbackig, zu riskant.

In anderen Teilen des Landes und der Gesellschaft sieht man das anders. Da gilt die Armee nicht als lebensgefährlicher, politisch und moralisch fragwürdiger Arbeitgeber, sondern als einer, den man aus Patriotismus unterstützt und der zudem große Chancen bietet: Amerikas Streitkräfte sind hochmodern, ein Schulabgänger kann dort eine anspruchsvolle technische Ausbildung machen, die ihm nach seiner Dienstzeit im Zivilleben nützt. Soldaten bekommen eine Krankenversicherung, was in den USA kein unwichtiger Anreiz ist, dazu ein festes Gehalt,

Zuschläge, wenn sie im Ausland sind, später vielleicht eine Pension oder verbilligte staatliche Kredite für einen Hauskauf oder ein Studium, je nachdem, wie lange und wo sie gedient haben. Walmart und Amazon – in der Mehrzahl der US-Bundesstaaten inzwischen die größten Arbeitgeber – sind längst nicht so großzügig. Amerikanische Militärangehörige leben zwar mit dem ständigen Risiko, in einen Krieg geschickt und verwundet oder getötet zu werden. Aber die Wahrscheinlichkeit, dass das tatsächlich passiert, ist für den Einzelnen nicht überwältigend groß, zumindest wenn man die Verlustzahlen der Kriege in Afghanistan und im Irak als Maßstab nimmt. Statistisch gesehen ist die Gefahr für einen amerikanischen Soldaten, in Übersee in einem Krieg zu sterben, deutlich geringer, als daheim in Amerika einer Überdosis Fentanyl zum Opfer zu fallen, bei einer Schießerei getötet zu werden oder sein Leben bei einem Autounfall zu verlieren.

Diese praktische, pragmatische Sicht aufs Militär gilt in den USA zumeist nicht für Leute, die es sich leisten können, einen sechsstelligen Betrag für ein vierjähriges Universitätsstudium auszugeben. Aber sie gilt für viele Menschen, die andernfalls nach der High School in einem Job landen würden, in dem sie nur den Mindestlohn verdienen. In einem Country-Song hört sich das dann so an, zum Beispiel in »Southeastern Son« von den Turnpike Troubadours: »Well, the Army man told me, that I could defend the free, aw and draw me a paycheck, get a tech school degree.« Der Mann von der Army hat mir gesagt, dass ich die Freiheit verteidigen kann und dazu noch einen Lohnscheck bekomme und eine Ausbildung als Mechaniker. »I said, hey now Sergeant, that sure does sound fine, well the sawmill ain't hiring, tell me where do I sign.« Ich habe geantwortet, Sergeant, das klingt prima, das Sägewerk stellt gerade niemanden ein, wo soll ich unterschreiben?

Und deswegen waren Afghanistan und der Irak vielleicht für Popfans unbekannte Weltgegenden, in denen unverständliche und letztlich unwichtige Dinge vor sich gingen. Aber für Country-Fans waren diese Länder, waren Städte wie Falludscha, Bagdad, Kandahar oder Kabul Orte, in denen ihre Brüder und Schwestern in Schützenpanzern herumfuhren, an die ein Onkel geschickt wurde, der in der Nationalgarde diente, oder von wo ein Nachbarsjunge ohne Beine oder in einem Zinksarg zurückkehrte. Country-Lieder sind voll mit Geschichten über die Kriege, die Amerika führt, weil sie für die Menschen geschrieben werden, die in diesen Kriegen kämpfen. Manche Country-Sänger erzählen diese Geschichten patriotisch und kitschig – Sendestoff für die Radiostationen, die am Mittag immer die Nationalhymne spielen –, manche erzählen sie sarkastisch, bitter, ironisch oder abgeklärt, manche machen sich über die Dummheit des Militärs lustig, manche schreiben heroische Balladen für die Gefallenen. Manche Musiker singen auch nur darüber, wie traurig es ist, wenn ein junger Mensch, der sein ganzes Leben noch vor sich gehabt hätte, nicht mehr heimkommt, weil neben seinem Jeep eine Sprengfalle explodiert ist.

Von Jason Isbell, der ein sehr präziser Beobachter des amerikanischen Alltags und ein großartiger Geschichtenerzähler ist, gibt es ein Live-Album, das mit einem Lied über den Krieg anfängt und mit einem Lied über den Krieg endet. Als sei der Rest des Lebens, um den es in den Liedern dazwischen geht, vom Krieg eingerahmt. Im ersten Song, »Tour of Duty«, erzählt ein heimgekehrter Veteran davon, was er alles tun wird, jetzt da die Zeit an der Front endlich hinter ihm liegt: in rauen Mengen Austern essen, eine Familie gründen, mit Freunden »lachen wie kleine Kinder, die sich Geheimnisse erzählen«, und »weinen wie alte Frauen, die Gin trinken«. »And I promise not to bore you with my stories, and I promise not to scare you with my tears. I never would exaggerate the glory, I'll seem so satisfied here«, heißt es im Text. Ich verspreche, dich nicht mit meinen Geschichten zu langweilen, ich verspreche, dich nicht mit meinen Tränen zu erschrecken. Ich würde nie so tun, als sei es dort ruhmreich gewesen, ich werde so tun, als sei ich hier sehr zufrieden.

Das zweite Lied, mit dem Isbells Album endet, ist nicht so fröhlich. Es heißt »Dress Blues« – eine Referenz an die dunkelblaue Ausgehuniform der US-Marineinfanterie, in der Gefallene beerdigt werden. Isbell hat es für einen Soldaten aus seiner Heimatstadt in Alabama geschrieben, der im Irak getötet wurde, in George W. Bushs »Hollywood war«. »Nobody here could forget you, you showed us what we had to lose«, singt Isbell. Niemand hier kann dich vergessen, du hast uns gezeigt, was wir zu verlieren hatten. »And you never planned on the bombs in the sand, or sleeping in your dress blues.« Du hast nie mit den Bomben im Sand gerechnet, oder damit, in deiner blauen Uniform zur Ruhe gelegt zu werden.

Sind solche Lieder wichtig? Ich finde, ja. Selbst wenn man mit Country- oder Americana-Musik nichts anfangen kann, wenn man sie für zu altmodisch, zu langweilig, zu spießig und zu weiß hält, kann man eine Lehre aus diesen Songs ziehen: Ein Thema muss eine Gesellschaft schon sehr bewegen – auf gute oder schlechte Art –, es muss schon sehr tief in den Alltag der Menschen eingedrungen sein und an ihnen nagen, damit Leute anfangen, Lieder darüber zu schreiben, zu singen und zu hören. Vielleicht hätten auch die Menschen in meinem Washingtoner Vorort mehr – oder überhaupt – Country hören sollen. Dann hätten sie eine Ahnung davon bekommen können, wie sehr die ewigen Kriege im Irak und in Afghanistan, für die sie sich schon lange nicht mehr interessierten, Millionen ihrer Landsleute geprägt haben; wie nah diese Kriege, die im Fernsehen immer so aussahen, als seien sie weit, weit weg, für viele Amerikaner in Wahrheit waren; wie ungleich die menschlichen Kosten verteilt waren, die auch die amerikanische Gesellschaft für diese Kriege bezahlt hat; und wie das, was in diesen Kriegen passierte, auf Amerika zurückschlug. Womöglich wären meine Nachbarn dann weniger überrascht gewesen, als am 6. Januar

2021 die »country boys« in Tarnjacken und Jagdstiefeln in die Stadt kamen und kämpften.

Ich war an diesem Tag nicht wirklich überrascht. Aber ich bin auch sehr viel Auto gefahren in Amerika und habe dabei sehr viel Country gehört.

Kapitel 12

Good luck, America!

Brüssel

Seit dem Sommer 2022 wohnen meine Familie und ich wieder in Europa, in Belgien. Im Wohnzimmer unseres Hauses in der Nähe von Brüssel hängen an einer Wand zwei Fotos. Ein Freund von mir hat sie aufgenommen. Er heißt Roger May und lebt und arbeitet als Fotograf in Charleston, der Hauptstadt von West Virginia. Auf dem einen Bild sind zwei junge Leute zu sehen, vielleicht um die zwanzig, die auf der Heckklappe eines alten Pick-up-Trucks sitzen und ihre Beine baumeln lassen. Die Frau trägt ein kurzes rosa Sommerkleid und Flipflops, der Mann hat Jeans, abgewetzte Stiefel und ein kariertes Flanellhemd an. Hinter ihnen auf der Ladefläche liegt eine Heugabel, man kann den Stiel und die langen, dünnen Zinken sehen. May hat das Foto im Juni 2012 im Pipestem Drive-In gemacht, einem Freiluftkino in West Virginia, das tief in den Appalachen an einer Landstraße liegt. Das Bild heißt »Cody and Emily«, das sind die Vornamen der beiden.

Mir gefällt das Foto sehr, weil es eine große Zufriedenheit ausstrahlt. Cody und Emily machen nicht den Eindruck, als sei ihr Leben besonders glamourös und opulent oder als würde ihnen irgendetwas geschenkt, damit sie über die Runden kommen. Die Ecke von Amerika, in der sie wohnen – Mercer County, West Virginia –, ist eine der ärmsten des Landes. Das mittlere Jahreseinkommen eines Haushalts liegt dort bei etwa 26 000 Dollar, fast dreiundzwanzig Prozent der knapp 60 000 Einwohner des Landkreises leben unterhalb der Armutsgrenze. Wer in Mercer County aufwächst und große, ehrgeizige Erwartungen an die Zukunft hat, muss damit rechnen, dass daraus leider nichts wird. Bauarbeiter, Baggerfahrer, Gefängniswärter, Walmart-Kassiererin oder höchstens Krankenschwester – das sind, grob gesagt, die Alternativen. Trotzdem kann man sehen, dass Cody und Emily sich freuen, an einem warmen Frühsommerabend auszugehen und sich einen Film anzuschauen. Das Foto erinnert mich an das Lied »Jack & Diane« von John Mellencamp, das von einem Jungen und einem Mädchen im »heartland« erzählt, im amerikanischen Kern- und Herzland, die davon träumen, dass das Leben mehr für sie bereithält als ein enges, ödes Kleinstadtleben – »two American kids growin' up in the heartland, two American kids doin' the best they can«. West Virginia gehört zwar streng genommen nicht zum amerikanischen Herzland, es liegt zu nahe an der Ostküste. Aber Cody und Emily, so jedenfalls stelle ich es mir vor, wenn ich das Foto sehe, sind zwei dieser amerikanischen Kids.

Das zweite Foto von Roger May zeigt eine Straßenkreuzung in Williamson, West Virginia. Der Ort liegt in Mingo County, einem Landkreis ein paar Meilen westlich von Mercer County, der noch ärmer ist. In Mingo County beträgt das mittlere Haushalteinkommen pro Jahr nur 21 000 Dollar – nicht einmal 1800 Dollar pro Monat, von denen noch Steuern abgehen und die reichen müssen, um davon für mehrere Menschen ein Dach über dem Kopf, Kleidung, Essen, Strom, Gas, Telefon und mindestens ein Auto zu bezahlen. Schon einen Satz neue Reifen kaufen zu müssen, kann da zu einem existenziellen Problem werden, von einem gebrochenen Bein oder einer kaputten Bandscheibe ganz zu schweigen. Denn wie soll man sich bei so einem Einkommen eine Krankenversicherung leisten? Fast dreißig Prozent der Menschen in Mingo County leben unter der Armutsgrenze.

May stammt aus Mingo County, er ist ein Hillbilly, wenn auch einer, der ganz und gar nichts von Trump und den vielen Südstaatenflaggenschwenkern hält, die es in West Virginia gibt. May hat einen dicken Vollbart, er fährt einen Pick-up-Truck, bei dem er selbst das Öl wechselt, er jagt, spielt Banjo, fällt, sägt und hackt sein eigenes Feuerholz und verteidigt seine Herkunft mit heißem Stolz. Sein Großvater hat jahrzehntelang als Kumpel in Kohlegruben gearbeitet. Nachdem er in Rente gegangen war, ist er langsam und qualvoll an Staublunge gestorben. May selbst ist in einem winzigen Dorf an der Grenze zwischen West Virginia und Kentucky groß geworden, das nur aus einer Straße, ein paar Häusern und einigen Kirchen besteht. Es liegt in einem der vielen schmalen, stickigen, lichtlosen Täler, die zwischen den bewaldeten Bergen der Appalachen eingeklemmt sind und die dort »holler« genannt werden. Wie für so viele »country boys« war die Armee, in der er es bis zum Stabsfeldwebel brachte, für Roger May der Weg, um dort rauszukommen.

Auf Mays Foto aus Williamson sieht man im Hintergrund diese bewaldeten Appalachen-Berge, in denen er seine Kindheit und Jugend verbracht hat. Man sieht eine schiefe Ampel, eine leere, mit Asphaltflicken reparierte Straße und ein paar alte Backsteinhäuser. In einem ist ein Schnapsgeschäft untergebracht: »City Liquor« steht über der Tür. Rechts im Bild ist ein Haus, an dem eine sogenannte »marquee« befestigt ist, eine von bunten Lämpchen umrahmte Fassadenverkleidung, auf die mit schwarzen, austauschbaren Plastikbuchstaben etwas geschrieben werden kann. Bei Kinos steht auf der »marquee« zum Beispiel der Name des Films, der gerade gezeigt wird, bei einem Konzertsaal der Name des Musikers oder der Band, der oder die am Abend dort auftritt. Auf der »marquee« an dem Haus, das Roger May fotografiert hat, stehen hingegen drei Wörter: »God bless America«. Gott segne Amerika.

Man könnte nun lange darüber sinnieren, was jemanden dazu bringt, in einem heruntergewirtschafteten Dorf in West Virginia, dessen Wohlergehen ganz augenscheinlich nicht das prioritäre

Interesse einer wie auch immer gearteten höheren Macht ist, so einen Schriftzug an einem Haus anzubringen. Ist es Vertrauen in Gott? Vertrauen in Amerika? Ein frommer Wunsch? Oder nur bittere Ironie? Ich weiß es nicht. Ich zitiere den Schriftzug auf der »marquee« in Williamson hier eher als eine Art Abschiedsbotschaft an Amerika – ein paar letzte Worte nach den vielen Jahren, die meine Familie und ich dort verbracht haben und in denen das Land uns zu einer zweiten Heimat geworden ist.

Amerika und die Amerikaner werden in den kommenden Jahren jeden noch so kleinen Segen brauchen können. Die USA kämpfen mit so vielen und so großen Problemen – einige davon habe ich in diesem Buch beschrieben –, dass selbst für Optimisten und Menschen, die dem Land nur das Beste wünschen, nicht leicht erkennbar ist, wie es damit fertigwerden soll. Die älteste Demokratie der Neuzeit ist politisch zerrüttet und dysfunktional. Die Gesellschaft ist zerrissen und von Misstrauen und Hass zerfressen. Die Wirtschaft in den USA läuft vor allem für die Menschen prima, die ein Haus und ein Aktiendepot besitzen und die einen Abschluss von einer guten Universität haben, für den sie sich keinen monströsen Schuldenberg aufladen mussten. Für sehr, sehr viele andere Menschen läuft die Wirtschaft dagegen längst nicht so gut. Umfragen zeigen, dass etwa vier von zehn Amerikanern nicht in der Lage wären, im Notfall einen Betrag von vierhundert Dollar in bar aufzubringen, ohne einen Wertgegenstand zu verkaufen oder sich Geld zu leihen. Vierhundert Dollar. Die Heere von Obdachlosen, die in amerikanischen Städten in Zeltlagern unter Brücken oder in Parks hausen, sind ebenfalls ein deutliches Warnsignal. Wenn selbst Angestellte, die 70 000 Dollar im Jahr verdienen, in ihren Autos wohnen müssen, weil sie sich zum Beispiel im Großraum San Francisco oder Seattle trotz eines soliden Gehalts die Miete für eine Einzimmerwohnung nicht leisten können, dann ist das ein Zeichen, dass Amerika sich auf einen sozialen Kipppunkt zubewegt. Irgendwann wird das Land ihn erreichen.

Doch anstatt sich darum zu kümmern, anstatt die Drogen- und die Waffenepidemie, die wachsende Ungleichheit im Land oder die zweifellos außer Kontrolle geratene Lage an der Südgrenze wenigstens halbwegs in den Griff zu bekommen, verstrickt sich die Politik in die immer gleichen ergebnislosen Kulturkämpfe. Die sind leichter zu führen, weil man nie Lösungen vorschlagen muss, sondern immer nur Lügen und Anklagen herausbrüllen und mit Ressentiments hantieren kann. Der Kulturkrieg peitscht die Anhänger der eigenen Partei auf, er bringt mehr Spenden und Prominenz, mehr Follower bei Facebook, X, Instagram, die sich wiederum »monetarisieren« lassen. Der Streit in der amerikanischen Gesellschaft über Themen wie Abtreibung, das Verhältnis zwischen Schwarzen und Weißen, Immigration oder Waffen hat seinen Ursprung durchaus in ideologischen, zum Teil sicherlich auch legitimen Meinungsdifferenzen. Aber dieser Streit wird von Leuten angeheizt und auf Höchsttemperatur gehalten, die damit zig Millionen Dollar verdienen und deswegen keinerlei Interesse daran haben, dass die Konflikte sich abkühlen, dass sich womöglich gar Kompromisse durchsetzen und die Probleme tatsächlich gelöst werden. Politischer und gesellschaftlicher Hass sind in Amerika ein höchst lukratives Geschäft – viel zu lukrativ, um darauf zu verzichten, auch wenn das Land, das die Anheizer angeblich so lieben, vor die Hunde geht.

Am meisten beunruhigt mich allerdings, dass die Amerikaner anscheinend eine Eigenschaft verloren haben, die immer zu ihrem Charakter gehört und die das Land ausgezeichnet hat: Vernunft. Amerika ist zu dem geworden, was es ist, es hat unter anderem zwei Weltkriege und den Kalten Krieg gewonnen und den ersten Menschen auf den Mond transportiert, weil die Amerikaner bei allem patriotischen Pathos, zu dem sie gelegentlich neigen, die Gabe hatten, nüchtern abzuwägen und dann im richtigen Moment auf sehr pragmatische Weise das Richtige zu tun – weil es eben notwendig ist. Manchmal haben die USA sich verirrt, das ist vollkommen unbestritten, und der Weg, den sie für den richtigen hielten, führte ins Falsche, zuweilen sogar ins Verbrecherische: zur Sklaverei, nach Vietnam, nach Guantanamo. Trotzdem sind die Gründungsdokumente der Vereinigten Staaten – die Unabhängigkeitserklärung, die Verfassung, die Bill of Rights – auch heute noch Leuchttürme der Aufklärung. Sie sind von dem Geist durchdrungen, dass vernünftige Menschen ein gemeinschaftliches Zusammenleben organisieren können, in dem ausbalancierte Regeln die niederen Instinkte einhegen und in dem für alle »Leben, Freiheit und das Streben nach Glück« möglich sind. Das politische System der USA mit den berühmten »checks and balances«, den wechselseitigen Kontroll- und Ausgleichsmechanismen, wurde von den Verfassungsvätern wie ein fein austariertes Räderwerk konstruiert, in dem die beweglichen Teile möglichst reibungslos ineinandergreifen müssen – der Präsident, der Senat, das Abgeordnetenhaus, das Verfassungsgericht –, damit die Maschine sich rund dreht. Der Schmierstoff, der die Reibung gering hält, sind politische Kompromisse zwischen diesen Akteuren, die nicht aus naiver Freundlichkeit oder schwächlicher Nachgiebigkeit geschlossen werden, sondern aus Vernunft – aus der rationalen Einsicht heraus, dass die Maschine sich sonst festfrisst und blockiert ist, was wiederum dem gesamten Land schadet.

Von dieser Dominanz der Vernunft merkt man allerdings nur noch wenig in den Vereinigten Staaten, schon gar nicht in der Politik. Der politische Diskurs besteht zu einem wesentlichen Teil nur noch aus Geschrei und Hysterie – ein Charakterzug, der den abgeklärten, gelassenen Amerikanern bisher eigentlich eher fremd war. Das gilt für Teile des linken politischen Spektrums, aber es gilt für das rechte Spektrum in noch ungleich größerem Ausmaß. Donald Trump trägt daran nicht allein die Schuld. Aber dadurch, dass er während seiner vierjährigen Präsidentschaft Hysterie und Chaos zum Modus Operandi machte, hat er diesen Zustand zementiert. Im Mittelalter gab es in Europa das Phänomen, dass die Einwohner ganzer Städte in eine mysteriöse, ekstatische Tanzwut verfielen und tagelang kopflos und wild herumsprangen. So kommt mir mittlerweile die Republikanische Partei vor – als sei sie in einer Massenhysterie gefangen, bei der sich die Politiker und die Anhänger gegenseitig anstecken, antreiben und immer irrer werden.

Amerikas Politik ist heute vor allem auf der republikanischen Seite Menschen ausgeliefert, für die der Begriff »Kompromiss« etwas Verachtenswertes beschreibt, das einer Niederlage gleichkommt, und die geradezu stolz darauf sind, nicht rational zu handeln, sondern rein emotional. Vernünftig zu sein, um Schaden vom Land abzuwenden, interessiert diese Leute nicht, es ist ihnen nicht wichtig. Für sie ist es genug, zu glauben und als Missionare dieses Glaubens aufzutreten. Deswegen ziehen republikanische Zeloten so eifrig gegen persönliche, intime Angelegenheiten wie Homo- und Transsexualität oder gleichgeschlechtliche Ehen zu Felde. Es reicht ihnen nicht, einfach selbst heterosexuell zu sein, einen andersgeschlechtlichen Partner zu heiraten und zufrieden ihr eigenes Leben zu leben. Sie müssen dieses eindimensionale Weltbild auch ihren Mitmenschen aufzwingen. Es gibt ähnliche Eiferer – wenn auch weniger und nicht ganz so bissige – auf der linken Seite, die ihren Landsleuten ebenfalls vorschreiben wollen, was sie zu denken und wie sie zu reden und zu leben haben. Das ist nicht nur eine sehr unamerikanische Mentalität, weil sie die Freiheit aller Andersdenkenden negiert. Sondern es ist auch eine voraufklärerische, unmoderne Geisteshaltung, mit der man vielleicht eine Sekte anführen kann, aber nicht eine Weltmacht im 21. Jahrhundert.

Ich habe, um ehrlich zu sein, keine Ahnung, ob und wie sich dieser Verlust der Vernunft wieder rückgängig machen lässt. Die Verhetzung und Verdummung der amerikanischen Gesellschaft ist ja leider nicht nur ein Problem des Angebots, eine Folge des nie endenden Stroms an Lügen und politischem Unrat, mit dem die Amerikaner von den Medien – von manchen traditionellen wie den Fernsehsendern Fox News, Newsmax oder One America News, vor allem aber von den neuen, angeblich sozialen wie Facebook, Tiktok oder X – jeden Tag überschüttet werden. Sondern Verhetzung und Verdummung sind auch ein Problem der Nachfrage. Die Lügen werden zwar von zynischen Geschäftemachern serviert. Aber sie werden vom Publikum begierig aufgenommen, ohne Nachfrage geschluckt und mit großem Eifer weiterverbreitet. Wenn man sich anschaut, wie weit die sogenannte »Big Lie« – die große Lüge von Trump, er habe die Wahl 2020 in Wahrheit gewonnen, der Sieg sei ihm aber von Biden gestohlen worden – inzwischen in ganz normalen republikanischen Kreisen verbreitet und wie fest sie dort verankert ist, muss einem mulmig werden. Es gibt für diese Behauptung keinen belastbaren Beweis. Buchstäblich keinen einzigen. Es gibt dagegen eine praktisch beliebige Anzahl von Belegen, die das Gegenteil zeigen. Trotzdem laufen Hunderte von republikanischen Mandatsträgern und Parteifunktionären durchs Land, viele davon Menschen, mit denen man sich über ein anderes Thema wohl ganz vernünftig und zivilisiert unterhalten könnte, und wiederholen diese Lüge. Und zig Millionen Wählerinnen und Wähler glauben sie inbrünstig. Das Vergiften einer Gesellschaft ist leicht. Das Entgiften ist schwierig, manchmal unmöglich.

Im Vorwort habe ich geschrieben, dass ich nicht sicher bin, ob die Vereinigten Staaten eine zweite Amtszeit Trumps als *vereinigte* Staaten überstehen würden. Man muss aber gar nicht in düsteren Szenarien von Staatszerfall und Sezession denken, um diese Zweifel am Überleben eines geeinten Amerikas zu begründen. Es reicht, sich die aktuelle politische Lage anzusehen, um einen Eindruck von den praktischen Problemen zu bekommen, die eine zweite Trump-Präsidentschaft mit sich bringen würde. Wie soll zum Beispiel ein großer, mächtiger, selbstbewusster Bundesstaat wie Kalifornien, der in politischer und gesellschaftlicher Hinsicht durch und durch demokratisch und linksliberal geprägt ist, der zudem der bevölkerungsreichste aller Bundesstaaten ist und allein mehr als vierzehn Prozent zur Wirtschaftsleistung der gesamten USA beiträgt, sinnvoll mit einer von Trump geführten US-Bundesregierung zusammenarbeiten, die reaktionär, rechtsnationalistisch, xenophob und rassistisch wäre? Bei wesentlichen politischen, ökonomischen und sozialen Fragen wird zwischen den Standpunkten beider Seiten eine Kluft liegen, die sich schlicht nicht schließen lässt. Wie soll Kalifornien, wo das Recht auf eine Abtreibung praktisch uneingeschränkt gilt, reagieren, falls es einer Trump-Regierung gelingt, auf US-Bundesebene ein gesetzliches Abtreibungsverbot ab der sechsten oder zehnten Schwangerschaftswoche durchzusetzen? Wie soll Kalifornien, wo auch illegale Einwanderer eine Krankenversorgung bekommen und ihre Kinder auf öffentliche Schulen schicken dürfen, sich verhalten, wenn eine Trump-Regierung die Immigrationspolizei ICE anweist, alle Migranten einzufangen und abzuschieben, die keine gültigen Aufenthaltsdokumente haben? Was soll Kalifornien, unter den amerikanischen Bundesstaaten seit Langem ein Vorreiter beim Klimaschutz, tun, wenn eine Trump-Regierung die Teilnahme der USA an internationalen Klimaabkommen kündigt? Der Bundesstaat könnte den Vorgaben der Bundesregierung in diesen Fällen nicht Folge leisten, ohne die eigene Politik und sämtliche Werte und Ideale, die diese unterfüttern, grundlegend infrage zu stellen oder zu verraten. Ähnliches gilt für New York State, den viertgrößten Bundesstaat der USA, der ebenfalls demokratisch dominiert und wirtschaftlich ähnlich bedeutend für das Land ist wie Kalifornien.

Selbst wenn diese Bundesstaaten nicht offiziell aus dem amerikanischen Staatenbund ausscheren, wären sie während einer Trump-Präsidentschaft de facto so etwas wie separate Länder, zumindest was ihr Verhältnis zur Regierung in Washington angeht. Den bereits existierenden Trend, dass die beiden großen Parteien in jenen Bundesstaaten, in denen sie allein regieren, strittige Themen wie Abtreibung, Drogenkonsum oder Waffenbesitz streng nach ihrer jeweiligen Ideologie regeln, habe ich in dem Kapitel über Religion schon beschrieben. Ich würde damit rechnen, dass diese Entwicklung in demokratischen Bundesstaaten stark zunimmt, sollte Trump noch einmal ins Weiße Haus einziehen. Diese Staaten werden dann in so gut wie allen politischen Bereichen bewusst das Gegenteil von dem tun, was Trump tut oder fordert, weil das die einfachste Methode ist, sich von ihm abzusetzen. Gleichzeitig werden sich konservative Staaten, allen voran Texas und Florida, die, was die Einwohnerzahl angeht, auf den Plätzen zwei und drei liegen, in die Gegenrichtung bewegen. Sie werden Trump folgen, um sich von Kalifornien und New York abgrenzen. Sie würden noch härter gegen illegale Einwanderer vorgehen, die Waffengesetze noch weiter lockern – sofern das möglich ist – und Frauen, die eine Schwangerschaft abbrechen lassen wollen, noch mehr gängeln. Die vier wichtigsten und wirtschaftlich stärksten Bundesstaaten der USA, in denen zusammen etwa 110 Millionen Menschen leben – ein Drittel der Gesamtbevölkerung – und die gemeinsam gut 36 Prozent des amerikanischen Bruttoinlandsprodukts erwirtschaften, stünden einander in diesem Szenario de facto als höchst unterschiedliche und rivalisierende Rechtsräume gegenüber, zwei auf der einen, zwei auf der anderen Seite. Man müsste, sollte es dazu kommen, fast schon lügen, wollte man dann noch von den *Vereinigten* Staaten von Amerika reden.

Ein solches Auseinanderdriften der Bundesstaaten in wichtigen, hochumstrittenen politischen und gesellschaftlichen Fragen hat Amerika in der Vergangenheit, gelinde gesagt, nicht gutgetan. Ich halte nicht so viel davon, über eine Neuauflage des äußerst brutalen Bürgerkriegs zu spekulieren, der von 1861 bis 1865 in Amerika tobte. Dass auf dem Territorium der USA wieder zwei organisierte Armeen gegeneinander marschieren und sich Schlachten liefern, ist meiner Meinung nach nicht besonders wahrscheinlich. Aber man sollte nicht vergessen, dass der Grund für den Bürgerkrieg die in verschiedenen Bundesstaaten unterschiedlich beantwortete Frage war, ob weiße Menschen schwarze Menschen besitzen und mit ihnen Handel treiben dürfen wie mit Vieh. In den Nordstaaten lautete die Antwort: nein. In den Südstaaten lautete sie: ja. Welche Antwort am Ende für die gesamten Vereinigten Staaten gelten sollte, musste mit Gewalt geklärt werden. Ob Abtreibung, Migration, Waffen oder andere Kulturkampfthemen ebenfalls das politische und gesellschaftliche Explosionspotenzial haben wie einst die Sklaverei, ob sie ebenfalls das ganze Land in den Abgrund stürzen können, sei dahingestellt. Aber in ihnen steckt bestimmt genug politische Sprengkraft, um Gewalt auszulösen.

Sicher ist eines: Weil Trump seine politische Kraft daraus zieht – und *nur* daraus –, die Amerikaner zu spalten, wird er alles tun, um jeden Riss zu verbreitern, den er sieht, und die Bundesstaaten in möglichst scharf abgegrenzte, gegensätzliche Lager zu treiben. Wenn es daher etwas gibt, was man Amerika dringend wünschen sollte, dann dieses: dass Donald Trump 2.0 dem Land erspart bleibt.

Sonst wird am Ende vielleicht doch das Wirklichkeit, was manche Trump-Freunde bereits offen propagieren: eine »national divorce« – eine Scheidung der einen Hälfte der amerikanischen Nation von der anderen Hälfte, des roten Amerikas vom blauen Amerika. Man kann das eigentlich nur dann für eine gute oder machbare Idee halten, wenn man sehr unterkomplex denkt. Denn was passiert in diesem Fall mit den Republikanern, die in Kalifornien leben? Gemessen am Ergebnis der Präsidentschaftswahl 2020 war das mehr als ein Drittel der Bevölkerung: 34 Prozent. Was ist mit den Demokraten, die in Texas wohnen? Knapp die Hälfte der Einwohner hat damals für Joe Biden gestimmt: 46 Prozent. Müssen die Millionen Trump-Wähler in blauen Staaten und die Millionen Biden-Wähler in roten Staaten nach der »nationalen Scheidung« umziehen, so wie Kinder, die entweder bei der Mutter oder beim Vater leben, wenn die Eltern sich trennen? Legt ein Gericht dann Besuchszeiten und Umgangsmodalitäten fest? Wird die Bevölkerung nach parteipolitischen Kriterien sortiert und gegebenenfalls zwangsumgesiedelt? Oder müssen diese Amerikaner, die bei der Scheidung geografisch in der falschen Hälfte wohnen, sich einfach damit abfinden, in einem feindseligen Teil des Landes zu leben? Sofern man nicht ideologisch völlig verblendet ist oder auch nur ein bisschen Ahnung davon hat, wie Amerika tatsächlich aussieht, erkennt man schnell, wie dumm das Gerede von der »Scheidung« ist. Das heißt allerdings nicht, dass Amerika nicht in eine Lage geraten könnte, in der es dazu kommt.

Ein bisschen Hoffnung macht mir eines: Keines der Probleme, mit denen die USA ringen, ist unvermeidlich oder unlösbar. Keines der pessimistischen Zukunftsszenarien steht irgendwo unabänderlich im großen Buch der Geschichte geschrieben. Die Vereinigten Staaten sind kein wehrloser Spielball des Schicksals. Es mag keine einfachen Lösungen geben, um die Waffengewalt zu stoppen oder die Drogenflut, um das toxische politische Klima zu reinigen oder die wirtschaftliche Ungerechtigkeit im Land zu vermindern. Aber es gibt Wege und Mittel, um das alles nicht ständig immer schlimmer werden zu lassen und es vielleicht sogar irgendwann einmal einzudämmen – sofern die Amerikanerinnen und Amerikaner das wollen. Und ob sie es wollen, darüber entscheiden sie, wenn sie wählen gehen. Im November 2016 hat eine ausreichend große Anzahl von Wählern dafür gestimmt, dass Donald Trump der Präsident ihres Landes wird. Das altertümliche – manche sagen: überholte oder gar undemokratische – US-Wahlsystem machte es möglich, dass Trump gewann, obwohl er landesweit fast drei Millionen Stimmen weniger als die Demokratin Clinton bekam. Vier Jahre später, im November 2020, haben die Amerikaner dann mit deutlicher Mehrheit beschlossen, nicht mehr den Zerstörer Trump als Präsidenten haben zu wollen, sondern Joe Biden, der versprach, die »Seele Amerikas« zu retten. Von Bidens politischem Programm, seiner Regierungsführung, seiner geistigen und körperlichen Fitness kann man halten, was man will. Aber niemand wird ernsthaft behaupten können, dass es sein Ziel sei, die Vereinigten Staaten mutwillig zu zerbrechen, so wie es Trumps Ziel war und ist.

Im November 2024 wird in Amerika wieder über den Präsidenten abgestimmt. Und auch dieses Mal hindert niemand die Menschen daran, den destruktiven Kandidaten einfach *nicht* zu wählen, der aller Voraussicht nach wieder Donald Trump heißen wird. Niemand ist gezwungen, die Lügen und die Hetze der Trumpisten zu glauben. Das »Land der Freien« kann sich wieder die Freiheit nehmen, sich dagegen zu entscheiden. Die Vereinigten Staaten haben schon früher existenzielle politische und gesellschaftliche Krisen erlebt – die Bürgerkriegszeit, die Große Depression, die revolutionären Sechziger- und Siebzigerjahre – und sie überstanden. Oft gelang das auch deswegen, weil im historisch richtigen Moment eine Person zum Präsidenten gewählt wurde, die den Krisen gewachsen war und das Land durch sie hindurchführen konnte: Abraham Lincoln, Franklin D. Roosevelt, John F. Kennedy, Lyndon B. Johnson. Und meistens war das Land nach diesen Krisen stärker. Ich will nicht sagen, dass es zwangsläufig so kommen wird. Es gibt auch sehr deprimierende Gegenbeispiele – Krisen, in denen der jeweilige Präsident die Gesellschaft entzweit hat, anstatt sie zu einen: George W. Bush nach 9/11, Donald Trump während der Coronapandemie. Es gibt vielleicht Gründe, dass die vier erstgenannten Beispiele recht lange her sind, die beiden letztgenannten dagegen in die jüngere Vergangenheit fallen. Vielleicht kann Amerika tatsächlich keine großen Herausforderungen mehr bewältigen, ohne sich selbst zu zerfleischen. Vielleicht fehlen dem Land heute die innere Stärke, das Selbstvertrauen und das gewisse Maß an Selbstlosigkeit, das dazu notwendig ist. Vielleicht ist das sogenannte »amerikanische Experiment« – eine Nation zu begründen, die nicht auf ethnischen Merkmalen, Blutsverwandtschaft oder der Zugehörigkeit zu einer bestimmten sozialen und ökonomischen Klasse beruht, sondern auf den Idealen von Freiheit und Gleichheit aller – tatsächlich an seinem Ende angelangt. In der Praxis hat es ja ohnehin nie ganz so sauber funktioniert wie in der Theorie. Aber wenn es endet, dann nur, weil die Amerikaner sich selbst und ihre Ideale verraten.

Das bringt mich zurück zu Roger Mays Foto aus Williamson, West Virginia, das in meinem Wohnzimmer hängt. »God bless America« steht da auf der »marquee«. Wäre ich ein religiöser Mensch, könnte ich das als Abschluss so stehen lassen. Mir ist die säkulare Variante dieses Wunsches allerdings lieber, ohne spirituelle Konnotationen. Statt Gottes Segen wünsche ich dem Land, das ich liebe, viel Glück, wo immer es herkommen mag: Good luck, America!